行政复议公信力塑造研究

以复议主体制度改革为重心

贺奇兵/著

人民出版社

目　　录

导　论

一、行政复议公信力——一个重要却被忽视的话题

（一）公信力：行政复议制度的生命力

跨入 21 世纪，"我国已进入改革发展的关键时期，经济体制深刻变革，社会结构深刻变动，利益格局深刻调整，思想观念深刻变化。这种空前的社会变革，给我国发展进步带来巨大活力，也必然带来这样那样的矛盾和问题。"①新世纪以来我国空前社会变革引发的凸出矛盾和问题之一就是行政纠纷大量暴发、②群体性事件频发，③并进而引发了持续高位的"信访浪潮"。④在行政纠纷发生具有客观必然性和制度现实性的情况下，⑤官民矛盾不能堵、只能疏，唯有进一步改革完善相关的行政纠纷解决制度，疏通化解行政争议的主要渠道，及时地解决行政争议，缓和并修复官民关系，才能消解"信访浪潮"。在现行制度框架下，行政复议制度无疑是最重要的行政纠纷化解渠道之一。因此，进一步深化行政复议制度改革，增强行政复议在解决行政纠纷方面的功能实效，十分必要而紧迫。

---

① 《中共中央关于构建社会主义和谐社会若干重大问题的决定》（2006 年 10 月 18 日），访问网址：http://news.xinhuanet.com/politics/2006-10/18/content_5218639.htm。访问日期：2010 年 11 月 2 日。

② 郜风涛：《行政复议法教程》，中国法制出版社 2011 年版，第 340 页。

③ 王学辉：《群发性事件防范机制研究》，科学出版社 2010 年版，第 11—14 页。

④ 有学者研究发现，自 2000 年以来，我国每年有超过 1000 万件的信访案件，其中约有 40% 是因行政执法引起的行政纠纷。参见周永坤：《信访潮与中国纠纷解决机制的路径选择》，《暨南学报》（哲学社会科学版）2006 年第 1 期；程琥：《行政诉讼制度的独特作用》，《中国青年报》2014 年 10 月 27 日。http://theory.people.com.cn/n/2014/1027/c40531-25912190.html，访问日期：2014 年 10 月 28 日。

⑤ 张越：《行政复议法学》，中国法制出版社 2007 年版，第 2—5 页。

尽管学界对行政复议制度性质、目的或功能的争论众说纷纭,①但普遍认为行政复议制度可以在化解行政纠纷、监督行政机关依法行政以及救济单位或个人合法权益方面发挥更多的功能作用。② 而这又主要是基于一种经验上的判断和逻辑上的认识。据学界对典型国家行政纠纷解决路径的考察和比较,发现通过行政复议等途径行政机关可以比法院处理更多的行政纠纷,对权益遭受不法行政行为侵害者给予更有效的权利救济,对不法行政行为实施更全面的监督。③ 有学者在对行政复议和行政诉讼进行制度比较后也发现,行政复议制度相对于行政诉讼制度具有受案范围更广、更能满足专业需要、解决纠纷更彻底、裁决结果更易被接受、解决纠纷效率更高、解决纠纷成本更低等优势。④ 这些优势,一方面揭示了行政复议制度有必要作为区别于行政诉讼制度的另一项制度存在(即行政复议制度存在的正当性),另一方面说明了行政复议制度在理论上具有化解更多行政纠纷的潜在能力。

但是,行政复议在域外的成功实践和在理论上的优势也只是说明行政复议制度具备成为我国行政纠纷解决主渠道的可能性,理论上可以比行政诉讼解决更多行政争议。而来自国务院和最高人民法院的统计数据则表明(表1-1),我国行政复议在解决行政纠纷方面的作用还不如行政诉讼,并没有如国外那样成倍于行政诉讼地受理和解决行政纠纷,也没有与行政诉讼一道有效地让走上信访道路的几百万行政争议"访民"重新回到复议和诉讼等合法维权道路上来。⑤ 这就是学界所说的我国行政纠纷解决制度体系呈现出的

①　刘东升:《行政复议制度重构》,博士学位论文,中国政法大学,2006年,第50—76页。

②　沈福俊、涂涛:《论我国行政复议制度基本目标的重塑——基于对现有制度与实践的反思》,《东方法学》2013年第4期。

③　贺奇兵:《多元与主导:行政纠纷解决的国际经验与启示》,《理论与改革》2012年第3期。

④　张越:《行政复议法学》,中国法制出版社2007年版,第49—50页;郜风涛:《行政复议法教程》,中国法制出版社2011年版,第345页。

⑤　据报道,我国每年的行政纠纷约有400万—600万件(程琥:《行政诉讼制度的独特作用》,《中国青年报》2014年10月27日。http://theory.people.com.cn/n/2014/1027/c40531 - 25912190.html,访问日期:2014年10月28日)。这表明,除去每年总共不到30万件的行政复议和行政诉讼案件,每年约有500万件左右的行政纠纷流入了信访渠道。

"小复议、中诉讼、大信访"的倒金字塔格局，①与域外行政复议大显纠纷解决功能神威而呈现出的"大复议、中诉讼、小信访"的金字塔格局完全相反。尽管 2010 年以来我国行政复议案件办结数量有较大幅度增长，但仍然只是更接近一审行政案件审结的数量，学界所期待的成倍于行政诉讼一审案件数的状况还尚未出现。

表 1-1　2004—2013 年行政诉讼一审结案数与行政复议结案数对比表②

年度	2004	2005	2006	2007	2008	2009	2010	2011	2012	2013	平均
诉讼	92192	95707	95052	100683	109085	120530	129806	136361	128625	120675	112872
复议	64953	70095	72029	72747	66479	64668	77607	84387	91974	106491	77143
比例	1.42∶1	1.37∶1	1.32∶1	1.38∶1	1.64∶1	1.86∶1	1.67∶1	1.62∶1	1.40∶1	1.13∶1	1.58∶1

这种倒金字塔格局的出现绝非偶然。在笔者看来，最主要的原因是权利救济在我国行政复议目的定位上一直没有得到应有的重视，行政复议的权利救济功能未能有效发挥，行政复议公信力严重缺失。

我国行政复议制度一直以来被定位为行政系统内的监督制度，其首要目的最初在《行政复议条例》中被定位为监督行政机关依法行政。权利救济目的取向的重要性尽管在《行政复议法》中更加被强调，但仍然不是首要的目的。③ 而后在《行政复议法实施条例》中，行政复议又转而突出强调其纠纷解决目的。但是，不论我们是否愿意承认权利救济在行政复议目的取向上的首要地位，我们都必须重视权利救济对其他两项目的的决定性作用。这种决定性作用，一是源于行政复议与行政诉讼之"选择性复议前置"关系，二是源于复议程序启动上的"复议不告不理"原则。

根据新《行政诉讼法》第 44 条（原《行政诉讼法》第 37 条）的规定，公民、法人或其他组织认为行政行为违法侵害其合法权益时，可以先申请复议，对复议决定不服再提起行政诉讼，也可以直接向人民法院提起行政诉讼；但法律、

---

① 金国坤：《行政复议委员会：行政复议困局的突破口》，《国家行政学院学报》2009 年第 6 期。
② 该表数据来源于《中国法律年鉴》2005—2014 年。
③ 郜风涛：《行政复议法教程》，中国法制出版社 2011 年版，第 69—77 页。

法规规定必须经过前置行政复议程序的除外。这即是"选择性复议前置"原则，与"强制性复议前置"原则相对称。由于我国目前只有少数几部立法基于专业性考虑而规定了强制性复议前置，而且法规数量有减少的趋势，①因此，我国绝大多数行政案件是不需要强制性经过前置复议程序的。也就是说，单位或个人是否选择行政复议作为其寻求诉讼救济的前置性程序，基本上都是出于自愿。同时，我国行政复议程序启动的唯一方式是由复议申请人提出申请，即实行"复议不告不理"原则，行政复议机关没有个人的复议申请，不可以依职权启动对行政行为的审查程序。

由于上述两项制度的存在，一个显而易见的道理是：行政复议如果不能为受不法行政行为侵害的单位或个人提供有效的权利救济，民众就不会愿意将行政争议提交给行政复议机关解决，那么，我们想通过行政复议来监督行政机关依法行政或是化解行政争议的任何愿望都必然落空。从这个意义上讲，权利救济功能是行政复议制度有效运行的原动力所在，行政复议如果不具备权利救济功能，其内部监督功能与纠纷解决功能都只能是无源之水。权利救济功能发挥的实效对于内部监督功能和解决纠纷功能的决定性，说明权利救济应当作为行政复议的核心目的，我国行政复议在进行目的定位或功能取向时，无论如何都不能忽视这个最基本的道理。

权利救济目的和功能在行政复议目的和功能系谱中应当具有的核心地位说明，行政复议制度设计必须正面回应民众对其权利救济目的和功能的期待。而在此方面，我国行政复议制度却没有重视权利救济目的取向的意义，实践中行政复议也未能有效发挥权利救济的功能，进而导致其监督行政及化解纠纷等方面的功能都未能有效发挥。我国行政复议一直以来因"自己做自己案件的法官"而被公众称之为"官官相护"的制度，②公信力严重缺失。民众不相信行政复议机关会公正、及时、认真地对待其权利救济诉求，会依法、彻底、及

---

① 江必新：《中华人民共和国行政诉讼法理解适用与实务指南》，中国法制出版社 2015 年版，第 200 页。

② 赵威、方军、吉雅杰：《行政复议法起草问题及条文解释》，中国人民大学出版社 1999 年版，第 10 页。

时地纠正不法行政行为,会公正、合法、及时地解决行政纠纷,因而不愿意将行政纠纷提交到行政复议渠道中来解决,而更愿意寻求向法院提起行政诉讼或是去上访。因此,因缺乏必要的公信力,我国行政复议案件数量少便是必然。

由此可见,我国行政纠纷解决制度体系要想构建"大复议、中诉讼、小信访"的格局,让认为自己合法权益遭受行政行为侵害的单位或个人更愿意选择通过行政复议寻求权利救济,让更多的违法或不当行政行为能够在行政复议阶段得到及时、彻底的纠正,让行政复议更能够"把行政争议化解在基层、化解在初发阶段、化解在行政系统内部",就必须将塑造行政复议公信力作为出发点和落脚点,对行政复议制度实施更全面、更深化的改造,进一步开发行政复议制度在权利救济、纠纷解决和内部监督方面的优势潜能,让民众"相信复议、选择复议、服从复议"。换言之,我们必须通过塑造行政复议公信力来增强行政复议制度存在的正当性和发展动力,方能实现将行政复议制度打造成为解决行政争议主渠道的决策目标。①

（二）行政复议公信力研究的缺憾

或许正是因为公信力决定着我国行政复议制度存在的正当性并成为其发展的生命力,而我国当前行政复议公信力却严重缺失,"行政复议公信力"概念近年来才在不少中央文件、领导发言、学术论文和著作中被频繁使用。② 然而,当前我国社会各界对"行政复议公信力"这一学术话题却还基本上停留在"喊口号"层面。笔者通过 CNKI 和万方数据库查询发现,目前学界对行政复议公信力进行理论研究的文献资料寥寥,③仅有的几篇期刊论文也主要是泛

---

① 郜风涛:《认真贯彻胡锦涛总书记重要讲话精神　把行政复议打造成为化解行政争议的主渠道——在 2011 年行政复议年度工作会议上的讲话》(2012 年 1 月 4 日),访问网址:http://www.chinalaw.gov.cn/article/xzfy/wjjjh/ldjh/201201/20120100359445.shtml。访问日期:2012年1月9日。

② 据笔者的不完全统计,仅国务院法制办领导同志自 2006 年以来在行政复议相关工作会议上的发言稿,先后有 35 余次提到了行政复议的公信力问题。

③ 目前还只有 4 篇期刊短文,分别是:李秋高:《行政复议机构公信力问题研究》,《求索》2011 年第 7 期;陈宏光:《公信力:行政机关解决纠纷机制有效运行的逻辑起点》,《中国法学会行政法学研究会 2010 年会论文集》;高玉华、甄翔宇:《论如何提高行政复议公信力》,《黑龙江科技信息》2011 年第 17 期;张华民:《论提升我国行政复议公信力》,《广东行政学院学报》2008 年第 6 期。

泛地探讨了复议公信力的影响因素、衡量标准、建设路径等几个问题。

关于行政复议公信力的影响因素。张华民认为,当前影响我国行政复议公信力的主要因素包括行政复议申请人的知情权、选择权、救济权和行政复议机关的合法性、独立性、专业性、执行力等。[①] 李秋高则专门分析了影响行政复议机构公信力的因素,主要是独立性和专业性两个方面。[②]

关于行政复议公信力的衡量标准。高玉华、甄翔宇认为,行政复议公信力是否优越应从以下四个方面进行衡量:(1)能否有效保护行政相对人的合法权益;(2)能否真正纠正行政机关违法或不当的行政行为;(3)能否有效监督行政机关依法履行职责;(4)能否经受行政诉讼考验。[③]

关于行政复议公信力的建设问题。张华民认为,提升行政复议公信力应当"建立起相对独立统一的行政复议机关、专业化专职化的行政复议队伍、规范化司法化的行政复议程序以及有利于公众广泛参与的监督制度"。[④] 高玉华、甄翔宇认为,提升行政复议公信力应当坚持合法、公正、公开、便民的复议原则,完善复议办案程序制度,建立复议听证、简易程序、复议调解和案件办理情况报告制度。[⑤] 但李秋高认为,在行政复议与行政诉讼二元行政争议解决机制并存的情况下,建立完全独立的复议机构以增强复议机构公信力并不可行,复议机构公信力建构必须在行政复议制度的行政性与司法性两者之中均衡,复议机构只能建立起有限的公信力。[⑥]

毋需讳言,国内学界关于行政复议公信力的理论研究还处于起步阶段,对行政复议公信力所牵涉的深层次理论问题还缺少系统、深入的研究,对一些重要的基础理论问题还没有涉足,已涉足的部分也仅仅是提出了观点和看法,尚未有充分的分析和论证。

在笔者看来,以下几个重要的基础理论问题有待深入探讨:一是行政复议

---

① 张华民:《论提升我国行政复议公信力》,《广东行政学院学报》2008年第6期。
② 李秋高:《行政复议机构公信力问题研究》,《求索》2011年第7期。
③ 高玉华、甄翔宇:《论如何提高行政复议公信力》,《黑龙江科技信息》2011年第17期。
④ 张华民:《论提升我国行政复议公信力》,《广东行政学院学报》2008年第6期。
⑤ 高玉华、甄翔宇:《论如何提高行政复议公信力》,《黑龙江科技信息》2011年第17期。
⑥ 李秋高:《行政复议机构公信力问题研究》,《求索》2011年第7期。

公信力是什么？这包括行政复议公信力的基本内涵、基本内容、主要特征、功能作用和评价标准等。二是行政复议公信力的生成原理为何？这包括行政复议公信力的生成机制、生成要件和影响因素等。三是行政复议公信力生成与制度建构的关系。即以行政复议公信力生成条件要求为标准来检视现行复议制度设计及其运行的合理性，并以此为目标导向来重构行政复议各项制度，从而推动我国行政复议公信力的提升。

以上三个方面的基础性理论问题，现有的研究文献部分有所提及，但由于缺少深入分析论证，也只能算是"蜻蜓点水"，有进一步系统、深入研究的必要。对行政复议公信力所涉及的重要基础理论问题开展研究，概括起来有两个方面的重要意义。

首先，对行政复议公信力相关理论问题开展系统、深入研究有利于将政府公信力的理论研究引向深入。国内学术界关于公信力的研究由来已久，但研究目光一开始并没有投向行政复议制度，而是经历了从媒体公信力向司法公信力、政府公信力、政党公信力等热点政治领域的拓展过程。① 由于腐败和诚信问题日趋严重，政府公信力受到的质疑和挑战也引起了国内学界的研究兴趣。② 随着研究的深入，关于政府公信力的研究也逐渐拓展到行政机关公信力、行政执法公信力的研究领域。③ 在此背景下，对复议公信力问题的研究可以说是对政府公信力问题研究的进一步拓展和深化。

其次，对行政复议公信力开展系统深入的研究有利于科学推进我国行政复议制度的全面系统改革。行政复议制度作为我国行政法制监督与救济的一项基本制度，一直以来吸引着国内外学者的浓厚兴趣，研究成果可以说蔚为壮观。④ 但是，既有的研究尚未从复议公信力这个层面来探讨行政复议制度合

---

① 吴家庆：《中国共产党公信力建设研究》，人民出版社 2013 年版，第 10—11 页。

② 武晓峰：《近年来政府公信力研究综述》，《中国行政管理》2008 年第 5 期。

③ 笔者在 CNKI 数据库里以"行政执法""公信力"为关键词，组合检索出十余篇期刊论文，两篇硕士论文。这些成果中，除 1 篇论文发表于 2003 年以外，其他都是 2009 年以后发表的成果。

④ 笔者在 CNKI 里以"行政复议"为关键词，共检索出近 2000 篇论文，其中硕士论文 140 余篇，博士论文 2 篇。

理性及其完善改革问题,这无疑是行政复议制度研究的一大缺憾。公信力视角主要从复议公信力的生成机制、评价标准、价值功能等深层次理论上检视我国行政复议制度设计及其运行的合理性、域外经验借鉴的可能性、实践探索及理论设想的可行性等,可以抓住行政复议制度改革的基本命题和深层次问题,将有利于推动我国行政复议制度改革研究的纵深发展。

综上,尽管公信力是行政复议制度的生命力,但国内部分学者对复议公信力理论的研究不全面、不深入。我国要全面深化改革行政复议制度,提升行政复议在解决纠纷、救济权利和内部监督方面的功能,将行政复议打造成行政纠纷解决的最主要渠道,行政复议公信力将是不可偏离的目标导向,行政复议公信力缺失将是不可回避的现实问题,行政复议公信力理论研究也将是不可或缺的基本课题。

二、主体制度改革——行政复议制度改革的短板

（一）我国行政复议制度的缺陷及其成因

行政复议制度具有多方面的优势,但却因公信力缺失而未能成为我国行政争议解决的主渠道。造成我国行政复议制度公信力缺失的原因是多方面的,既有各项具体制度设计不周全的原因,也有运行环境不佳的原因。根据行政复议制度建立以来的复议工作实践,制度层面上的原因是主要的,集中体现在:（1）行政复议范围不清晰,大量行政纠纷被不当排除在复议渠道之外;（2）行政复议体制不科学,行政复议机关在复议案件中难以秉持公正立场;（3）行政复议机构能力不足,行政纠纷的复议解决缺少组织保障;（4）行政复议套用一般的行政程序,不能适应化解行政纠纷的程序需要;（5）与行政诉讼衔接机制不科学,不能有效发挥行政纠纷解决过滤器的作用。目前,行政复议制度存在这些问题已经是理论界和实务界的基本共识。[①]

至于造成我国行政复议制度上述问题的根本原因,学界同样已基本达成共识的是我国对行政复议制度的性质、目的、功能认识和定位上一直存在偏

---

① 参见邵风涛:《行政复议法教程》,中国法制出版社 2011 年版,第 342—344 页。

差。① 我国行政复议制度一直以来被定位为行政机关内部自我纠错的监督制度,这种定位并非学者们的单方面解读,而是立法提案机关和立法工作部门的明确宣示。② 根据这一性质定位,行政复议权被认为是一种行政领导权,③只能由在组织体制上具有领导权的上级行政机关才能行使,复议管辖关系因此必须依据行政组织领导关系来确立。④ 根据这一性质定位,在全国人大常委会制定《行政复议法》(1999)时,在行政复议案件管辖、行政复议机构设置及行政复议人员配备等体制方面,明确要求行政复议事项由行政机关负责法制工作的机构承办,不另设独立的、自成系统的行政复议机构;在行政复议程序制度方面,明确要求行政复议不宜也不必搬用司法机关办案的程序,使行政复议"司法化",行政复议原则上采取书面审查的办法,不再重新调查取证。⑤ 可见,行政复议制度的行政性定位以及由此确立的"反司法化"立法原则,是造成我国行政复议制度设计不周全而产生诸多缺陷的根本性原因。

(二)我国行政复议制度的"司法化"改革

针对我国行政复议制度性质定位造成的问题,学界在《行政复议法》(1999)颁布实施以后不久就对行政复议制度性质展开了广泛而热烈的讨论。争议的结果是,占主流的观点认为行政复议程序是解决行政争议的司法性程序,与行政机关处理一般行政事务的行政程序有本质上的不同,甚至有不少学者进而认为"司法性"是行政复议制度的本质属性。⑥ 以行政复议程序具有司法属性为理论基础,国内学术界提出了将行政复议"司法化"的改革主张,其中以中国社会科学院周汉华教授为典型代表。周汉华教授提出:"行政复议制度的司法化,从性质上讲是在保持以行政方式解决争议的效率的同时,尽量

---

① 参见郜风涛:《行政复议法教程》,中国法制出版社 2011 年版,第 54—55 页。

② 参见杨景宇:《关于〈中华人民共和国行政复议法(草案)〉的说明》,载赵威、方军、吉雅杰:《行政复议法起草问题及条文解释》,中国人民大学出版社 1999 年版,第 318 页。

③ 参见崔卓兰:《行政复议法学》,吉林大学出版社 2001 年版,第 134 页。

④ 参见冯玉庭、徐祝:《行政复议管辖再探》,《现代法学》1994 年第 2 期。

⑤ 杨景宇:《关于〈中华人民共和国行政复议法(草案)〉的说明》,载赵威、方军、吉雅杰:《行政复议法起草问题及条文解释》,中国人民大学出版社 1999 年版,第 318 页。

⑥ 刘东升:《行政复议制度重构》,博士学位论文,中国政法大学,2006 年,第 50—51 页;郜风涛:《行政复议法教程》,中国法制出版社 2011 年版,第 58—66 页。

引入司法程序所具有的独立性和公正性,使行政复议制度实现公平效率相结合,最大限度地保护公众的合法权益。"具体包含复议组织具有相对独立性、复议程序具有公开性和公正性、复议结果具有准司法效力三层含义。① 可见,"司法化"的改革主张是要对行政复议权行使的主体、程序和结果实施全面的"司法化"改革。

随着行政复议"司法化"改革主张的提出,一时间,"司法化"成为新世纪以来我国行政复议制度研究的关键词,"司法化"也成为该时期我国行政复议制度改革的主旋律。行政复议"司法化"改革主张随后得到了行政复议制度立法的部分回应。2007 年,国务院颁布实施了《行政复议法实施条例》,该条例在第一条将"解决行政争议、化解社会矛盾、加强层级监督"明确定位为新时期行政复议的基本目的和功能的同时,改进完善了行政复议申请制度,细化规定了行政复议受理程序,改进和创新了行政复议审理方式,进一步明确了行政复议决定的权限和程序,还专门规定了行政复议工作的指导和监督制度。②

从《行政复议法实施条例》的条文内容来看,该条例主要是对复议程序进行了一定程度的"司法化"改革,修改后的行政复议程序与行政诉讼程序具有极大的相似性。至于学界提出的复议机构应具有相对独立的改革主张,该条例并未予以更积极的回应,只是:(1)要求行政复议机关应当领导并支持行政复议机构依法办理行政复议事项,并依照有关规定配备、充实、调剂专职行政复议人员(第 2 条);(2)补充规定了行政复议机构的复议工作职责(第 3 条);(3)要求专职行政复议人员应当具备与履行行政复议职责相适应的品行、专业知识和业务能力,并取得相应资格(第 4 条)。对于学界提出的行政复议决定应当具有准司法效力的改革主张,条例则几乎没有作任何回应。因此可以说,《行政复议法实施条例》主要实现了对行政复议程序的"司法化"改革,而

---

① 周汉华:《行政复议制度司法化改革及其作用》,《国家行政学院学报》2005 年第 2 期。

② 国务院法制办公室:《关于〈中华人民共和国行政复议法实施条例(草案)〉的说明》,载曹康泰:《中华人民共和国行政复议法实施条例释义》,中国法制出版社 2007 年版,第 263—267 页。

行政复议主体制度方面的"司法化"改革是缺位的。

（三）行政复议"司法化"改革的无成效及原因

《行政复议法实施条例》为什么未能在行政复议主体制度改革方面走得更远？有学者道出了事情的原委，①其实，条例最初的征求意见稿曾经专设了"行政复议机构和职责"一章，对行政复议机构的设置及职责、复议人员、审理组织和行政复议委员会等方面进行了较为详细的规定；而且，在该条例起草论证阶段，有关行政复议机构方面的问题研究得都比较充分，讨论也比较热烈，寄予的希望最大。条例草案关于复议机构的规定之所以如此受关注，是因为专家们普遍意识到，该条例能够在多大程度上推进我国行政复议制度的发展，在很大程度上取决于行政复议机构部分的制度设计是否能有所突破。但最终的结果正如有关立法专家所指出的，行政复议机构设置问题的关键，更多地是立法如何决策，而不是内容如何规定。

立法决策为什么让《行政复议法实施条例》对行政复议机构的改革设想最终流产？原因是多方面的，但最主要的原因是行政复议主体制度改革是一个"牵一发而动全身"的关键性问题。针对时下我国行政复议主体制度存在的诸多问题，如行政复议机构组织关系上依附于行政机关分散设置②、不独立③、内部机构不完整、复议人员配备不到位、经费无保障④、工作程序套用一般行政程序⑤等，其中最急需解决的无疑是行政复议机构设置过于分散、独立性不够和经费无保障等关键问题。但由于行政复议机构分散地附设于行政复议机关的做法是由"条块结合"的分散式复议管辖体制所造成的，因此这些问题的解决又必然涉及行政复议管辖体制的改革调整。而行政复议管辖要改变"条块结合"的管辖体制，将行政复议管辖权集中于同级地方政府，又会涉及

---

① 张越：《行政复议法实施条例适用指南》，群众出版社 2007 年版，第 180 页。

② 石佑启、王成明：《论我国行政复议管辖体制的缺陷及其重构》，《环球法律评论》2004 年春季号。

③ 杨小君：《我国行政复议制度研究》，法律出版社 2002 年版，第 137—142 页。

④ 方军：《我国行政复议制度的实施现状与问题》，载周汉华：《行政复议司法化：理论、实践与改革》，北京大学出版社 2005 年版，第 142—147 页。

⑤ 青锋、张越：《当前行政复议工作存在的问题》，《行政法学研究》2002 年第 3 期。

地方利益与部门利益的均衡保护问题，①因此要调整现行行政复议管辖体制，必将招致既得利益者（这其中主要是上级主管部门）的抵制。可见，《行政复议法实施条例》最终没有解决行政复议机构的分散性、附属性、经费无保障等体制问题，是因为这些问题会触及地方利益与部门利益的再调整，难度太大。

其实，在笔者看来，《行政复议法实施条例》未能在行政复议主体制度改革方面走得更远，还有更为重要的原因。其中之一就是社会各界（至少决策层）还没有充分认识到行政复议公信力与行政复议主体制度之间的关联性，或者说没有认识到行政复议制度对于行政复议公信力的决定性影响意义。如果大家充分认识到了行政复议主体制度对行政复议公信力的决定性影响意义，那么行政复议主体制度改革所涉及的管辖体制改革困难就不该是被重点考虑的问题。同时，尽管学界对于行政复议主体制度改革有一定的研究，但是对于该如何确定行政复议机关、如何设置行政复议机构、如何确定复议人员的资格要求、如何规定复议机构工作程序问题，学界本身也没有完全达成共识，特别是对于行政复议委员会的职能定位、内部机构设置以及办案程序等问题，目前也没有确定的具有说服力的、详细周全的设计方案。

但是，行政复议各项功能要能有效发挥，行政复议主体制度的合理设计无疑是最重要的方面。行政复议权作为一项国家权力，需要分配给相应的机构和人员来行使，在现行法中包括行政复议机关、行政复议机构和行政复议人员三个层面的组织体（本书统称"复议主体"）。而在现行体制下，行政复议机构建设又是行政复议制度建设的重中之重。"因为真正承担行政复议职责的是行政复议机构，实际从事行政复议的人员在行政复议机构，切实与行政复议事业荣辱与共的也是行政复议机构。"②而且，行政复议程序必须依靠复议机构和复议人员才能动态地运行，如果仅仅是行政复议程序实现了"司法化"，而行政复议机构的分散性、附属性、经费无保障等问题没有得到解决，行政复议

---

① 江必新、李江：《行政复议法释评——兼与行政复议条例之比较》，中国人民公安大学出版社 1999 年版，第 121 页。

② 张越：《行政复议法实施条例适用指南》，群众出版社 2007 年版，第 180 页。

权仍然由不具有相对独立地位的复议机构行使,体现复议程序公开、公正价值的制度也就难以落实。

从实践情况来看,《行政复议法实施条例》实施前后,全国行政复议的统计数据呈现四个方面特征:(1)2008年和2009年全国行政复议案件的数量有小幅度下降,2010年以后才有较大增幅(表1-1);(2)2003—2009年,原行政行为被起诉占行政诉讼案件的百分比一直很高(表1-2);(3)2001—2013年的全国行政复议纠错率整体上呈现下降趋势(表1-3、表1-4),2008年以后持续低位(表1-4)。这些数据集中揭示了两点:第一,在《行政复议法实施条例》对行政复议程序实行司法化改革后的两年内,我国公众选择行政复议来救济权利的热情仍然持续低迷,行政复议案件数量不升反降,也没有扭转行政复议持续下降势头。这说明,我国行政复议程序的"司法化"改革并没有取得成效,并没有提升公众对行政复议制度的信任度。第二,2008年国务院法制办在全国逐步推行行政复议委员会改革试点后,随着改革试点单位的增加,从2010年以后逐渐显现出改革的初步成效,行政复议案件数量增长明显,行政复议纠错率也有所回升。

表1-2　2003—2009年全国原行政行为被诉案件统计表①

年度	2003	2004	2005	2006	2007	2008	2009	平均
法院行政一审结案件量	88050	92192	95707	95052	100683	109085	120530	100186
行政复议后应诉案件量	10185	10181	12518	11576	11718	12043	12306	11504
原行政行为被诉案件量	77865	82011	83189	83476	88965	97042	108224	88682
原行政行为被诉案件所占百分比(%)	88.43	88.96	86.92	87.82	88.36	88.96	89.79	88.52

①　该表数据来源于《中国法律年鉴》2004—2010年,2010年以后没有统计行政复议机关当被告的情况。

表1-3　2001—2006年行政复议决定纠错率统计表①

年度	2001	2002	2003	2004	2005	2006	平均
行政复议收案数(件)	83487	76456	75918	81833	90624	91667	83331
复议撤销、变更、确认违法和责令履行案件数(件)	15539	12964	13306	12232	11940	10566	12758
百分比(%)	18.61	16.96	17.53	14.95	13.18	11.53	15.31

表1-4　2007—2013年行政复议决定纠错率统计表②

年度	2007	2008	2009	2010	2011	2012	2013	平均
行政复议收案数(件)	85587	78002	77877	93055	84387	91974	106419	88186
复议撤销、变更、确认违法、责令履行和改变后撤回申请(件)	11448	8147	7836	8658	9365	10338	11328	9589
百分比(%)	13.38	10.44	10.06	9.30	11.10	11.24	10.64	10.87

由此看来,当前我国行政复议制度仅仅在行政复议程序方面进行了"司法化"改革,并没能有效提升我国行政复议的公信力。这其中的根源就在于行政复议主体制度改革没有及时跟上,行政复议机关、机构和人员所存在的体制性问题没有得到根本性解决,成为我国行政复议制度改革整体推进的短板。当前和今后一段时期,我国行政复议制度改革必须紧紧抓住行政复议主体制度改革这个重心。

三、众说纷呈——复议主体制度改革研究的评价

（一）行政复议主体制度改革的各种构想

行政复议机关的确定、行政复议机构的设置及行政复议人员的素质等问题,一直以来都是行政复议制度理论研究的重点领域,研究成果也不少。国内关于我国行政复议主体制度的研究文献大致可分为两类,一类是专题性研究

---

① 　该表数据来源于《中国法律年鉴》2002—2007年。

② 　该表数据来源于国务院法制办网站公布数据,访问网址:http://www.chinalaw.gov.cn/article/xzfy/wtjd/。

的文献,二类是附带性研究的文献。其中,在笔者的视野范围内,专题性研究的文献不是很多。笔者以"行政复议机关""行政复议机构""行政复议委员会""行政复议主体"等关键词为主题检索词,在中国期刊网(CNKI)和万方数据库中共检索出30余篇直接相关的期刊论文,16篇硕士学位论文,尚未有专门的博士学位论文;笔者也没有见到有研究我国行政复议主体制度改革的专著。而附带性研究的文献相对较多,大致又可以分为两类。一类是对行政复议主体制度现状进行知识性介绍的文献,这主要是一些行政法学、行政救济法学、行政复议法学教科书或是关于行政复议立法的法条解释类的著作。另一类是研讨我国行政复议主体制度存在的问题、造成的危害、产生的原因以及改革措施建议类文献,包括一些以行政救济、行政复议为研究主题的专著、期刊论文或学位论文。这些文献在探讨我国行政复议制度的缺陷及其改革时,大多都涉及了行政复议主体制度的缺陷及改革问题。

对于那些知识介绍型研究文献,其内容或者是对我国行政复议机关、行政复议机构或行政复议人员的设置体制、性质和地位、职责和权限及相互区别和联系等方面进行了基础性知识介绍,或者是对行政复议立法过程中就行政复议主体制度设置所涉及的争论观点及立法机关取舍的背景介绍,较少涉及对现行规定的反思或改革建议,①在此没有必要作过多分析。对于那些问题研究型的文献,则主要探讨了我国行政复议主体制度的存在问题、现实危害、产生原因和完善建议,基本遵循了提出问题、分析问题和解决问题的思路。客观地讲,国内学界对我国行政复议主体制度的存在问题、现实危害和产生原因的分析,有些是比较到位的。

对我国行政复议主体制度存在的问题,归纳起来主要是:行政复议管辖不集中导致行政复议机关不专职、复议职能不独立、工作程序套用一般行政程序,行政复议机构设置过于分散、组织机构不健全、地位不独立、经费无保障,行政复议人员配备不齐、素质良莠不齐、无职业保障等;所造成的现实危害即是行政复议机关、机构和人员在行政复议案件中"自己做自己案件的法官",

---

①　刘东升:《行政复议制度重构》,博士学位论文,中国政法大学,2006年,第13页。

难以独立、中立、公正地办案，从而造成了我国行政复议"官官相护"的不良形象。产生这些问题的原因，则主要归因于我国行政复议的行政性定位及立法时执行的"反司法化"指导思想。

对我国行政复议主体制度的改革建议是大多数问题研讨类文献都会涉及的内容，这些改革建议具体包括：

在行政复议机关改革方面。大多数学者主张必须首先改革复议机关设置分散的问题，提出应当取消双重领导职能部门"条条管辖"，改由所属地方政府集中管辖；①有观点还提出取消中央垂直管理部门的"条条管辖"，改由所在地方政府集中管辖；②另有部分学者主张将现行原级管辖改革为由国务院管辖。③ 也有提出设置行政复议委员会作为专门行政复议机关的建议，但关于行政复议委员会的设置体制，有多种方案：有学者提出将行政复议委员会设置为各级政府的一个职能部门；④另有学者提出设置直接隶属于国务院的行政复议委员会，省以下实行垂直管理的行政复议委员会体制；⑤还有学者主张，"在国务院设立行政复议总署，下设各级复议机构，复议机构与同级行政机关之间没有隶属关系，复议机构内设行政复议委员会具体承担行政复议的职能。"⑥

在行政复议机构改革和复议人员配置方面。有学者专门讨论了行政复议机构的改革，其中的绝大多数学者主张行政复议机构应当设置为相对独立的行政复议委员会，而且大多数学者主张行政复议委员会实行由地方政府集中（或相对集中）统一设置。但在行政复议委员会的设置规模、内设机构、人员配置、运行程序等方面的制度设计各有不同，尚未形成比较一致的改革方案。

---

① 董振兴：《〈行政复议条例〉关于案件管辖的规定亟待修改》，《行政法学研究》1994年第3期。

② 刘恒、陆艳：《我国行政复议条条管辖制度之缺陷分析》，《法学研究》2004年第2期。

③ 杨小君：《我国行政复议制度研究》，法律出版社2002年版，第109页。

④ 石佑启、王成明：《论我国行政复议管辖体制的缺陷及其重构》，《环球法律评论》2004年春季号；孟鸿志、王欢：《我国行政复议制度的功能定位与重构——基于法律文本的分析》，《法学论坛》2008年第3期。

⑤ 周婉玲：《我国行政复议组织与程序的改革》，《法学研究》2004年第2期。

⑥ 莫初明：《论我国行政复议机构的法律独立性》，《行政与法》2008年第1期。

在行政复议人员配置方面,讨论者比较一致主张复议人员应当有统一的资格要求、推进职业化、提高专业性和完善奖惩机制。①

总的说来,国内学界各种关于我国行政复议主体制度改革的具体建议形成了众说纷呈的局面,在所提对策建议的理由方面则各有自己的立论依据,有的以行政复议的制度属性(即行政性与司法性)作为立论依据,有的以行政复议的目的或功能定位(权利救济、内部监督与纠纷解决)作为立论依据;有的从我国行政纠纷解决的现实需要角度来寻求立论依据,而有的则以域外行政复议制度的做法为经验来寻求立论依据;等等。

(二)行政复议主体制度改革研究的不足

之所以学界在我国行政复议主体制度改革方面的对策建议及其立论依据会出现各说各的局面,在笔者看来,总的原因是缺少一个能够统领和评判各种改革方案优劣及可行性的基础理论,或者说我国行政复议制度改革尚未有明确的目标指向。由于缺少有说服力的基础理论或明确的目标导向,学界对我国行政复议主体制度存在问题的认识深度是不够的,没有回答为什么这就是"缺陷"而不是"优点"。对原因的认识也是站不住脚的,不能解释为什么国外没有如此。由于这些基本问题没有达成基本的共识,出现各说各的改革建议也就很自然。

部分学者对我国行政复议主体制度缺陷分析遵循的路径是:在介绍我国行政复议机关、复议机构和复议人员设置现状的基础上,通过与其他国家和地区的行政复议主体制度设置进行比较来得出结论,认为其存在这样或那样的缺陷。比较的对象主要是英国行政裁判所、美国行政法法官、韩国行政审判委员会以及我国台湾地区诉愿审议委员会。但也有学者从行政复议制度的性质、目的和功能角度来分析。如刘东升博士就认为行政复议的本质属性是行政性、首要目的是救济相对人权利、核心功能是解决行政纠纷,在此基础上,他提出行政复议权的配置(即行政复议机关的确定)应当以有利于解决纠纷为标准,坚持管辖法定、统一、协调与配合、便捷与经济、原则性与灵活性相结合

---

① 刘东升:《行政复议制度重构》,博士学位论文,中国政法大学,2006年,第134—136页。

等原则;行政复议机构的设置应当以独立、专业和统一为标准;而我国当前行政复议主体制度与上述原则与标准不相符合,需要进行相应的重构。① 但对于行政复议制度性质、目的和功能以及行政复议主体设置应当遵循的原则和标准,该文也是用了大量篇幅,通过对英国、美国、澳大利亚、法国、德国、日本、韩国和我国台湾地区相似制度描述比较来证成其观点的。

在行政复议主体制度改革研究时借鉴域外的经验,这已是我国学术界的一种研究范式。尽管域外的经验是可以借鉴的,但关键是要找准西方国家为什么会如此,如果生搬硬套就会"南橘北枳"。尽管部分文献已经对美国行政法法官、英国行政裁判所和韩国行政审判委员会分别进行了比较全面的制度介绍和生成背景剖析,②但存在三个方面的不足:一是基本没有学者提及法国和德国的行政复议主体制度,仅有的几篇论文也只是在介绍行政复议制度而没有细化到复议机关、机构和人员层面;二是没有进行国与国之间的横向比较,缺少对各国之间的共性与个性的分析,也就缺少关于共性与个性差异背后隐藏的规律分析;三是由于研究时间的限制,对于这些国家和地区近年来在行政复议主体制度方面的最新改革,也就没有涉及。也就是说,目前的研究只介绍了各国曾经分别是怎么样,没有分析哪些一样、哪些不一样,也没有回答为什么相同和不同,更无法预见近年来的最新发展。

通过对我国行政复议制度性质、目的与功能分析并进行重新定位,进而证成我国行政复议主体制度设置存在诸多缺陷,这种思路也是有问题的。一是行政复议性质尚无定论,而且是可改变的。行政复议主体是行政性的,复议程

---

① 刘东升:《行政复议制度重构》,博士学位论文,中国政法大学,2006 年,第二、三章。

② 这些文献分别是:青锋、方军、张越:《韩国行政复议制度》,中国法制出版社 2005 年版;宋华琳:《英国的行政裁判所制度》,《华东政法学院学报》2004 年第 5 期;吕艳滨:《日本、韩国的行政复议制度——行政复议司法化的若干实例》,《环球法律评论》2004 年春季号;陈晓娟:《英国行政裁判所制度研究》,硕士学位论文,山东大学,2004 年;朱翠屏:《英国行政裁判所制度研究》,硕士学位论文,复旦大学,2005 年;王静:《美国行政法法官制度研究》,博士学位论文,中国政法大学,2007 年;郑磊、沈开举:《英国行政裁判所的最新改革及其启示》,《行政法学研究》2009 年第 3 期;郑威:《英国行政裁判所制度研究》,硕士学位论文,西南政法大学,2010 年;冯冬渊:《英国行政裁判所研究》,硕士学位论文,中国政法大学,2010 年。

序是司法性的；行政复议权形式是行政性的，内容是司法性的。① 到底哪方面是决定复议制度性质的主要方面，谁都说服不了谁。二是行政复议目的具有时代性。行政复议目的是立法机关和决策机关在立法和修法时的预设，会随着时代的变化而变化，如《行政复议条例》(1990)、《行政复议法》(1999)和《行政复议法实施条例》(2007)关于行政复议目的的表述就不尽一致。三是行政复议功能是行政复议制度设计及其运行的结果，尽管理论上应当与目的预设相一致，但也可能出现偏离，而且世界各国对类似于我国行政复议的相关制度的性质和目的定位并不一致，但却具有相似的功能。② 由此可见，通过行政复议性质、目的和功能的讨论来回答复议主体制度改革的必要性是靠不住的，容易引起一些无谓的争论。

由此可见，由于国内学界未能、也难以对上述理论问题达成基本共识，持论者根据自己的研究需要预设理论基础，并据此提出制度改革建议，这就必然导致各说各的局面。因此，我们必须寻求一个能统领各种改革建议的共识性理论，并以此为基础达成基本的改革目标共识，引领我国行政复议主体制度朝着更科学的方向改革。

四、提升复议公信力——复议主体制度改革的基本目标

前述分析表明，一方面，行政复议公信力是行政复议制度存在的正当性基础，也是该制度进一步改革发展的基本动力。另一方面，我国复议主体制度改革的缺位是行政复议制度改革整体推进的短板，尽管学界对我国复议主体制度改革的建议众说纷呈，但由于缺少一个共识性理论和目标，各种改革建议难以有效协调，未能指导行政复议主体制度改革实践的科学推进。据此，笔者认为，我国须以塑造复议公信力为出发点和落脚点，协调统领并指导推进我国行政复议主体制度的改革研究与创新实践。具体理由是：

首先，行政复议公信力可以促成学界就复议主体制度改革达成基本的理论与目标共识。不论学术界对行政复议制度的性质定性和目的定位有何争

---

① 参见杨小君：《我国行政复议制度研究》，法律出版社 2002 年版，第 3—13 页。

② 刘东升：《行政复议制度重构》，博士学位论文，中国政法大学，2006 年，第 49—76 页。

论,但没有人会反对提升行政复议公信力。因为,不具有任何公信力、不被公众信任和选择的行政复议制度,谁也不能睁眼瞎说该制度已经有效发挥了权利救济、纠纷化解或是监督行政的功能。然而,行政复议公信力的生成是需要具备一些基本条件的,其中就必然包括在行政复议机关、行政复议机构和行政复议人员等主体制度方面的条件。行政复议要赢得社会公众的信任和选择,行政复议主体制度就必须按照这些条件来进行设计并保证按照设计来有效运行。学界对我国行政复议主体制度的改革建议如果不能有效回应并满足这些条件,那么,这样的改革建议就是缺乏现实针对性的。据此,行政复议公信力不仅可以科学引领复议主体制度改革的目标走向,还可以成为评判各种改革建议优劣及可行性的基本标准。

其次,从行政复议公信力视角能够全面、科学检视我国行政复议主体制度设计及其运行的缺陷与不足。如前所述,尽管国内学界从不同角度指出了我国行政复议主体制度设计及其运行诸多缺陷与不足,但如果是通过与国外行政复议主体制度的设置品质进行比对得出其研究结论,则既不能解答为什么这些国家是如此,而另外一些国家不如此,也不能解释为什么我国没有如此就是缺陷,而不是优点。如果是通过行政复议制度的性质、目的或功能角度来得出研究结论,其前提性问题本身又不可靠。但是,如果我们从行政复议公信力生成机制及其条件要件角度进行逻辑推演,得出行政复议主体设置应当具有哪些品质,并以此为标准来检视现行复议主体制度设计及其运行实践,应能充分回答上述问题。

再次,行政复议公信力也可以揭示隐藏于域外行政复议主体制度设置共性与个性之间的普遍规律。据笔者的研究发现,英国行政裁判所、美国行政法法官、韩国行政审判委员会、我国台湾地区诉愿审议委员会在本国或本地区都发挥了行政纠纷解决主渠道的作用。① 这说明这些制度在该国或该地区普遍赢得了公众的信任和选择。而研究表明,这些国家和地区的行政复议主体制

———————

① 贺奇兵:《多元与主导:行政纠纷解决的国际经验与启示》,《理论与改革》2012 年第3 期。

度设计也都同时具备了行政复议公信力生成所具备的基本条件。这就解释了为什么这些国家或地区的行政复议制度性质定位不同、目的定位不同，却都有效发挥了监督行政、救济权利和化解纠纷的功能。但在法国和德国，行政复议主体没有充分具备行政复议公信力生成所需要的主体方面的条件，因而，监督行政机关依法行政、救济相对人权利和化解行政纠纷的任务主要由行政法院来实现，行政复议制度在这方面的功能并不凸显，受公众和理论界的关注也就很少。正反两个方面的经验，恰好揭示了隐藏于域外行政复议主体制度设置共性与个性之间的普遍规律，而这些规律正是探讨我国行政复议公信力提升与制度改革方案设计之间的重要理论依据。

最后，从复议公信力视角来检视我国行政复议委员会试点的成效与不足，有利于指导试点工作的改进完善。根据国务院法制办的统一部署，我国部分地方从 2008 年起开展了行政复议委员会设置试点工作。试点工作开展以来，很多试点单位通过复议受案量、纠错率、复议后起诉率及信访量等数据来证明其试点工作取得的成绩，而这些数据实质上反映的就是行政复议公信力提升的一些指标。但遗憾的是，目前国内学者主要围绕试点的合法性及具体做法进行了介绍简要评价，尚没有学者更深入地揭示这些数据变化背后的基本原理。本书从行政复议公信力生成理论角度对行政复议委员会试点的模式分析与评价表明，凡是在上述指标上有所成效的行政复议委员会，其制度设计实际上是因成就了行政复议公信力生成的主体性条件，从而部分赢得了公众的信任。但其实也存在部分不足，致使行政复议公信力生成的主体性条件还不能完全得到满足，还有进一步改进的空间。

因此，塑造行政复议公信力可以作为也应当作为我国行政复议主体制度改革实践的目标导向，我们应根据行政复议公信力生成的条件要求，对我国行政复议主体的现行制度设计及其运行进行全面检视和重构。

第一章　行政复议公信力及其生成机制

为应对新时期行政纠纷多发而行政复议和行政诉讼等解纷渠道不畅通给各级国家机关造成的信访稳定压力,中央决策层近年来提出了要将行政复议打造成行政争议解决主渠道的重要决策。根据我国现行行政争议化解制度体系的安排,除少数法律规定复议前置之外,单位或个人认为行政行为违法侵犯其合法权益可以直接起诉,行政复议并非必经前置程序。行政复议程序启动严格实行不告不理,行政复议要想成为行政争议解决的主渠道,不能依靠国家强制力来实现,唯有依赖公众的信任和选择,因此,行政复议公信力问题绝不可被轻视。

第一节　行政复议公信力的解构

"行政复议公信力"是近年来在不少中央文件、领导发言、学术论文和著作中频繁出现的词汇。但在笔者所查找的文献范围内,却未见对这个概念的任何解释,就连从 CNKI 数据库查询到的几篇专门探讨行政复议公信力的论文,也既没有引注又没有解释。这不利于行政复议公信力理论研究的深入开展,不利于指导行政复议公信力建设的有效推进,与中央决策要将行政复议制度打造成行政争议解决主渠道的愿景是极不相称的。本书尝试着对这个全新概念进行解析,仅抛砖引玉。

一、行政复议公信力的结构

（一）行政复议公信力的概念结构

行政复议公信力是"行政复议"和"公信力"两个概念的组合体,要解释什么是"行政复议公信力",必须先搞清楚什么是"公信力"。"公信力"一词在《现代汉语词典》里的解释是"使公众信任的力量"。① 行政复议可以解释为行政复议制度或活动,通常是指国家行政机关根据公民、法人或其他组织提出的申请,对具体行政行为是否合法或适当进行审查,并作出相应决定的制度或活动,它是行政复议权在静态制度或动态行为方面的呈现形式。因此,行政复议公信力可以简单解释为行政复议权在制度化建构及其运行中赢得的被社会公众所信任的能力。

一般来讲,某事物要具备使公众信任的能力,必须具有某种能为公众信任的品质,这种品质可称之为信用(Credit)。因此,公信力概念本身必然包含事物的信用和公众的信任(Trust)两个维度。② 在此基础上,行政复议公信力概念也包含行政复议权信用与公众信任两个维度。在行政复议权信用维度上,"信用"作为名词在《现代汉语词典》里的解释是:"能够履行跟人约定的事情而取得的信任"。③ 因此,信用在道德伦理层面上的意思是指某人信守诺言、实践成约,从而取得他人信任的一种道德品质,即信用品质。④ 据此,行政复议权信用也就是行政复议权在制度化建构及其运行中所展现的信用品质。从公众信任的角度讲。"信任"作为动词在《现代汉语词典》里的解释是:"相信而敢于托付"。⑤ 因此,信任反映的是信任者的一种心理状态,"尽管信任定义存在着广泛的分歧,但大多数定义有着一个共同的核心观点,那就是信任是一种期待(Expectation)心理状态"。⑥ 也就是说,信任就是信任方(即施信方)对信用方(即受信方)的信用所表现出的期待心理状态。据此,行政复议公信力也就是公众对行政复议权的信用所表现出来的期待心理状态,包括认知兴趣、情感认同、心理确信、观念尊重、期待信心乃至信念等。

行政复议权信用与公众信任之间的二维关系构成了行政复议公信力概念

① 《现代汉语词典》(第6版),商务印书馆2012年版,第452页。
② 关玫:《司法公信力初论——概念、类型与特征》,《法制与社会发展》2005年第4期。
③ 《现代汉语词典》(第6版),商务印书馆2012年版,第1453页。
④ 关玫:《司法公信力研究》,博士学位论文,吉林大学,2005年,第15—16页。
⑤ 《现代汉语词典》(第6版),商务印书馆2012年版,第1452页。
⑥ 石友梅:《符号空间复杂信任心理研究》,博士学位论文,吉林大学,2007年,第4页。

解释的基本面。一方面,行政复议权要获得为公众信任的能力,必须以行政复议权本身所具有的特定信用品质为基础。如果行政复议权无法在其目的与功能取向、复议原则定位、复议管辖制度、复议主体设定、复议程序安排、复议裁决结果及其执行效力等方面展现出特有的信用品质以及履行信用能力,行政复议公信力也就只是无本之木、无源之水。另一方面,行政复议权的信用要转变成使公众信任的力量,又必须以公众的信任心理为前提。如果公众特别是复议申请人未能对行政复议权的信用品质通过感受认知、观念评价和价值判断等形成认同、期望、尊重和服从等回应心理,行政复议权信用品质也就毫无价值,无法转化成为公众所信任的力量。因此,行政复议公信力只能存在于行政复议权与公众之间信用与信任关系之中。①

　　行政复议权与公众之间的信用关系是社会信用关系的一个基本领域。在不同领域和不同层次的社会信任关系中,有的信任关系双方(即信用方与信任方)是单一的,是"一对一"的信任关系,如个人之间的信任关系就是如此。但在社会公共领域的信用关系中,信任方与信用方是"多对一"的信任关系,即社会公众对某种国家权力、某个公共组织、某个法律制度或某个政治人物赋予信任,这种信任即被称为"公信",相应的信用关系被称为"社会公共信用关系"或"社会公共信任关系"(以下统称"公信关系")。在行政复议信任关系中,包括复议申请人在内的社会公众与行政复议权之间的信任关系就是"多对一"的关系,也是一种社会公信关系,以下称之为"行政复议公信关系"。在行政复议公信关系中,如果行政复议权的信用获得了为社会公众普遍信任的力量,我们就可以说行政复议权具有公信力。

　　在行政复议权信用品质与公众信任心理之间的二维结构关系中,行政复议权信用品质是行政复议公信力的"本体",它在公众心理上的"成像"便形成了公众的信任心理,而公众信任心理的强弱便是公众对行政复议权信用品质的信任度。从这个意义上讲,一方面,行政复议信用品质决定着它在公众心理

---

　　① 这种社会关系从信用方角度看是信用关系,从信任方角度看是信任关系,本书以下对二者不作严格区分。

中的"成像"品质;另一方面,公众对行政复议权信用品质的"成像"也就成为行政复议信用品质高低的重要评价指标。进一步讲,一方面,行政复议公信力的强弱取决于行政复议权信用品质本身的高低,表现为行政复议权的信用度或信用能力;另一方面,公众的认知兴趣、感受能力、评价观念和期待心理等因素也会影响到行政复议权信用品质在其心理上产生反应的强度,公众对行政复议信用品质心理反应的强弱也就是公众的信任度。很明显,不同的个体对具有同一行政复议制度可能产生不同的信任度。因此,行政复议公信力取决于行政复议权信用品质或信用能力,行政复议权信用能力决定公众的信任度,公众信任度只是行政复议权信用能力的普遍心理反应。

行政复议权信用能力是行政复议公信力的本体,但它不能直接显现,必须依赖公众的信任度来表征。一般来讲,行政复议公信力具体可以通过公众对行政复议制度的认知度、行政相对人选择复议途径救济权利的积极性、复议当事人对复议程序的参与配合度以及对复议裁决的服从与执行力度等方面来表征,整体上则表现为社会公众对行政复议功能价值的认知、认同和信任程度。由于公众的认识能力、理解能力、选择能力受制于主观和客观等诸多方面因素的影响,公众对行政复议信用品质的认知和感受可能是准确的,但也可能出现偏差,即对行政复议权信用品质产生了错误的认知和感受。因此,尽管我们可以通过对行政复议信用品质的宣传、介绍或解释来增强社会公众对它的认知和感受、纠正对它的错误认识和感受,但是由于公众认知能力、理解能力和选择意愿原则上不可以控制,所以行政复议权与公众之间正当性信任关系的建立,关键还在于行政复议权信用品质的正当性塑造,行政复议公信力建设和维护,关键还在于行政复议权的信用品质建设和维护。考察行政复议公信力,关键是考察行政复议制度建设及其运行的信用品质。

(二)行政复议公信关系的构成要素

既然行政复议公信力是存在于行政复议公信关系之中的一种力量,那么,行政复议权与公众之间是如何建构起公信关系的呢?根据社会信用与信任关系构成的一般原理,行政复议权与社会公众之间公信关系的构成必须包括以下这五个要素:

1.行政复议权与公众之间存在利益关联

利益关联是信任关系建立的前提条件。"天下熙熙,皆为利来;天下攘攘,皆为利往。"在社会交往行动关系中,利益是交往双方建立信任关系的纽带。在交往双方没有利益关联的情况下,交往一方对另一方行为只是一种观望心态,甚至于无心观望,更谈不上会赋之以信任,也就不会建立信任关系。在双方当事人之间存在利益关联的情况下,一方当事人会对另一方当事人能维护或增进自己利益的未来行为形成心理期待,而对方为能得到某种现实利益的回报也明确或默示承诺必将履行该行为。这样,交往行为双方就会基于利益关联而建立起信用与信任关系。

由于行政复议被预设为维护和监督行政机关依法行政、救济个人权利以及化解行政争议的制度,这便赋予包括复议申请人在内的社会公众通过行政复议来维护、增进自己权利或利益的期望——期望通过行政复议来实现对复议申请人合法权益的公正救济;而行政复议权主体则希望通过发挥行政复议的内部监督和纠纷解决功能,来纠正违法或不当的行政行为、化解行政争议和维护行政法秩序,并因此而彰显行政复议权创设的价值和意义,即获得社会公众对其合理存在的正当性认可。

2.行政复议权与公众间利益交换非现实性

利益交换非现实性是信任关系建立的另一个前提。在社会交往行动关系中,如果交往双方存在利益关联但却可以通过现实的交易来实现利益互惠,那么,双方也就没有必要建立信任关系,因为一方当事人可以通过即刻的行为来维护和增进另一方某种利益,而另一方也能即刻地给予其他利益作为回报。如果一方当事人需要获得另一方的某种现实利益交付,但又只能在未来的某个时段作出能维护和增进另一方当事人其他利益的回报行为,那么,他必须取得另一方对其未来回报行为的信任,并以对方的这种信任来取得对方的现实利益交付。

行政复议权与公众之间的公信关系也是如此。行政申请人希望通过行政复议实现个人权利救济,行政复议权主体则希望通过行政复议申请人的复议申请来启动行政复议程序,以监督和纠正不法行政行为、化解行政争议、维护行政法治秩序并彰显其存在的正当性,他们之间存在利益关联。但他们之间的利益交易不能现实地进行,行政复议申请人向行政复议权主体提出行政复议申请时,行政复议权主体基于该申请行为而启动了行政复议程序,将相关行政争议引入了行政复议渠道,行政复议机关进而可以展开对被申请行政行为的审查。即行政复议权主体基于行政复议申请人的申请行为即刻地获得了某种利益,而行政复议申请人却只能在行政复议程序终结时,通过行政复议决定来判断其合法权利是否得到了充分的救济。行政复议权与行政复议申请人间的利益交换具有非现实性。

3.行政复议权信用的不可控制性

信用的不可控制性是信任关系建立的现实基础。一般来讲,社会交往活动中,在一方当事人对另一方当事人的行为能够实施绝对控制的情况下,他就没有必要赋予对方信任并期待通过对方未来的信用行为来维护或增进其利益。信任方之所以要对信用方赋予信任,是因为尽管他满怀期待但却不能完全控制信用方可维护或增进自己利益的未来行为的发生,也不能准确预见该未来行为会产生什么样的结果。因此,信任方不得不赋予信用方以信任,期待信用方在未来会实施其某种行为,而该未来行为的发生会维护或增进其利益。

在行政复议公信关系中,由于行政复议申请人和行政复议权主体双方掌握信息资源具有不对称性,以及行政复议程序进行的较长时间性,社会公众以及实际申请行政复议单位或个人对于行政复议权是否能够公正地对待其复议诉求、客观地调查案件事实、准确地适用法律法规、合法合理地作出裁决并有效地执行裁决等方面,都没有办法实施完全的行为控制,而只能对行政复议机关及其复议办案人员施以信任,寄希望于行政复议机关及其办案人员能够在行政复议程序中客观、公正、准确、合法、合理、及时地行为,作出合法合理的行政复议决定。

4.行政复议权的信用承诺

信用承诺是信任关系建立的逻辑基础。在信任关系中,如果信用方的既往行为具备了可靠信用或即刻地给予了某种信用承诺,这就能在一定程度上消除信任方对信用方未来行为风险的担忧和顾虑,这样,即便是信任方无法控制信用方的未来行为,也会基于维护或增进自己利益的需要而赋予其信任。正像卢曼所说,并非所有的期望都包含信任,"只有那些人们借以对自己的行动作出承诺,要是它们没有实现、人们将懊悔自己的行为的期望,才真正包含着信任"。① 如果信用方没有作出任何承诺,则信任方也不会赋予其任何信任。

在行政复议公信关系中,在社会公众及具体的行政复议申请人不能确定或有效控制行政复议权信用的情况下,行政复议制度设计者(国家立法机关)只有通过设计出科学合理的制度规则并宣示如果这些制度规则得到严格遵照,行政复议权将客观、公正、准确、合法、合理和及时地对待行政复议当事人的诉求、监督行政机关依法行政、及时有效地化解行政争议。这样,行政复议权的信用承诺就能在一定程度上消除复议申请人及社会公众对行政复议权运行及结果的顾虑和担忧,从而使公众对行政复议权信用的期盼变成一种信任。而在此方面,世界上任何一个国家都会通过制定法或政策大力宣扬,其所建立的行政复议制度就是旨在为公民权利提供充分的救济,就是在于全面纠正不法行政行为,就是在于公正地解决行政争议。这实际上就是行政复议的一种普遍性承诺。

5.公众对行政复议权信用承诺的信心

信心是信任关系建立的心理基础。信任关系必须建立在信任方信心的基础之上,信任方如果不能对信用方的未来行为"满怀信心",则他所持有的顶多只是一种良好的愿望。原因在于,信任方赋予信用方的信任本身就意味着承担被背叛的风险,据此,信任方必须是在内心深处相信信用方一定会按照自己的预期开展未来行为并产生符合自己利益结果的情况下才会赋予其信任。如果信任方对信用方未来是否实施行为完全没有信心,那他就会因害怕承担太大的被背叛的风险而不会赋予对方信任。

在行政复议公信关系中,公众对行政复议权的信任也必须以对行政复议

---

① [德]尼克拉斯·卢曼:《信任:一个社会复杂性的简化机制》,上海人民出版社 2005 年版,第 32 页。

权信用充满信心为前提,如果行政复议权不能通过设计出科学合理的制度规则及严格遵守这些制度规则的既往行为来打消复议当事人及公众的担忧和顾虑,使行政复议申请人或社会公众树立对行政复议权信用的信心,那么,社会公众及行政复议申请人也就可能因担心行政复议权不会客观、公正、准确、合法、合理和及时地对待其复议诉求,从而在实际发生行政矛盾或纠纷时不会选择行政复议,而是选择他认为更值得信赖的其他解纷途径。因此,行政复议必须要赢得社会公众的信心,让其深信行政复议机关和行政复议人员能够客观、公正、合法、合理和及时地对待其复议诉求。

由此可见,行政复议公信力是行政复议权在制度化建构及其运行中产生的为公众所信任的能力。这种能力源于行政复议权信用与公众维护和增进自己利益的需求之间产生了利益关联,但双方却无法通过现实交换来实现利益互惠。尽管公众对行政复议权信用无法实施完全控制,但行政复议权所给予的信用承诺让公众树立了信心,而公众一旦将维护和增进自己利益的需求建立在对行政复议权信用的信任心理基础上,行政复议权的信用就基于公众的信任而转化为行政复议信用能力。

二、行政复议公信力的内容

行政复议公信力是行政复议权信用基于公众的信任转化而成的行政复议信用能力,集中体现在公众对行政复议制度功能作用的认知和评价方面,行政复议权与公众之间正当信任关系的建构取决于行政复议权信用品质的正当性塑造。行政复议权信用品质的正当性塑造与制定法创设行政复议权时所预设的目的和功能紧密相关。尽管学界对行政复议目的或功能的主次存在广泛争议,但都不否认行政复议具有监督行政机关依法行政、救济相对人权利和化解行政争议等基本功能。[①] 而从行政复议功能实现机制角度来看,行政复议权要有效发挥这三项基本功能、实现创立行政复议制度的目的,则必须依赖于行政复议权以下五个方面的能力,即判断力、接纳力、约束力、自主力和自制力。

---

① 刘东升:《行政复议制度重构》,博士学位论文,中国政法大学,2006 年,第62—69 页。

（一）行政复议判断力

尽管学界关于行政复议制度的性质存在较大的争议,①但不可否认的是,不论是对复议被申请人的具体行政行为的监督或维护,还是对复议申请人复议诉求的支持或驳回,行政复议机关及其工作人员在对行政争议进行调查、审理、裁决或调解时,其核心任务都离不开对涉讼具体行政行为的事实问题和法律问题进行合法性或合理性的判断和裁决。因此,行政复议无论如何都是一种由行政复议机关就具体行政行为的合法性和合理性进行审理并作出决定的纠纷裁决性活动,行政复议权必然是一种具有纠纷裁决性质的国家权力,不论这种裁决权是由行政机关行使还是由其他国家机关行使。行政复议机关对具体行政行为的合法性和合理性进行审理和判断是其履行行政复议职能最基本的任务。

行政复议机关对具体行政行为合法性与合理性的判断能力是行政复议权最基本的信用能力。在观念多元化、标准多元化和生活方式多样化的现代社会,行政纠纷当事人、纠纷裁判者以及社会公众对案件所涉及的某个事实因素或法律规范的意义完全可能有不同的甚至截然相反的感受和认知。如果考虑到部分当事人还可能不惜使用掩盖、误导、夸大甚至欺骗的争辩策略来争取对自己有利的行政复议裁决,行政复议机关及其办案人员对具体行政行为事实认定、法律适用及裁量权行使的合法性与合理性的判断就会变得更加复杂和困难。如果遇到那些在事实认定和法律适用两个方面都有广泛争议的复杂行政案件,要在复议当事人及参与人错综复杂的权利主张和涉案证据中作出恰当公允的选择和判断,对行政复议人员来讲无疑是一种严峻的智力挑战。

由于对具体行政行为合法性与合理性的判断直接决定着行政复议当事人及参加人之间的利益确认或再分配,所以行政复议当事人及参加人对行政复议判断能力总是充满着热切的期待。那些认为行政行为违法或不当侵犯其合法权益而准备对行政复议权予以信任而提起复议申请的公民、法人或其他组织,必须是在一定程度上相信行政复议机关及其办案人员具备了公允地对行

① 刘东升:《行政复议制度重构》,博士学位论文,中国政法大学,2006 年,第50—55 页。

政案件事实作出准确认定的理性判断能力,具备了公允地将法律规范解释应用于具体案件事实的理性判断能力。行政复议权是由行政复议人员具体行使的,因此构成行政复议这种理性判断能力的基础,就是具体办理行政复议案件的行政复议人员。如果行政复议办案人员不能满足公众对其理性判断能力的期待,时常在具体行政行为合法性与合理性判断上出现一些经不起理性分析的甚至是常识性的错误,那么,也就不能获得行政复议当事人特别是行政复议申请人的认同和服从,也就难以赢得更多社会公众对行政复议制度及该制度运行过程和结果的信任和选择。因此,行政复议公信力当然地包含着社会公众特别是行政复议当事人(又尤其是行政复议申请人)对行政复议判断能力给予以信任和信赖的内容。

（二）行政复议接纳力

行政复议过程作为解决行政主体和行政相对人或利害关系人之间矛盾争议的过程,行政复议公信力还体现在行政复议程序对纠纷当事人争辩意见的接收和采纳的能力。生活常识告诉我们,任何纠纷一旦产生并自愿或被强制提交第三方裁决时,纠纷当事人为维护和增进自己利益的需要,都有极其强烈的向裁判者陈述事实、表达观点或进行争辩的心理愿望和具体行动,都迫切希望裁判者能够承认他陈述的事实、赞同他主张的观点、采信他争辩的意见。同时,纠纷当事人都更希望通过当面口头的形式向裁决者陈述和争辩,这源于当面口头方式可以通过音量、语速、重复、口气、眼神、表情、动作等因素向裁判者传递或表达书面形式不可能或难以准确传递或表达的情感和态度,而这些情感和态度在当事人看来,对于促使裁判者形成对自己有利的心理确信极其重要。

在行政复议活动中的行政纠纷当事人也有同样心理和行为。行政复议申请人向行政复议机关提出书面或口头行政复议申请、行政行为机关进行复议答辩并提交作出具体行政行为的证据和依据,就是行政复议当事人向行政复议机关及其办案人员陈述事实、表达观点和进行争辩的初次行动。行政复议机关及其办案人员在随后展开的案件调查、复议听审等过程,也都是复议当事人向行政复议机关及其办案人员陈述事实、表达观点或进行争辩的持续行动。在这些行动中,都充斥着复议当事人极其强烈的心理愿望:希望复议机关及其办案人员能够全面充分地听取他的事实陈述、权利主张和争辩意见,希望通过当面口头的方式传递和表达出自己的情感和态度,并试图以这种情感和态度感染行政复议办案人员,使他们对他(她)的事实陈述、观点主张和争辩意见形成心理确信,承认他(她)的事实陈述、赞同他(她)的权利主张、采信他(她)的争辩意见,从而获得对自己有利的复议决定,以达到维护和增进自己权利或利益的目的。

基于行政复议当事人参与行政纠纷化解活动的迫切愿望。我们可以发现,行政复议程序是否接纳了复议当事人的过程参与,行政复议机关及其办案人员是否听取了复议当事人的陈述和争辩意见,是否采纳了复议当事人合法合理的陈述和争辩意见,都是直接影响复议当事人及公众对行政复议公信力评价的重要因素。行政复议程序是否吸纳复议当事人参与并听取其陈述和争辩意见属于行政复议程序形式意义上的接纳力,对复议当事人陈述及争辩意见是否采纳属于实质意义上的接纳力,两个方面构成了行政复议接纳能力的基本内容。

(三)行政复议约束力

如果说行政复议权是对具体行政行为合法性及合理性进行判断的国家权力,那么,行政复议机关的判断是否最终为行政争议当事人及利益相关方所认同和接受,并转化为一种现实的利益分配格局,还得依靠行政复议权的约束力。行政复议约束力是行政复议机关对具体行政行为合法性与合理性实施判断的过程及其判断结果对纠纷当事人和利益相关方所具有、不以其意志为转移而对其权利义务予以命令、支配和处分的国家强制力。从更宽泛的意义上讲,行政复议约束力包括行政复议权运行程序的约束力和运行结果的约束力两个方面。行政复议程序约束力是指行政复议机关及其办案人员对当事人及其他复议参加人的复议参与行为的控制力;行政复议结果约束力是指行政复议决定对复议参与主体及案外机构和人员的约束力,具体包括行政复议决定的确定力、既决力、拘束力和执行力等法律效力。

行政复议权对其运行程序必须具备一定的控制力才能维护其权威,赢得公信。在行政复议过程中,复议当事人出于有效维护和增进自己利益的动机,其趋利避害的心理就会不断趋使他(她)选择实施对自己有利的行为,而拒绝实施或阻挠他人实施对自己不利的行为。因此,只要下列行为对自己有利,当事人就会难以抑制其心理的冲动:(1)阻挠或变相阻挠行政相对人申请行政复议或对复议申请人实施报复陷害;(2)拒绝出席复议审理或听证会,或故意扰乱会议秩序;(3)伪造、藏匿、销毁或拒绝提交、拒绝或阻挠办案人员调取对己不利的证据;(4)阻止证人作证或者指使、贿买、胁迫他人作伪证;(5)隐藏、转移、变卖、毁损已被查封、扣押、冻结的财产;(6)侮辱、诽谤、诬陷、殴打或者打击报复其他复议参与人或复议工作人员;等等。行政复议案外相关单位或个人也可能为维护或增进一己私利而拒绝甚至妨碍行政复议机关及其办案人员的调查取证、执行协助等。因此,为有效预防和制裁行政复议参与人或案外相关单位或个人的上述不法行为,必须授予行政复议机关以程序指挥权和制裁权。如果行政复议机关无权指挥复议参与人或案外人员程序行为,或对他们的上述不法行为无权制裁,行政复议权也就难以树立自己的权威,行政复议公信力也就难以维系。

行政复议权的运行结果——行政复议决定也必须具有约束力才能确保其权威性和公信力。行政复议决定在多数情况下是一方的利益维护或增进主张得到全部或部分支持而另一方的主张被全部或部分驳回。出于维护或增进自己利益的需要,主张被全部或部分驳回一方会想方设法消除该行政复议决定对自己带来的不利负担和行为限制,或者通过再次复议、行政诉讼或信访申诉等可能的途径去推翻或改变行政复议决定所认定的事实结论或权利义务关系,使争议事实和权利义务关系长期处于不确定状态;或者对行政复议决定所确认的事实结论或权利义务关系置若罔闻,继续实施与行政复议决定相异甚至完全对立的行为;或者对行政复议决定所确定的作为或不作为义务置之不理,拒绝执行或拖延执行。如果这些情况无法得到有效遏制,行政复议决定将如同被束之高阁的一纸空文,任何理智之人就再没有理由敢于相信行政复议可以维护和救济自己的合法权益了,行政复议公信力就将流失殆尽。

因此,行政复议公信力作为赢得社会公众及行政复议申请人认知和信任的资格和能力,最重要的是行政复议决定必须具有确定力、既决力、拘束力、执行力等效力。行政复议决定的确定力是指行政复议决定认定的事实结论或形成的权利义务关系所具有的不可变更力。行政复议决定的既决力是指行政复议决定对案件所涉及的事实和法律问题的认定结论所具有的不可再争力。行政复议决定的拘束力是指行政复议决定要求复议当事人、行政复议机关及其他社会组织维护和尊重其认定事实和权利义务关系的不可违抗力。行政复议决定的执行力是指复议当事人没有主动履行复议决定所确定的义务时,有权机关根据复议当事人申请或依职权予以强制执行,其他社会单位或个人也有义务协助强制执行的效力。一个显而易见的道理是,公众是否肯于认同、敢于信任、勇于选择行政复议,在很大程度上取决于他们能否对生效行政复议决定的确定力、既决力、拘束力和执行力等效力形成内心确信。所以,无论在实践中还是在理论上,确保公众对生效行政复议决定的约束力产生信心,都是行政复议公信力生成的重要基石。

（四）行政复议自主力

行政复议自主力是指行政复议权抵御和排除一切公权力对复议案件的受理、审理、裁决及其执行等环节施加的干扰与妨害,从而独立地自主运行的能力。行政复议机关及其办案人员能否对具体行政行为的合法性及合理性进行客观公允的理性判断,作出经得起考验的行政复议裁决,除了受制于行政复议人员素质等内在因素之外,还时刻受到一些外在因素的影响。行政复议机关及其办案人员如果在复议案件的受理、审理、裁决及其执行等环节无力抵御和排除外在因素的干扰与妨害,那么,行政复议过程和结果的合法性和公正性就难以保障。因此,行政复议自主力便是复议公信力必不可少的一种能力,行政复议权要想按照自身的规律运行,前提是它的运行过程不受干扰。行政复议申请人或社会公众对行政复议权的信任和信赖,就当然地包括他们对行政复议抗干扰能力的信任和信赖。而在当前我国行政复议体制下,行政复议自主力可以说是行政复议公信力"木桶"上最短的一块木板,行政复议公信力的有无及大小完全决定于此。

马克思说:"人们为之奋斗的一切,都同他们的利益有关。"[①]所有纠纷都

----

① 《马克思恩格斯全集》第一卷,人民出版社 1995 年版,第 187 页。

是利益冲突的表现,行政争议本质上就是行政机关所代表的公共利益和复议申请人的个人利益之争,甚至还可能夹杂着行政行为机关或人员的利益。当利益冲突达到当事人之间无法自行调和的程度而需要第三方介入裁决时,便是利益主体之间的矛盾激化到最高程度的表现。行政争议及其解决过程实际上是在当事人以及利益相关人之间进行的一场"没有硝烟的战争";行政复议的根本任务,就是要利用行政复议权的强制力和公信力这两大资源,使行政纠纷当事人以及利益相关人之间的利益之争得到公平的衡量和裁决。在这个过程中,纠纷当事人及利益相关方为维护和增进自己的利益,会千方百计动用行政复议程序内外的各种机制来影响复议机关及其工作人员的利益衡量和裁决。为此,行政复议过程中的一些不当干扰与妨害就不可避免,只是这些干扰和妨害不知将于何人、何时、何案以何种方式发生。

由此可见,行政复议抵御和排除干扰与妨害的自主力,是行政复议机关及其办案人员履行争议裁决、监督行政和权利救济职能中最重要的信用能力之一。一个在干扰与妨害面前无所作为的行政复议权,一个见风使舵、根据力量对比来确定行为方向的行政复议权,一个在外部压力下软弱无能、不断变形的行政复议权,不仅无力承担起它本应承担的纠纷裁决、监督行政和权利救济职能,还会彻底毁掉行政复议申请人及社会公众对推进依法行政、建设法治政府乃至法治国家的信心,而公众一旦对法治本身失却了信心,再谈论行政复议公信力也就毫无意义。

（五）行政复议自制力

所谓行政复议自制力也就是行政复议权自律或自我约束的能力。假如行政复议权在判断力、接纳力、约束力和自主力等方面都足堪信任和信赖,但是却缺乏足够的自我约束能力,那么,它仍然不具备最起码的公信力。行政复议权自律或自我约束的能力,实质上就是行政复议权的行使者在个人情感和欲望冲动之下,在外部压力和诱惑面前,能否忠于案件事实和法律规定的定力。对行政复议机关及复议办案人员能否忠于案件事实和法律规定持怀疑的态度的公民、法人或其他组织,是没有理由对行政复议权给予信任并作出行为选择的。在这种情况下,再谈论行政复议公信力也就变得毫无意义。因此,无论是在制度设计层面,还是在制度运行层面,行政复议权都必须能够让行政复议申请人和社会公众认知、感受并认同行政复议机关及其工作人员具有必要的自我约束能力;而且,如果个别的行政复议机关或是工作人员一旦缺乏这种自我约束能力,制度性因素也能够比较有效地削弱或遏止他们的非分之想。

行政复议权凭借其判断力、接纳力、约束力和自主力并不足以保证行政复议权的掌握者一定会客观公正的调查和审理行政争议并作出合法和公正的裁决。因为,和不幸卷入行政纠纷的当事人一样,行政复议办案人员也是一个有着七情六欲的人,在履行政复议职责过程中,行政复议人员也会像其他人在各自的生活领域中一样,可能深深地被某种外部信息所刺激和诱导,个人的情感和欲望冲动之下有意识地偏离案件事实、法律规定和职业戒律所指示的行为方向。

现实主义法学派在解构西方传统法学理论时,曾经用"个性(Personality)×刺激(Stimulus) = 判决(Decision)"的公式来修正代表法律传统理念的"法律(Rule)×事实(Fact) = 判决(Decision)"的公式。其中,"个性"是指法官在性格、习惯、兴趣、爱好或偏见等方面的人格特征;"刺激"则是指法官在审理和裁判案件过程中所感受到的一切外部信息,既包括当事人陈述和辩论意见、证据、判例和法律规范等依法应当考虑的因素,也包括实际上可能影响判决的非法定性因素,如法官即刻心情、当事人的外貌、谈吐方式,等等。① 尽管现实主义法学夸大了法官"个性"和庭审"刺激"等偶然性因素对司法裁判的影响,但这些偶然性因素可能影响法官的审理和裁判行为却是不可否认的事实。

同样的道理,行政复议案件审理和裁决过程中也可能受到案件承办人员的个性或不法利益的刺激而对行政复议裁决的公正性产生影响。如果进一步考虑到行政复议办案人员在办案过程中也有可能在外部压力和诱惑面前把对自己关切的利益加入到复议裁决的利益权衡中,那么,行政复议自制力对于行政复议公信力的影响力就更加显而易见。此时,行政复议办案人员不是由于

---

① 参见沈宗灵:《现代西方法律哲学》,法律出版社 1983 年版,第107—112 页。

缺乏足够的理性判断能力而不知道正确的答案是什么，而是由于受外部的压力和诱惑或个人情感和利欲冲动而有意地背叛正确答案，指鹿为马。如果我们不是把行政复议办案人员想象成已备百毒不侵之修行、已臻超凡入圣之境界的绝对完人，那么，在各种外界压力和诱惑之下，或者由于个人情感和利欲冲动所左右，行政复议办案人员放弃对事实和法律的忠诚而作出缺乏合法性和合理性的裁决就是完全可能的。

综上所述，行政复议公信力就是行政复议权信用基于社会公众信任而形成的能力，它集中体现为社会公众对行政复议功能作用的认知和信任度，主要包括判断力、接纳力、约束力、自主力和自制力等基本能力。

第二节　行政复议公信力的生成机制

行政复议公信力生成是指以赢得公众信任为导向的行政复议信用能力的获得与形成。根据行政复议公信力的内容结构，行政复议公信力生成机制具体就是判断力、接纳力、约束力、自主力和自制力等各项信用能力的生成机制。

一、复议判断力的生成机制

行政复议判断力是行政复议权对具体行政行为合法性和合理性的判断能力。其中，合法性判断包括对具体行政行为的主体、权限、内容和程序四个合法性要件的判断；合理性判断即是行政自由裁量权行使的合理性判断，包括行政自由裁量权的行使是否合目的、反复无常、考虑正当、公平对待等。同时，由于具体行政行为是行政主体在行政事实认定基础上适用法律作出的行政法律行为，对其合法性与合理性的判断就意味着是对具体行政行为事实认定和法律适用的第二次判断。

对具体行政行为事实认定的复议审查和判断考验着行政复议人员的行政专业知识和管理经验能力。随着现代行政管理的专业化、精细化和科技化发展，每个领域的行政执法都或多或少越来越依赖于专业知识、专业技能和专业经验。如果作出该具体行政行为的行政执法人员训练有素，具备较为精深的专业知识、娴熟的专业技能和丰富的专业经验，而行政复议办案人员如果不能清晰地认识到行政执法人员在专业知识、技能和经验方面的优势,很难说他能够有效应对办案该类案件所需要的专业知识、技能和经验的挑战,对涉案事实作出科学的审查和判断。

同时,对具体行政行为法律适用的复议审查和判断考验着行政复议人员对行政法规范的理解与适用能力。随着现代行政管理法制化的日益推进,各行政管理领域的部门行政法规范日益完备,加之近年来"依法行政"的观念强化和考核制度建立,应当承认,大多数行政执法人员对本行政管理领域所涉及的行政法规范都较为熟习,专业经验使得他们对部分法条规范的理解更为深刻、适用更为准确。这就为行政复议人员对具体行政行为中部门行政法规范的理解与适用的复议审查和判断形成了挑战。

此外,对具体行政行为中行政主体行使行政自由裁量权的合理性判断也考验着行政复议人员的智慧。尽管现代行政管理各领域内的部门行政立法日益完备,但行政自由裁量权都是授予行政机关应对复杂社会现实的必要手段。即使行政执法人员在行使行政自由裁量权过程中不存在滥用的主观因素,那么,行使自由裁量权时对某些因素的考虑、对既往执法惯常做法的把握、对当下执法政策的考量或是对裁量基准的理解,行政执法人员都具有难以被超越的知识和经验优势,这为行政复议人员对具体行政行为的合理性判断提出了挑战。

因此,如果行政复议办案人员在案件审理时遵循行政执法人员的办案思路,试图重新查证案件事实和探寻法律依据来形成自己的认识和判断,并以自己的认识判断来考量执法人员既有判断的合法性与合理性,这种显然有些班门弄斧,是极其不明智的,也难以获得复议被申请人的信服。明智的做法是,行政复议人员应当始终明确自己是第二次判断的角色,在案件事实认定方面,行政复议办案人员的基本任务就是根据证据规则来检验行政执法人员既已收集的可定案证据能否证明具体行政行为所得出的事实结论,即根据证据规则来判断行政执法证据的可采性及证据事实推演的合逻辑性;在法律适用方面,行政复议办案人员的基本任务就是根据法律适用规则来检验行政执法人员在适用法律规范时是否遵循了合法的规范适用准则,即是否遵循了法律规范之间的效力规则,是否适用了合法有效的其他规范性文件,是否遵循了法律保留和法律优位原则等;在行政自由裁量权的合理性判断方面,行政复议办案人员的基本任务就是在复议申请人提出异议的情况下,检视行政执法人员对行政行为合理性的证成逻辑,对其行使裁量权时已经考虑的因素、参照的惯例、理解的政策和适用的基准进行合理性判断。

按照上述思路,行政复议办案人员便可以巧妙地避开自己在行政执法专业、技能和经验方面的劣势,有效发挥自己作为局外人的角色优势,弥补行政执法人员作为当事人的主观认识局限。首先,在案件事实认定方面,行政执法人员很可能出于不当的角色利益考虑,只采纳了对自己有利的证据,而对自己不利的证据置之不理,或是在证明过程中强词夺理。行政复议办案人员可以通过依法采纳这些未被执法人员考虑的证据,纠正具体行政行为事实认定逻辑中的谬误,以作出具体行政行为对案件事实的认定是否清楚、证据是否确凿充分的公正判断。其次,在法律适用方面,行政执法人员往往习惯于直接依据上级政策实施行为,这很可能导致适用了与更高层级立法相违背的规范依据,或者出于不当角色利益考虑而选择性适用对自己有利的规范依据,甚至故意歪曲适用。对此,行政复议办案人员可以根据合法的法律规范解释与适用规则来评判具体行政行为适用法律是否准确。最后,在行政行为合理性方面,行政执法人员的合理性证成如果不能自圆其说,或者经行政复议申请人举证证明其在执法过程中考虑因素不恰当、没有遵循惯例、适用了错误政策或是没有遵守裁量基准,那么行政复议办案人员就可以判定具体行政行为不合理。

由此可见,行政复议办案人员在办案过程中只有采取上述扬长避短的策略,才能在行政案件事实认定、法律适用和行政合理性等方面的认定和判断上形成对行政执法人员的角色优势,从而赢得复议被申请人的信服。行政复议机关及其办案人员也只有具备并让复议申请人及公众感受到对行政执法人员的判断能力优势,才能赢得为公众信任的能力。据此,很明显的道理是,行政复议办案人员的角色定位以及对复议证据规则、法律适用规则以及行政合理性的衡量规则的把握能力主要依赖于行政复议办案人员的专业素质和办案经验。

二、复议接纳力的生成机制

如前所述,行政复议接纳力反映的是行政复议制度对行政复议当事人程序参与的接纳能力和对复议当事人意见主张的听取及采纳能力,包括形式意义上的接纳力和实质意义上的接纳力两个方面。

行政复议形式意义上的接纳力取决于行政复议程序是否吸收复议当事人参与,反映了行政复议程序对当事人程序参与权的保护力度。如前所述,行政复议程序的基本内容是行政复议工作人员依据相关规则对被申请人既已作成的具体行政行为的事实认定、法律适用和裁量合理性进行再次审查,审查的对象内容是具体行政行为的事实证据、法律依据和法律推理。根据行政复议法规定,行政复议机关展开审查活动之前,行政复议被申请人必须提交作出具体行政行为的证据和依据。因此,行政复议程序接纳复议当事人参与、听取及采纳复议当事人意见主张的能力主要体现在接纳复议申请人(有时还包括第三人)复议参与并听取及采纳其意见主张的能力方面。

基于人性尊严之原理,每个人都应当是事关自身利益事件的积极参与者而不应再被视为管理的对象或客体。① 根据这一原理,行政复议申请人不仅享有要求行政复议机关公开复议过程、依据、结果及其他资讯的知情权,而且还享有参与整个复议程序并在程序中提出证据、陈述事实、发表观点和进行争辩的权利。因此,复议申请人参与复议程序必须以复议程序开放和复议资讯公开为前提。没有复议程序的开放,复议申请人就没有机会参与;没有复议资讯的公开,复议申请人参与复议程序也难以有所作为。据此,我国《行政复议法》第4条明确规定了复议公开原则,并通过下列程序制度使该原则具体化:(1)复议人员向有关组织和人员调查案件、向复议当事人听取意见(第22条);(2)复议申请人查阅被申请人提交的证据、依据和其他材料(第23条)。这些规定部分保障了复议申请人的程序参与。同时,《行政复议法实施条例》也通过对复议听证(第33条)、复议申请人阅卷条件保障(第35第)和复议程序中止与恢复告知(第41条)等程序制度的规定,使得复议资讯公开和复议

---

① 刘东升:《行政复议制度重构》,博士学位论文,中国政法大学,2006年,第158页。

申请人程序参与权得到了初步落实。

"公正不仅应当实现,还应当以看得见的方式实现。"行政复议公开和复议申请人程序参与增强了行政复议程序的透明性和参与性,减少了外界甚至行政系统内部对复议机关审理案件的不当干预和影响,有利于复议机关依法、公正作出裁决。复议程序的透明性和参与性还能够促使当事人及时提交证据,有利于复议机关在较短时间内厘清案件争议的焦点、查清事实;复议程序公开和复议申请人程序参与使外界对程序干预的减少也有利于使复议机关可以更快地解决行政争议,提高行政复议效率。复议程序的透明性和参与性还有利于充分地听取当事人的意见,通过复议听证等形式,当事人能够充分地发表陈述和争辩意见,使复议机关掌握更为全面的事实和理由,从而客观、公正地审理案件并作出裁决,有利于增强复议决定的权威性和约束力。复议审理过程的透明和审理结果的公开,揭开了复议制度的"神秘面纱",有利于让复议申请人清楚地判断行政复议机关及其办案人员是否有"官官相护",有利于宣传复议制度的优势,使更多民众了解这一制度,引导群众通过行政复议这一法定化途径化解行政争议。

开放行政复议程序,允许复议申请人参与办案过程,更具实质性意义的是让复议申请人有机会充分口头表达自己的意见。如前所述,为了维护和增进自己的利益,争议当事人都有一种难以抵制的心理愿望——通过当面口头方式向裁判者陈述事实、主张权利或进行争辩,以充满情感的口气等因素来感染裁判者,使裁判者形成对自己有利的心理确信和最终裁决。因此,如果复议程序根本不允许复议申请人参与,或者允许其参与却不给机会让其口头表达意见,或者其表达的意见未被复议办案人员重视。那么,复议申请人总会有一种"有话无处述说"或者"说了相当于没说"的感觉,这对于那些无法通过或难以通过书面表达意见的复议申请人尤其如此。显然,这样的复议程序将难于让复议申请人相信复议人员会在复议裁决考虑他尚未痛快表达的意见,也就难以获得复议申请人对行政复议决定公正性的认同。因此,复议程序要赢得复议申请人的信任,必须让他真切地感受到自己的程序主体地位已经受到尊重——自己已经酣畅淋漓地表达了自己的意见、发泄了累积日久的怨气,而且自己的意见和怨气已经被复议人员认真地听到和感受到了。因此,从这个角度讲,行政复议形式性的接纳力必须包含对复议申请人意见表达的包容能力。

行政复议接纳力不仅应当包括对复议申请人意见表达的包容能力,还应当包括对该意见的回应——对合理意见的采纳或不合理意见的否定。因为,复议申请人通过开放的复议程序参与意见表达,最终的目的是希望自己的意见被行政复议人员考虑和采信。而如果复议申请人在最后的行政复议决定书中看不到自己曾经表达的意见,哪怕被否定的结论,那么他必然会有一种被欺骗的感觉,认为意见听取程序不过是在"做样子""走程序""走过场"。因此,复议程序要赢得复议申请人的信任,行政复议决定应当对复议程序中听取的当事人意见进行合理性分析并得出是否采纳的结论。这就要求行政复议决定书应当要有必要的说理,行政复议决定说理的充分性反映了行政复议权对复议当事人事实陈述、权利主张和争辩意见的实质性接纳力。

由此可见,行政复议必须通过开放的程序和资讯的公开来接纳行政复议申请人的程序参与,复议申请人的程序参与可以为行政复议程序注入公信的力量。同时,还应当允许并认真听取复议申请人在复议程序中的意见表达,这能让复议申请人感受到自己有被尊重的平等当事人地位,而不是被复议机关和复议被申请人共同审问的对象或客体。而且,行政复议决定应当对复议程序中听取的复议申请人意见进行必要的回应,这种回应是行政复议程序接受复议申请人的程序参与和意见表达等程序赢得公共信任的基本保障。综合上述行政复议接纳力的生成机制,我们可以发现,行政复议接纳力的生成主要依赖于行政复议程序的正当性。

三、复议约束力的生成机制

如前所述,行政复议约束力包括行政复议机关及其办案人员对行政复议程序的控制力和行政复议决定的约束力。行政复议公信力的生成,有赖于法律对行政复议程序控制权的授予和保障,有赖于法律对行政复议决定的确定力、既决力、拘束力和执行力等效力的确认和保障。

行政复议程序控制力取决于法律法规对行政复议机关及其办案人员在行政复议程序中对程序的指挥权和制裁权的授予和保障。为保证行政复议程序的正常进行,行政复议法必须保障行政复议机关及其办案人员依法享有程序指挥权和相应的制裁权。对此,行政复议法规定,行政复议机关对于在行政复议程序中,复议参与人和案外人员(特别是被申请人)的违反复议秩序的违法行为,①有权提请并建议人事、监察部门对有关责任人员给予行政处分,提请公安机关实施治安处罚或追究刑事责任。这些规定在一定程度上使行政复议权自身具备了控制程序运行的能力。但很明显,行政复议机关的程序指挥权和制裁权并没有完全覆盖复议参与人或案外人员违反复议秩序行为的可能范围,也不是由行政复议机关或复议办案人员直接行使,而且必须由行政复议机关转交人事部门、监察部门、公安机关、人民检察院或人民法院等其他国家机关处理,这显示出行政复议机关及其办案人员对行政复议程序控制力的有限性。

作为行政复议公信力基石的行政复议决定约束力包括确定力、既决力、拘束力和执行力等效力,但这些法律效力原则上需要基于行政复议决定的生效才会产生。《行政诉讼法》(2014)第 45 条(原《行政诉讼法》(1990)第 38 条)规定,公民、法人或其他组织对行政复议决定不服,在收到行政复议决定书之日起 15 天以内可以向法院提起行政诉讼。也就是说,除法律规定的行政复议终局情况外,②行政复议决定作出后在起诉期内是未生效的行政复议决定;一

---

①　根据《中华人民共和国行政复议法》(1999)第 36、37 条和《中华人民共和国行政复议法实施条例》(2007)第 63、65 条的规定,这些行为包括:(1)拒绝或者阻挠行政复议人员调查取证、查阅、复制、调取有关文件和资料的行为;(2)被申请人不提出书面答复或者不提交作出具体行政行为的证据、依据和其他有关材料的行为;(3)阻挠、变相阻挠行政相对人申请行政复议,或对复议申请人进行报复陷害的行为;(4)被申请人不履行或者无正当理由拖延履行行政复议决定的行为。

②　复议终局包括两种情况:一是有选择的终局。如《行政复议法》第 14 条规定的对省级人民政府及国务院部门的复议决定不服,可以请求国务院裁决或提起行政诉讼,相对人申请国务院裁决的,为终局裁决。二是无选择的终局。如《行政复议法》第 30 条第二款规定的,根据国务院或者省、自治区、直辖市人民政府对行政区划的勘定、调整或者征用土地的决定,省、自治区、直辖市人民政府确认土地、矿藏、水流、森林、山岭、草原、荒地、滩涂、海域等自然资源的所有权或者使用权的行政复议决定为最终裁决。又如《出入境管理法》第 64 条规定的,外国人对依照出入境管理法的规定对其实施的继续盘问、拘留审查、限制活动范围、遣送出境措施不服的,其他境外人员对依照本法规定对其实施的遣送出境措施不服的,可以依法申请行政复议,该行政复议决定为最终决定。

且单位或个人对行政复议决定提起行政诉讼,行政复议决定在诉讼期间将处于效力待定状态。如果法院的生效裁判撤销行政复议决定或确认无效,或者通过对原具体行政行为的撤销、变更或确认违法判决使行政复议决定自然失效,行政复议决定将永远不会生效。因此,行政复议决定只有在行政复议终局、复议申请人未起诉或行政诉讼裁判对行政复议决定效力的维持等情况下才会成为生效行政复议决定。

行政复议决定一旦生效,便会产生相应的确定力、既决力、拘束力和执行力。生效行政复议决定的确定力具体包括,复议当事人不能就该事实在其他争讼活动中提出相异的主张,行政复议机关不能就该事实在其他案件中作出相异的判断,其他国家机关也不得作出与行政复议决定结论相异的事实认定。生效行政复议决定的既决力具体包括,复议当事人不能就该案件基于相同的理由再次申请复议或提起争讼,行政复议机关不能对这样的复议申请进行再次审理和裁决,其他国家机关也不得受理当事人对该事实基于相同理由提出的争讼。生效行政复议决定的拘束力具体包括,复议当事人应严格遵守并履行行政复议决定,行政复议机关不得随意撤销或变更复议决定,全社会都应当尊重和维护行政复议决定。生效行政复议决定的执行力具体是指,具有给付内容的生效行政复议决定,当事人如果不主动履行复议决定所确定的义务,行政复议机关或其他具有强制执行权的主体根据当事人的申请或依职权就可以实施强制执行,其他社会成员也有协助强制执行的义务。

尽管行政复议决定的约束力原则上以决定生效为前提,但值得注意的是,由于行政诉讼法没有赋予复议被申请人对行政复议决定不服而向人民法院起诉的权利,[①]因此,从理论上讲,即便是未生效的行政复议决定,事实上对复议被申请人也已经形成了确定力、既决力、拘束力和执行力。同时,由于行政诉讼中法院原则上只对具体行政行为的合法性进行审查,不审查合理性。[②] 而在行政复议中,具体行政行为内容适当是复议机关维持该行为的条件之一,复

---

① 参见《行政诉讼法》(2014)第 44 条(原《行政诉讼法》(1990)第 38 条)、《最高人民法院关于执行〈中华人民共和国行政诉讼法〉若干问题的解释》(2000)第 13 条。
② 参见《行政诉讼法》(2014)第 6 条(原《行政诉讼法》(1989)第 5 条)。

议机关可以决定撤销或变更明显不当的行为。① 因此,复议机关可以对具体行政行为的合理性进行审查。这就意味着,行政复议决定即便是未生效,或者因行政相对人起诉而处于效力待定状态,其关于行政自由裁量权的合理性判断事实上也形成了确定力、既决力、拘束力和执行力。

从行政复议公信力的角度来观察,我们就会发现,社会公众特别是具体行政行为的相对人是否肯于认知、敢于信任和信赖行政复议,在很大程度上取决于他们能否感知并确信行政复议决定具有约束力。一个科学合理的行政复议制度必须能够让行政相对人及社会公众相信:已经生效的行政复议决定确实可以有效地结束所涉行政争议,那些曾经被争议所困扰的当事人可以确信,随着行政复议决定的生效,既有的行政争议就已经尘埃落定;他可以信赖并立足于生效行政复议决定所确认的案件事实和权利义务关系来规划自己未来的行为,而不必担心自己的信任会被随意背叛;他也可以期待行政复议决定的强制执行措施绝不会屈从于某种社会压力而让那些拒不执行生效行政复议决定的人恣意妄为。反之,如果生效行政复议决定确认的案件事实和权利义务随时有可能因各种社会压力而反复无常地变化,行政复议决定一方面公开宣称,本决定生效后将成为所涉行政纠纷的最后解决方案,但另一方面又自悔前言,出于某种政策的考虑而把争议当事人重新拖入业已结束的纷争,无情地摧毁他们以生效行政复议决定的约束力为基础所营造的生活大厦,那么,任何理智的行政相对人都再没有理由敢于信任和选择行政复议了。

由此可见,行政复议决定的约束力是以生效行政复议决定对案件事实和权利义务关系的终局性确认为前提的。但同时需要明确的一个道理是,生效行政复议决定的终局性确认不能仅仅依赖法律的强制性规定来获得确定力、既决力、拘束力和执行力等形式约束力,更应当以合法、公正的行政复议决定形成对复议申请人及公众的实质约束力。因此,行政复议权的结果约束力与行政复议决定的公正性正相关。

---

① 参见《行政复议法》第 28 条。

四、复议自主力的生成机制

行政复议自主力是指行政复议权行使主体抵御和排除一切私人和公权力对复议审理、裁决及其执行施加不当干扰和非法妨害而独立地自主运行的能力,这种能力实际上就是被赋予行政复议职能的行政机关、复议机构和复议人员独立自主地实现该项职能的能力。美国学者路德·古利克指出,现代政府管理的最佳组织效果只有靠分工来达到,专业化使人们在某项能力方面更加造诣精湛。[①] 赫伯特·西蒙进一步指出,政府内部职能分工是否成功取决于两个标准,一是看它对整体工作的推动(或阻碍)程度,二是看它减少权限争议的程度。[②] 行政复议是现代政府基于内部职能分工所形成的一项专门解决行政争议从而实现监督行政权和救济行政相对人权利等目的的职能。一般来讲,政府机关赋予该项职能的自主能力与行政复议权的专门创设以及配置的专一化和完整性等制度安排密切相关。

行政复议权的专门设置是以行政复议职能的独立性为前提的。如果行政复议工作不具有自己的独特性,尚未成为国家一项独立的政府职能,行政复议权也就可以由其他行政机关兼任行使,也就没有必要专门设置并配置专门的机构和人员来行使这项权力,行政复议权的自主能力也就无从谈起。因此,行政复议权专门配置是行政复议权自主的首要前提。一般来讲,一项政府职能的专业化形成主要取决于目的任务、技术需求和服务对象等因素。[③] 如果某项工作具有相同的目的任务、需要相同的技术支持,旨在满足于公众对同一公共产品供给的需求,那么这项职能就具备了作为一项专门政府职能的基本品质。行政复议职能就是政府基于监督行政机关依法行政、建设法治政府,救济公民权利,构建法治社会、化解行政争议、构建和谐社会的政治任务,通过对具体行政行为实施合法性和合理性审查和裁决而为行政相对人提供权利救济的

---

① 转引自蓝志勇:《行政官僚与现代社会》,中山大学出版社 2003 年版,第 42 页。

② [美]赫伯特·西蒙:《管理行为——管理组织决策过程的研究》,杨砾等译,北京经济学院出版社 1988 年版,第 139 页。

③ [法]夏尔·德巴什:《行政科学》,葛智强、施雪华译,上海译文出版社 2000 年版,第79—80 页。

职能,是一项专门化的政府职能。

　　行政复议职能的独立性使行政复议权的专门创设与配置具备了正当性。根据官僚制理论的专业化要求,一项专门的职能只有分配给专业化的机构才能得到最佳实现。① 据此,专门创设的行政复议权需要由专门的机构和专业的人员行使才能实现功能最大化。政府如果要实现某项专业职能,就需要将运用相同专业技能服务于同一类民众的相同职业人集中于一个机构组织。行政复议权是一项专门解决行政争议的权力,需要专门的知识、技能和经验,只有将具有相同专业技能的行政复议人员集中于一个行政机构,行政复议职能的专业化效果才会显现。因此,行政复议权配置专业化的最理想状态是行政复议权由法定的某类行政机构独占行使,杜绝行政复议权分散配置的情形,以促进行政复议职能的进一步专业化,使行政复议制度真正有能力为构建法治政府、法治社会和谐社会的政治任务。

　　专业化设置的行政复议权同时要求行政复议权行使的专门化。如果说行政复议权配置的专业化是从政府职能分工角度看待行政复议职能的实现需求,那么,行政复议权行使的专门化则是行政复议职能专门化对行政复议组织机构提出的要求。行政复议权行使的专门化要求行使行政复议权的机构应将其人力、物力和财力主要用于完成行政复议工作,实现行政复议机构职能的专门化。行政复议机构职能的专门化,意味着它是专门从事行政复议活动的专职机构,而既不是附带履行行政复议职能的一般行政机构,也不是附带有其他行政职能的行政复议机构。行政复议机构职能的专门化,一方面可以促使行政复议机构致力于行政复议工作制度建设,促进行政复议工作规范化、标准化开展,有利于提高行政复议工作效率;另一方面可以促使复议人员致力于钻研业务知识、训练业务技能和积累业务经验,促进行政复议人员的专职化,有利于提高行政复议工作质量。

　　行政复议权配置的完整性要求法律法规在授权行政复议机关的行政复议权时必须具有完整的内容。行政复议权是一种由多项子权力(本书统称"行

---

　　① 刘东升:《行政复议制度重构》,博士学位论文,中国政法大学,2006 年,第 114 页。

政复议权项")构成的具有一定综合性国家权力,①制定法授予行政复议机关的行政复议权项范围有全部赋予和部分赋予的差异,这取决于行政复议权在行政复议机关和其他国家机关之间采用哪种内部分权方式能够最大限度地发挥职能效用。但是从行政复议权自主运行的角度来看,行政复议权这项综合性的权力必须完整性地授予行政复议机关行使才能保证其自主性。如果行政复议权由行政复议机关与其他国家机关共同行使,由于行政复议权项的分别享有必然会使部分权项的行使受到节制,那么行政复议机关也就缺少了行使行政复议权的自主性。

由此可见,行政复议权的自主力首先依赖于行政复议权的专门设置并由专业机构和人员专门行使。行政复议工作职能的专业化是行政复议权设置专业化的基本前提,行政复议权专业化设置要求行政复议权必须要由专门的机构和人员行使才能提高工作效率和质量。同时,行政复议权必须完整地授权行政复议机关独立行使,才能使行政复议机关自主地行使行政复议权的基本能力,避免受到其他国家机关的不当节制和干扰。综合上述两个方面,也就意味着,如果行政复议职能从政府职能中独立出来由专门的行政机关行使,行政复议机关也完整地获得了实现该项职能所必需的行政复议权,成为了专门履行行政复议职能的专业机构,那么,行政复议也就具备了基本的自主力。因此,行政复议自主力与行政复议职能和权力的独立性和完整性呈正相关,主要依赖于行政复议机构的独立品质。

五、复议自制力的生成机制

行政复议权一旦成为一项独立而自成体系的国家权力,如果缺少必要的监控机制,这项权力的掌握者在个人情感和欲望冲动之下,在外部压力和诱惑面前,就极有可能偏离对案件事实和法律规定的忠诚。因此,构建行政复议权的监控制度体系使行政复议同时生成自制力是塑造行政复议公信力的必然选择。行政复议自制力的生成有赖于以下三个方面的机制建立和完善。

第一,行政复议权独立而自成体系的配置预示着权力被滥用的危险,因此

---

① 刘东升:《行政复议制度重构》,博士学位论文,中国政法大学,2006年,第96—97页。

法律在配置行政复议权时需要坚持职权法定原则、程式化原则和权责一致原则。职权法定原则的确定与落实,意味着行政复议机关享有和行使行政复议权时,必须要有制定法规范的授权,而且不同层级的规范授权还必须坚持法律保留和法律优先原则。职权法定原则的确定与落实,旨在从源头上防止行政复议权的越权。程式化原则即要求制定法在授权规定每一项行政复议权时,都应当同时明确规定该项行政复议权行使的条件、主体、期限、方式等程序规则。程式化原则的确定和落实,旨在从过程上防止行政复议权的滥用。权责一致原则即要求制定法在授权规定每一项行政复议权时,应当同时明确规定如果行政复议权的享有者超越或滥用权力将承担的法律责任,这是从行政复议权的违法结果责任角度来对其实施的防控。权责一致原则的确立与落实对于预防和制裁行政复议越权或滥用尤其重要,如果制定法没有规定行政复议每一权项违法滥用的法律责任,也就意味着职权法定原则和程式化原则的规定只是一种毫无约束力的道德提倡。

第二,行政复议人员作为行政复议权的掌控者也存在被利益诱惑或刺激而滥用职权的危险,因此需要加强对行政复议人员的行为约束,其中的重要机制包括给予职业保障和实施纪律约束。行政复议人员职业保障是指对从事行政复议工作的人员给予必要的物质上或精神上保障。其中,物质上的保障主要是给予行政复议人员较为丰厚的薪金和福利待遇,精神上的保障是给予行政复议人员在工作业绩上的客观评价和公平赏罚以及在个人仕途发展上的充足空间。尽管每个人的欲望是无限膨胀因而无法完全满足的,但经验表明,如果给予行政复议人员较为优厚的职业保障能够让其感到从事该项职业的成就感和荣誉感,有利于在一定程度上减少其利用职务之便获取不法利益的动机。如果再辅之以严厉的工作纪律和违法违纪责任,那么,在一定程度上是可以防止行政复议人员在职务工作中违法乱纪或为一己私利而偏离事实真相或违反法律规定的。因此,在给予行政复议人员优厚职业保障的同时,应当对行政复议人员从事职务工作的纪律进行全面细致的规定,而且应当同时明确规定足以让其"望而生畏"的违纪责任,促使行政复议人员形成强烈的职业责任感。应当说,如果通过对职务保障和纪律责任的规定能够让行政复议人员形成强烈的职业成就感、职业荣誉感和职业责任感,那么行政复议人员就有了抵御利益诱惑和刺激的免疫力,就可以在各种利益诱惑面前坚持中立公正的立场,赢得公众的信任。

第三,只有将行政复议权享有和行使的法律要求与行政复议权行使的过程与结果置于公众特别是复议当事人的监视之下,才能有效防止越权、滥用、武断、偏私或拖沓。"阳光是最好的防腐剂。"只有公开法律对行政复议权的权限范围、程序要求和结果责任要求以及行政复议权行使的整个过程和最终结果,行政复议权的越权、滥用、武断、偏私与拖沓才会无所遁形,也才能使行政复议权的越权、滥用、武断、偏私或拖沓得到及时制止和纠正,从而塑造形成合法、公正、及时的良好形象,赢得复议当事人及公众的信任。因此,制定法在创设和配置行政复议权时,应当在明确规定该项权力行使的范围、条件、限度和责任的基础上,同时要求只要该项权力的行使过程及其结果不涉及国家秘密,均应当向社会公众公开,如果涉及商业秘密或个人隐私也应当在一定范围内公开。通过复议权力公开,将行政复议权全部内容置于复议当事人或公众的监视之下,有利于防止行政复议权的腐败。

因此,行政复议权作为一项独立而自成体系的国家权力,必须通过法律确立并落实职权法定原则、程式化原则和权责一致原则来防止其整体腐败,同时还必须通过对行政复议人员给予职业保障和实施纪律约束来增强其抵御不法利益诱惑与刺激的能力,以防止被个人滥用。行政复议至少需要通过以上两个方面科学合理的制度设计,才能使其生成自我约束的防腐能力,而这些制度就是行政复议权的监督制度。

第二章　我国复议公信力生成的主体障碍

行政复议公信力是行政复议权的信用能力,行政复议权作为一项行政权体系中的国家权力,需要由具体的行政复议机关、行政复议机构和行政复议人员来操持行使。因此,行政复议公信力必然与复议主体制度设计及其运行存在某种逻辑关系,要塑造我国行政复议公信力,就必须深刻认识并科学运用这种逻辑关系。

第一节　行政复议公信力生成的要件

如果说"建构司法公信力必须从司法权的信用值得信任开始",①那么,行政复议公信力塑造就必须从塑造行政复议权的信用品质开始。行政复议权信用品质的生成必须具备一定的条件,因此行政复议权信用品质的塑造又必须从这些生成条件的促成开始,而且行政复议公信力的维护和提升也必须从这方面来着力。根据行政复议公信力的生成机制原理,行政复议公信力生成必须具备复议机构独立、复议人员专业、复议程序正当、复议裁决公正、复议权监督科学以及外部委员参与等基本条件。

一、复议机构独立

行政复议自主力与行政复议权配置的专一性、独立性和完整性直接相关,

---

① 钱大军:《司法公信力应当如何建构》,《社会科学战线》2013 年第 3 期。

如果行政复议机关能够专一、独立、完整地享有和行使行政复议权,行政复议就具备较强的排除不当干扰和抵御利益诱惑的自主力。而且,行政复议机关如果能够专一、独立、完整地享有和行使行政复议权,也就意味着行政复议机构和复议人员能够独立自主地听取和采纳复议当事人特别是复议申请人的意见,能够独立自主地对具体行政行为进行合法性和合理性审查和判断,并严格根据客观事实和法律依据作出行政复议决定。由此可见,行政复议机关专一、独立、完整地享有和行使行政复议权,不仅有利于保障和提升行政复议的自主力,也有利于保障和提升行政复议的判断力、接纳力和约束力,是行政复议公信力生成的重要条件之一。

行政复议机关的专一、独立性在我国严重受制于行政复议的管辖体制。我国行政复议目前采用的是"条块结合"的管辖体制,在这一体制下,行政复议权由行政行为机关的上一级主管部门或同级各级人民政府行使,除极少数情况外,行政复议机关并不是专门、独立设置的行政机关。而现行法之所以将行政复议权分配由复议被申请人的同级人民政府或上级主管部门兼任行使,立法时的考虑是行政复议权实质上是一种行政组织上的领导监督权,只能由作为复议被申请人组织上的领导机关的同级人民政府和上级主管部门行使,便于依托组织领导关系实施上下监督。①

不单独设置专门的行政复议机关来独立享有和行使行政复议权,这使得行政复议自主能力成为我国行政复议公信力"木桶"最短的那块板。有学者深刻指出:如果由上级主管部门管辖,在上下级行政机关之间日常工作联系密切、职责相同、利益与共的情况下,让上级主管部门监督、处理下级部门,无异于断根折腿,监督蜕变为庇护;而如果复议案件由本级人民政府管辖,地方政府为保护本地方利益,也同样可能如此。② 因此,不论是由本级人民政府管辖还是由上级主管部门管辖,都无法跳出"地方保护主义"和"部门保护主义"的两难困境,行政复议制度都难以摆脱"官官相护"的形象,而行政复议公信力

---

① 崔卓兰:《行政复议法学》,吉林大学出版社2001年版,第134页。
② 江必新、李江:《行政复议法释评——兼与行政复议条例之比较》,中国人民公安大学出版社1999年版,第121页。

的"短板"正是因行政复议机关的这种组织领导体制所造成的。

在笔者看来,既然行政复议权配置使本级人民政府或上级主管部门都无法脱离困境,而行政复议权又只能在行政系统内部配置才能坚守其行政性及其因此而造就的行政复议制度的优势,那么我们就必须寻求一种恰当的制度设计,将行政复议职能独立出来由专门的行政复议机关或机构来行使,并赋予该机构更强的独立性,以使其有能力抵制所属政府或职能部门基于组织领导权对其办案独立性造成的负面影响。要确保专门复议机构的独立性,其中最为重要的就是要赋予行政复议机构完整的行政复议权,使它有能力在行政复议工作中既不会受到地方政府影响而不当地例外考虑保护"地方利益",又不会受到上级主管部门影响而不当地例外考虑保护"部门利益",而只是独立自主地考虑所查明的客观事实和法律依据作出裁判,只考虑当事人双方所主张的有证据支持和法律依据的"正当利益"。

因此,行政复议制度要摆脱"官官相护"的形象,就必须跳出有组织领导权才有复议监督权的传统思路,以赢得复议申请人及社会公众的信任为基本价值导向,以行政复议权的独立配置和行使为重心,设置独立性更强的行政复议机构专门享有和行使行政复议权。具体可以有两种选择,一是在政府或职能部门兼任行政复议机关的情况下,在政府或职能部门内设置具有独立性的专门行政复议机构;二是在政府下设置独立的专门行政复议机关,集中行使政府和职能部门的行政复议权,政府或职能部门都不再行使行政复议职能。

如果专门设置独立的行政机关来行使行政复议权,这种行政复议机关也就不再需要与政府职能部门一一对应设置,而只需要在一个地方集中设置一个就可以了。这样,我国行政复议机构分散设置所产生的一系列缺陷也就同时可以得到解决了。但是,这样设置的复议机关必须隶属于行政系统内,如果是在行政系统外设置,那么就可能演变为另一个法院,这无疑是让行政复议制度自我毁灭。① 基于发挥行政复议制度优势的需要,行政复议机关必须设置于行政系统之内。因此,行政复议机关的独立也就只能是在行政系统的相对

---

① 张越:《行政复议法学》,中国法制出版社 2007 年版,第 61 页。

独立。

与司法独立的核心是法官独立的道理一样,行政复议独立的关键应当是行政复议人员在行政复议办案时的独立,即不受来自行政复议机关内外的机关、组织或个人的不当干扰,独立自主地行使行政复议权。如果行政复议人员不能独立自主地行使行政复议权,那么,行政复议人员很可能在进行案件调查、审理和裁决时屈从于领导的指示或控制等压力,以至于不能进行公正判断。那么,设置于行政系统内部的专门行政复议机关又如何能够保证行政复议人员独立履行职权呢? 在笔者看来,与法官独立所需要的物质保障、职务保障、行为自由保障等保障制度一样,①行政复议人员也应当享有在物质、职务和行为自由方面的基本保障。

行政复议人员的职业化是行政复议职能独立化和复议机构职能专一化和专业化的重要基础和必然结果。行政复议职业化意味着行政复议人员与一般行政执法人员相分离,逐渐发展为法律职业团体的一个组成部分,这是行政复议制度发挥行政纠纷化解职能的必然要求。② 职业化可以促使其产生职业归属感和自豪感,保持复议办案人员队伍稳定;职业化可以促使行政复议工作的专业知识、技能和经验的总结积累,有利于增强行政复议工作业务独立性;行政复议人员在取得职业化身份、收入、地位和可能带来的荣誉、名望后,自我利益权衡会让其获得抵制偏袒诱惑的免疫力,有利于促使其保持办案独立、中立和公正;职业化使复议人员在工作中的行为总被视为超越个人情感的专门行政活动,个人也体现出共性职业特征,"它能使公务员免受某项个人行为造成的压力。它赋予公务员以超越自我、提高自我的外部权威"。③

二、复议人员专业

行政复议人员专业是行政复议公信力生成的基本条件。在行政复议活动中,行政复议人员是行政复议权的具体操盘手。如前所述,行政复议的判断力

---

① 贺日开:《司法权威的宪政分析》,人民法院出版社 2004 年版,第 91 页。
② 刘东升:《行政复议制度重构》,博士学位论文,中国政法大学,2006 年,第 135 页。
③ [法]夏尔·德巴什:《行政科学》,葛智强、施雪华译,上海译文出版社 2000 年版,第 65 页。

直接取决于行政复议办案人员对复议证据规则、法律适用规则以及行政合理性的衡量规则的把握能力。不仅如此,在行政复议程序中,行政复议人员直接面对当事人的意见表达,行政复议人员对当事人意见的听取、辨别和采信等接纳力受制于复议人员的能力素质。行政复议人员对案件事实和法律问题的合法性与合理性判断直接决定了行政复议决定的合法性、公正性,成为行政复议决定约束力的直接影响因素。此外,只有具备良心、刚直而且廉洁的行政复议人员才具有化解外界不当干扰、抵御不法利益诱惑而作出公正裁决的能力。因此,行政复议人员专业不仅是保障行政复议判断力的关键性条件,而且也是行政复议接纳力、约束力、自主力和自制力重要生成条件。

根据行政复议工作的内容和性质,行政复议人员首先应当具有丰富的法律知识和行政管理知识。行政复议人员在行政复议案件处理过程中主要对事实证据、法律适用和行政合理性进行审查、判断和裁决,因此,行政复议人员在行政复议工作中必须重点熟练掌握和运用复议证据规则、法律适用规则和行政合理性裁量规则等;同时,行政复议人员作为复议程序的直接操盘手,还必须对行政复议程序规则熟练掌握和运用。除此以外,由于行政行为的法律适用更多涉及部门行政法规范的理解与适用,因此,也必须对相关的部门行政法规范能够准确理解和适用。同时,由于行政案件证据很多涉及行政管理知识、技能和经验,因此,行政复议人员要对案件事实证据进行判断、认证和采信,就必须具备一定的行政管理知识。另外,由于行政复议人员对行政自由裁量权行使的合理性审查是审查和判断行政执法人员在执法过程中考虑因素是否恰当、是否遵循了惯例、理解和适用政策是否恰当或是否遵守了裁量基准等专业依赖性、经验性很强的问题,这就要求行政复议人员必须具备丰富的行政管理知识和业务经验。

行政案件处理过程中对行政管理知识、技能和经验的需求,使得行政复议人员必须首先是具有一定行政管理经验的人员。如果说行政复议人员对案件证据问题和法律适用问题可以依赖复议证据规则和法律适用规则来合理避免自身在此方面的劣势与不足的话,那么,对于具体行政行为中行政裁量合理性判断所依赖的行政管理知识、技能和经验,则是行政复议人员无法避开而必须具备的一种基本素质。而正是在这一点上,行政复议人员应当比行政诉讼法官更应在行政管理知识、技能和经验方面具有更高的智识水平。进一步说，如果行政复议人员无法具备审查具体行政行为合理性所必需的知识、技能和经验，那么，行政复议制度也就难以承担对具体行政行为合理性的审查任务，也就不再具备对行政诉讼制度的相对优势，因而行政复议制度独立存在的价值就大大降低甚至完全没有了。因为，对于行政案件的法律适用问题，行政诉讼中的法官更具专长。

如同法官一样，行政复议人员具有相应的业务知识、技能和经验只是问题的一个方面，而另一方面则是行政复议人员能否恰当地利用其业务知识、技能和经验来开展行政复议活动并作出客观、公正、合法的行政复议裁决。法律现实主义者认为，司法判决是由法官的情绪、直觉预感、偏见、脾气以及其他非理性因素决定的。① 尽管这种说法有些夸张，但法官作为世俗的"经验人"而非"理性人"，难以排除自身的各种偏见，也无法抵抗社会的各种压力。② 行政复议人员的工作与法官相似，自然也是如此。因此，行政复议人员在工作中能否克服情绪、偏见、脾气等非理性因素的影响，很大程度上取决于行政复议人员的良心、刚直和廉洁等职业人格品质。

行政复议人员首先要有职业良心。良心表现为一个人只有按照自己深信为正确的去说去做，才能感到心安理得。良心对人的言行具有决定和约束的意识作用，当一个人的言行违背了良心，常常会感受到良心的折磨。但行政复议人员的良心不仅仅是普通人的道德观，而应当是职业上的良心。行政复议人员的职业良心就是他们如同法官那样，也应当具备的不存偏见、抑暴扶良、同情弱者以及耐心对待当事人的职业道德品质。③ 其次，行政复议人员还应当具备刚直不阿、不畏强势的精神勇气。当行政复议人员遇到来自上级领导或其他势力的非法干预时，如果不能做到一身正气、铁面无私，坚决抵制权势、人情和金钱压力或诱惑，如果不能坚持原则，阿谀奉承、投机取巧、见风使舵，

---

① ［美］E.博登海默：《法理学——法律哲学与法律方法》，邓正来译，中国政法大学出版社2004年版，第165页。
② 贺日开：《司法权威的宪政分析》，人民法院出版社2004年版，第108页。
③ 贺日开：《司法权威的宪政分析》，人民法院出版社2004年版，第111—112页。

那么其作出的行政复议决定不仅不是对申请人权利的救济,还可能是对申请人又一次的更大伤害。再次,行政复议人员还必须具备清正廉洁的品格。行政复议人员不昧良心、刚直不阿的品格很大程度上依赖于其清廉品格,如果行政复议人员在案件中没有私利,即使遇到权贵干涉,也可以做到理直气壮、依法裁决。此所谓"无欲则刚"。如果复议人员在贪欲驱使下与权贵"打成一片",就难免"吃人家的嘴软,拿人家的手短"。复议人员只有清正廉洁、洁身自好,才能不为各种诱惑所动,才能做到公正复议,才能在公众心目中树立威望,此所谓"公生明,廉生威"。

行政复议人员的职业化是促进和保障复议人员素质提高的重要条件。职业化可以保持复议办案人员稳定,有利于积累办案所需要的专业知识、技能和经验,提高办案质量;职业化有利于行政复议工作的专业知识、技能和经验的总结形成和交流分享,有利于复议工作水平的整体提高;行政复议人员取得职业化身份、收入、地位和可能带来的荣誉和名望,有利于形成职业成就感和自豪感,激发工作的主观能动性和积极性,改变消极、拖沓和不负责任的工作作风;职业化还可以使行政复议人员形成专门的职业思维意识,引导复议人员改变传统思维模式,提高工作效率和质量。

三、复议程序正当

复议程序正当是行政复议接纳力最重要的直接生成条件。除此之外,行政复议程序正当也有利于向社会公众展示其处理行政案件的优势,是行政复议判断能力的重要展示途径;行政复议正当也有利于行政复议裁决实体公正的达成,有利于增强行政复议裁决的约束力;行政复议程序正当也有利于增强行政复议的独立性,保护行政复议人员免受外界不法干扰;行政复议程序正当还有利于使行政复议权行使置于公众监视之下,有利于增强行政复议自制力。因此,行政复议程序正当也是生成行政复议公信力的重要条件之一。

尽管学界对程序正当的内容众说纷纭,但"并未偏离主题,告知、听取意见、说明理由以及程序的中立和公开受到普遍关注"。① 因此,行政复议程序

---

① 刘东升:《行政复议制度重构》,博士学位论文,中国政法大学,2006 年,第 168 页。

正当品质包括裁判者中立、程序公开、听取意见、告知说理等基本要素。鉴于各要素内容与要求都极其丰富,这里简要述之。

行政复议程序正当必须要求裁判者中立。程序正当原则的首要内容是"任何人不能做自己案件的法官",如果裁判者在所裁判的案件中有自己的直接(或间接)利益,那么,他就难免会因自己的利益而掩盖事实真相,偏离法律规定来作出裁判。如果裁判者因其人生观、价值观偏好或因情感好恶而遮蔽了他发现事实真相和法律真谛的眼睛,那么不公正的裁判就难以避免。因此,行政复议程序中裁判者必须保持中立的立场,公平听审和裁决,抑制偏见。裁判者中立要求与案件有利害关系的复议人员必须回避。据此,制定法应当规定行政复议人员回避的情形、程序、效力等相关制度并保证得到落实。裁判者中立要求不能有歧视。行政争议中由于被申请人身份的特殊性,复议申请人极容易被视为"暴民""钉子户""无理取闹者"等,这种通过贬损复议申请人人格和权利的观念歧视,是对复议公平的恶劣否定。裁判者中立还禁止单方面接触当事人。"如果纠纷解决者必须听取双方意见,而双方又都在场的话,那么对于偏见的怀疑或许偏见本身都能被克服,或者保持在某种限度之内。"①

行政复议程序正当必须要求程序公开。法律格言云:"公正不仅应当得到实现,而且应当以人们看得见的方式实现。"复议程序公开是指行政复议活动公开进行,复议案件的受理、调查、审理、裁决等一切活动,都向复议当事人、公众及新闻媒体公开,使社会各界了解行政复议活动的具体情况,它是落实复议参与、复议回避和意见听取等制度的重要前提。行政复议程序公开要求,一是要通过刊载报道、发放宣传资料等方式,向社会公开复议机构的组织结构、办公场所、工作制度和复议法律规范等基本信息;二是复议机关收集掌握的证据资料、当事人提交的复议文书、被申请人提交的证据和依据等资讯,除涉及国家机密、商业秘密或个人隐私外,都应当允许当事人自由查阅;三是应当向

---

① [美]马丁·P.戈尔丁:《法律哲学》,齐海滨译,生活·读书·新知三联书店1987年版,第242页。

复议当事人公开复议机关受理、调查、审理、裁决等案件处理进展情况及所涉及的资讯信息;四是行政复议决定要制作决定书,复议决定书要载明所认定事实的证据、依据、理由和裁决结果;等等。

行政复议程序正当应当包含听取意见。"兼听则明,偏听则暗",正当程序原则的关键内涵之一就是听取双方当事人的意见,即听取意见原则。行政复议活动作为裁决当事人利益纠纷的活动,事关当事人各方的切身利益,应当通过各种途径听取复议当事人、相关涉案人员的意见和建议。听取意见原则的落实要求,一是要依法告知当事人有进行陈述和申辩的权利;二是要设立专门的听取意见程序,其中就应当包括复议听证会这种较为正式的程序;三是所听取的意见应当得到回应,即是否被采纳以及不被采纳的理由。听取意见原则必然要求允许复议当事人参与复议程序。如果说复议程序和资讯公开只是让复议当事人"看见事实真相是如何被发现"的,那么,程序参与则是让复议当事人"参与事实真相的发现"。如前所述,复议当事人参与更为关键的是保证复议申请人的程序参与。复议申请人参与复议程序要求,一是应当依法告知复议申请人程序参与权利和具体要求;二是应当依法满足复议申请人合法的程序参与请求,听取他对复议程序的改进建议并纠正不当行为。

行政复议程序正当要求告知说理。程序意义上的告知即行政复议人员将行政复议程序规则、当事人程序权利、参与程序要求等内容告知复议当事人及其他复议参与人,并应指导复议参与人员怎样实施相关行为。行政复议申请人及其他复议参与人并不会经常经历复议程序,大多数人对复议程序都十分陌生,但却因自己的利益而万分关切。行政复议人员应当对他们是否有权以及如何参与复议程序进行告知和指导,以便于他们真实地获得程序参与所带来的利益。同时,如果复议当事人和其他参与人员对复议程序产生疑惑,或者提出的程序要求被驳回,那么行政复议人员应当说明理由,化解参与人员的疑惑,这对于树立程序公正形象具有重要意义。

四、复议裁决公正

行政复议约束力依赖于行政复议决定的确定力、既决力、拘束力和执行力,但这仅仅依靠的是法律规定而具备的外在强制力量,行政复议决定只有依靠其实质公正才能赢得当事人及社会公众发自内心的信服和遵从,因此,行政复议裁决内容公正是行政复议约束力生成的实质性要件。此外,行政复议裁决内容公正也是行政复议判断力、接纳力、自主力和自制力的最直接的表征和反映。这说明,行政复议裁决公正也是复议公信力生成的重要条件,而这里的行政复议裁决公正主要侧重于行政复议决定内容的实体公正。

但是,行政复议裁决的实体公正却依赖于复议程序公正。尽管程序工具主义忽略了程序本身的独立价值,但却揭示了程序公正是实现实体公正或结果公正的前提的法治真理。如果行政复议程序由持有偏见的复议人员主持,或者复议程序和资讯不公开、申请人不能参与,或者申请人参与程序不能获得必要的帮助,或者申请人参与却不能表达意见,或者所表达的意见并未被重视……那么,行政复议办案人员就难以发现案件事实真相,或者所发现的事实真相也难以获得复议当事人及公众的认同和信任。"公正不仅需要实现,而且应当以看得见的方式实现"(Justice must not only be done, but must be seen to be done)。行政复议程序公开、参与、听证、告知、说理以及回避等要素,也正是使程序结果获得正当性认同的"看得见的方式"。行政复议裁决结果公正不能通过当事人看得见的方式实现,也就增加了当事人对复议决定公正的理解和认同难度,同时也增加了复议裁决约束力的生成难度。

行政复议裁决公正要求认定事实清楚。如果行政复议决定对当事人所争议的案件事实认定不清,或者认定的事实结论没有确凿充分的证据支持,那么,这样的行政复议决定将难以成为公正的裁决。行政争议中的案件事实是已经过去的事实,必须依靠事实证据来还原,而如果行政复议人员不按照法定的证据规则来收集、分析和认定证据的关联性、真实性和合法性,并根据具有关联性、真实性和合法性的证据来还原案件事实,那么行政复议决定所认定的案件事实也就可能是根据虚假的、非法的证据所推导出来的虚假事实。建立在虚假事实认定之上的行政复议裁决是不可能获得当事人认同和接受的,难以形成对当事人的约束力。

行政复议裁决公正要求适用法律准确。行政复议决定是在案件事实清楚基础之上准确适用法律得出的法律结论。行政管理立法的抽象化、部门化和多层次化使得行政执法和行政复议过程中准确发现、选择、理解和解释适用行政法规范变得日益困难,也就使得行政执法人员和行政复议人员熟练掌握运用法律解释和适用规则变得异常重要。如果行政复议决定中行政复议人员不是根据法律规范的解释和适用规则来选择和解释适用准确的行政法规范,或者行政复议人员即使依照规则来做了却在行政复议决定中未能展现因而未能排除复议当事人的合理怀疑,那么,行政复议决定所得出的法律结论也难以获得当事人的认同和接受,也就难以形成对当事人的约束力。

行政复议裁决公正还要求行政复议决定书应当有必要的说理。行政复议决定说理包括事实认定说理和法律推理两个方面。如果行政案件复议调查和审理过程中听取了复议当事人的意见,收集了当事人提交的证据,但这些意见和证据在行政复议决定书中没有得到回应——被采信或不被采信及其理由,那么,这就无法让当事人相信其意见和证据是被考虑过的。同样的道理,如果行政复议决定没有对其法律适用的推理过程进行必要的说明,当事人也就难以理解行政复议人员是如何选择、理解和适用相关的法律规范进而得出结论的,也就难以解释为什么自己对相关法律规范的选择、理解和适用会与行政复议决定存在差异。因此,行政复议决定书说理,对当事人提出的意见、证据和法律依据进行必要的回应,有利于获得当事人对行政复议决定的认同和接受,有利于增强复议决定的实质约束力。

五、复议监督科学

这里所指的复议监督是指对行政复议权运行的监督。前述几个部分分析证明了行政复议公信力生成依赖于独立的复议机构、高素质的复议人员、正当的复议程序和公正的复议裁决等基本条件,但同时也分析指出了这些条件本身又依赖于一些具体的制度设计及其有效的执行落实才能促成。现在的问题是,如果制定法按照这些要求设计的具体制度没有被制度实施者有效执行,在行政复议活动中没有得到有效遵守,那么也是无法促成这些条件的,复议公信力也就只是停留在制度宣示层面,无法形成现实的力量。因此,健全完善的复议监督制度也是复议公信力生成的基本条件之一。从权力运行的基本环节来看,行政复议权运行监督主要包括行政复议权配置、行使的过程和结果的监督。

行政复议权配置过程的监督主要是对行政复议权配置环节的主体资格监督。行政复议公信力生成依赖于行政复议机构和人员的独立性。这也就意味着,如果某地方、某单位设置的行政复议机构不具有相应的独立性,或者未建立或执行能确保行政复议人员独立的制度,都是不符合行政复议公信力生成要求的。高素质的行政复议人员也是复议公信力的生成要素。这也就意味着,如果某地方、某单位没有按照国家关于行政复议人员任职资格、条件和品行的规定来选任和培训行政复议人员,也就难以确保行政复议办案的质量。因此,制定法应当建立行政复议权配置环节的主体资格监督制度,监督各级地方政府严格按照制定法的规定,落实对行政复议机关的机构设置、人员配备、办公场所、经费保障、工资待遇等方面的保障责任。

行政复议权行使过程的监督主要是对行政复议机构和复议办案人员的复议活动的监督。行政复议公信力生成依赖于行政复议程序正当。这就意味着,如果行政复议机构或办案人员没有按照正当复议程序的规定和要求来严格执行复议人员回避、禁止单方面接触、复议资讯公开、吸纳当事人参与、听取当事人陈述和申辩、程序告知指导说理等原则或制度,那么,复议程序公正就将大打折扣,复议公信力也就难以生成。因此,制定法应当建立对行政复议正当程序要求的执行监督制度,监督行政复议机构和复议办案人员严格执行上述原则和制度,纠正行政复议程序上的违法或不当。

行政复议权行使结果的监督主要是对行政复议决定的合法性和合理性监督。对此我们要从两个方面来认识:一方面,由于对行政复议权的监督最终要落实到对行政复议决定的监督制度上。如果行政复议权是由主体资格不合法的机构或人员行使的,或者行政复议机构或复议办案人员未按照正当复议程序的要求行使行政复议权,那么,所作出的行政复议决定就应当是违法或无效的,依法应当予以撤销或变更。另一方面,即便行政复议主体方面和程序方面都是合法的,而行政复议决定的事实认定、法律适用及复议结论或制作形式违法或不适当,也应当依法予以撤销或变更。因此,综合以上两个方面,对行政复议权行使的事后监督最终都会反映到对行政复议决定的合法性和合理性监督方面。

对行政复议决定的合法性和合理性监督的结果形式包括对违法或不当行政复议决定的撤销、变更或确认违法、无效,这必然涉及行政复议决定的确定力、既决力、拘束力和执行力等约束力。因此,制定法在规定对行政复议决定的监督时,必须考虑纠正违法或不当行政复议决定与确保行政复议决定的约束力之间的协调平衡。因为,纠正违法或不当的行政复议决定是复议公信力的生成需要,而确保行政复议决定的约束力也是复议公信力的生成需要。要确保实现二者之间的协调平衡,就必须以行政复议决定的生效为分界线,行政复议决定生效之前,复议申请人可以通过提起行政诉讼或其他途径来纠正违法或不当的行政复议决定;行政复议决定生效以后,就应当坚决维护其确定力、既决力、拘束力和执行力。

六、外部委员参与

如果说行政复议的判断力、接纳力、约束力、自主力和自制力等直接依赖于独立的复议机构、高素质的复议人员、正当的复议程序、公正的复议裁决和科学的复议权监督等基本条件,那么,行政复议外部委员参与复议活动则有助于弥补和增强这些基础条件的分量,或者说提升这些要件的信用品质。

首先,外部委员参加复议有利于增强行政复议权运行的独立性,确保裁决者中立公正。从普通社会民众中遴选出的行政复议外部委员通常与履行职责的复议机构及可能对该机构施加影响的政府机关、政党势力之间没有直接的利益关系,因而他们在工资待遇、职务升降以及行为自由等方面一般不会像职业复议工作人员那样,有可能为了生活和仕途而屈从甚至迎合政府机关或政党势力,以至于丧失在办案工作中应具有的职业操守。外部委员产生的随机性及任职的临时性等与职业复议人员的固定性、长期性相比,加大了人情关系和金钱势力干预其思想和行为的难度,有利于保障行政复议外部委员参加行政复议与其他外部势力间的应有区隔,使他们能理性公正地表达自己的判断和看法。此外,外部委员无需对复议裁决的结果承担个人责任,没有持续的社会舆论压力。相反,外部委员参加复议还有利于帮助复议机构在一些敏感案件上抗衡外界对复议活动形成的压力。因此,聘任社会公正人士参与复议案件的审理和裁决,有利于增强行政复议的独立性,从而获得公众的认同和信任。

其次,外部委员参加复议有利于弥补职业复议人员的素质缺陷,实现行政复议裁决的实体公正。从普通社会民众中选任的行政复议外部委员可抑制职业复议人员的职业偏颇,与其形成知识和思维互补,从而有助于案件事实真相的查明。职业复议工作人员在长期的办案过程中会获取大量的工作经验并积累广泛而精准的法律知识,但也会形成相对固定的职业思维甚至是顽固的职业习惯,以机械的法律思维和法律明定标准来审视所接触的人或事,而很少会考虑社会道德、社情民意和本案当事人具体情况。而外部委员来自社会的各行各业,熟悉民风、民俗、民情和民意,他们在复议过程中,更注重从社会道德、社情民意的角度对争议问题进行评断,将社会公众的良心、是非观念和善恶标准融于办案过程之中,有利于辅助行政复议专职工作人员判断证据真假和事实真相。由此可见,吸收行政复议外部委员参与案件审理,可以将普通民众所熟悉的生活经验和常识带入行政复议运作过程,有利于消弭职业复议工作人员与当事人及社会公众在事实认证这一实体问题上的分歧,有效实现行政复议裁决的实体公正,从而获得社会公众的认同和信任。

第三,外部委员参加复议有利于促进复议公开,实现行政复议程序公正。复议公开是复议程序正当的基本标准之一,是实现复议公正的重要保障。我们通常意义上所理解的复议公开是指复议程序开放,允许公众旁听、新闻网络的采访报道;复议资讯公开,允许当事人自由查阅复制。但复议听审允许公众旁听和媒体报道的案件毕竟是少数,只能算是复议公开的一个方面,也只能说是形式上的复议公开。在选任普通民众作为行政复议委员参与复议活动的情况下,一方面外部委员可以直接参与复议过程,另一方面还可以参与案件审理、评议和议决等最为核心的环节,并在其中发挥着知识和经验补强的作用。因而,外部委员参与复议活动对复议公开来说是实质性的公开。行政复议实行外部委员参议制度,促进了复议过程由"暗箱操作"向社会公开的转变,有利于提高复议审理和裁决过程的透明度,拓宽民众了解行政复议活动的渠道,扩大复议审理和裁决的知情范围,减少复议审理和裁决活动的幕后交易,有利于增强公众对行政复议权运作过程的认同和信任。

第四，外部委员参加复议有利于落实对复议权的运行监督，实现行政复议权的合法运行。外部委员参加行政复议活动，实际上等于在职业复议人员之中配置了外部的监视眼睛。只要行政复议程序的某个环节有外部委员的参与，职业复议工作人员都会因他们的存在而有所顾忌，那种明目张胆的违法行为可能就会较少发生。而且，如果行政复议外部委员对行政复议案件的审理和议决形成了实质性参与，那么，在职业复议工作人员和非职业复议工作人员之间对案件事实和法律适用形成共性判断显然要比职业复议工作人员形成个性判断难得多，合法、公正、客观、正确的几率也更大，这也是多数人决策机制相对于个人决策机制的优势所在。同时，外部委员参加复议活动，也增加了行政复议活动中的违法不当行为被发现的可能性，毕竟秘密在职业复议工作人员之间更容易得到相互"信任"和袒护，而对于外部复议委员的"保密"期待则具有更大的风险。

第五，外部委员参加行政复议有利于促进与公众之间的有效沟通，增强行政复议的公信力。首先，外部委员参与行政复议是一种复议民主形式，它通过遴选程序把一部分社会人士送入本应由职业复议人员占据的殿堂，成为社会普通民众分享行政复议权的基本方式，给民众一种"亲自参与"复议的感受，拉近了行政复议与民众之间的距离。其次，外部委员参与复议活动，可以让普遍民众像职业复议人员一样"身临其境"地感受、接触、了解行政复议运作的基本流程，并在潜移默化之中接受复议程序正当性的教育。而外部行政委员来自社会各界，他们最终还是要回到社会中去，并因此会与亲朋好友及街坊邻居分享其感受和心得，这种辐射效应有利于向社会大众传递行政复议运作常识，促进社会公众对行政复议运作的有效认知和理解，有利于转变社会普通公众对行政复议运作过程的误解乃至偏见。

第二节　我国复议主体制度的公信力检视

行政复议公信力生成依赖于复议机构独立、复议人员专业、复议程序正当、复议裁决公正、复议权监督科学以及外部委员参与等条件。这其中,复议机构独立、复议人员专业、外部复议委员参与等直接体现为行政复议主体制度设计的内容,是复议公信力生成的主体条件。而且,由于行政复议程序实际上就是行政复议机关及其机构和办案人员行使行政复议权的程序,行政复议裁决也就是行政复议机关及其机构和人员行使行政复议权的结果,对行政复议权的监督也就是对行政复议机关及其机构和人员享有和行使行政复议权的过程和结果的监督。因此,复议程序正当、复议裁决公正以及复议权监督科学等要件也与行政复议权主体因素间接相关。由此可见,行政复议公信力的生成很大程度上取决于行政复议主体制度设计及实际运行情况。从这个角度上讲,我国行政复议制度长期被认为是"自己做自己案件法官"的"官官相护"制度,很大程度上是因为现行行政复议主体制度设计不周全、实践运行不健全所致。本节从行政复议公信力生成要求的角度来检视我国当前行政复议主体制度设计及其运行存在的现实问题。

一、我国行政复议主体现行体制

行政复议机关、行政复议机构和行政复议人员是我国制定法规定的具体享有和行使行政复议权的三大主体。根据《行政复议法》和《行政复议法实施条例》的规定和行政复议活动实践,我国行政复议主体的设置和运行情况分别如下。

(一)行政复议机关的设置体制

学界以我国现行制定法的规定为基础,普遍认为,行政复议机关是依照法律规定受理行政复议申请,对具体行政行为的合法性与适当性进行审查并作出行政复议决定的行政机关,是享有行政复议职权并履行行政复议职责的具有独立法人地位的国家行政机关。[①] 行政复议机关受理行政复议案件是以其依法享有的行政复议管辖权为基础的,是根据我国《行政复议法》第12—15条规定的行政复议案件管辖关系,依法享有完全行政复议管辖权的行政机关。实际工作中,行政复议机关具体包括以下几种类型:(1)作出被复议具体行政

---

① 石佑启、杨勇萍:《行政复议法新论》,北京大学出版社2007年版,第122—123页。

行为的行政机关的上一级人民政府或职能部门,这主要是基于纵向的"条条管辖"关系而由政府或其职能部门行使行政复议管辖权的情形;(2)作出被复议具体行政行为的行政机关的本级人民政府,这主要是基于"块块管辖"关系而由本级人民政府行使行政复议管辖权的情形;(3)作出被复议具体行政行为的行政机关,这主要是行政行为机关是省级人民政府或国务院部门的情形。

根据我国行政机关的组织管理体制,行政复议机关实际上与各级各类行政机关是兼为一体的国家行政机关,具体包括:(1)国务院及国务院各组成部门;(2)地方县级以上人民政府及其职能部门;(3)省级人民政府的派出机关(行政公署);(4)中央实行垂直管理的行政机关。而下列行政机关或行政机构不能成为行政复议机关:(1)未设立派出机构的县级政府工作部门;(2)乡镇人民政府;(3)县级政府的派出机关;(4)县级以上人民政府及其工作部门的办公机构和内设机构。同时,由于我国行政机构设置不规范,各级人民政府会设立一些管理特定行政事务的直属事业单位、群团组织以及它们的下设机构。如果这些单位的下设机构获得法律法规的授权,可以以自己的名义作出具体行政行为,如果相对人对这个行为不服申请行政复议,则该单位就成为行政复议机关,这时便出现了非国家行政机关作为复议机关的情况。① 根据国务院法制办的统计数据,当前我国依法享有行政复议权的政府及职能部门有 1.8 万多个。②

行政复议机关作为具有独立机关法人地位的行政机关,是行政复议权所有权项的形式上的归属主体,也依法承担相应的法定职责。根据行政复议法的规定,行政复议机关享有的行政复议权包含但不限于行政复议管辖权、复议案件受理权、复议案件审查权、涉案规范性文件处理权、作出行政复议决定权、行政复议决定执行权、提出复议建议权等具体权项。③ 同时,根据权责一致原则,现行法规定行政复议机关在行政复议工作中应当承担的职责包括对行政复议工作的领导职责、支持复议机构开展复议工作的职责、为复议工作开展提供保障的职责、亲自履行部分行政复议权项的职责、监督和指导复议机构和人

① 张越:《行政复议法学》,中国法制出版社 2007 年版,第 204 页。
② 郜风涛:《行政复议法教程》,中国法制出版社 2011 年版,第 357 页。
③ 刘东升:《行政复议制度重构》,博士学位论文,中国政法大学,2006 年,第 96—97 页。

员的职责等。①

(二)我国行政复议机构的设置体制

行政复议机构是指行政复议机关内部设立的专门负责具体办理行政复议事项的机构,一般不具有独立的法人地位。②《行政复议法》第3条规定:"行政复议机关负责法制工作的机构具体办理行政复议事项。"该条之所以规定由行政复议机关负责法制工作的机构作为行政复议机构来承担行政复议工作,这与该法制定时的立法指导思想有关。《行政复议法》(1999)制定时,立法机关根据行政复议制度是"行政机关内部监督制度"的定位,明确提出行政复议工作中的"具体复议事项由行政机关负责法制工作的机构承办,作为它的一项工作任务,不另设独立的、自成系统的复议工作机构"。③ 而当时之所以这样安排,主要考虑是:(1)行政复议机关的法制工作机构是协助行政机关首长办理法制工作事项的工作机构,其工作人员具有较高的法律素质和政治业务素质,能够较好地承担审查具体行政行为是否合法、适当的任务,有利于保障行政复议案件的办案质量;(2)行政复议机关的法制工作机构除了办理行政复议事项外,还承担着起草本机关法规、规章以及其他规范性文件的职责,同时还担负着行政执法监督的责任,这些工作与行政复议工作关系密切,有利于从根本上解决行政争议,推动依法行政;(3)行政复议工作难度大、涉及面广,行政复议机关的法制工作机构是一个综合协调机关,地位比较超脱,可以有效地处理好各方面的关系,在全局上处理好行政复议事务;(4)以前行政复议机构设置模式杂乱的状况,影响到了行政复议工作的正常开展,同时也影响到了行政复议工作作为法制工作有机组成部分的现实,从推动政府法制建设发展的需要出发,有必要将行政复议工作作为政府法制工作的一项任务,予以明确。④

---

① 郜风涛:《行政复议法教程》,中国法制出版社2011年版,第149—150页。

② 石佑启、杨勇萍:《行政复议法新论》,北京大学出版社2007年版,第122、126页。

③ 杨景宇:《关于〈中华人民共和国行政复议法(草案)〉的说明》,载赵威、方军、吉雅杰:《行政复议法起草问题及条文解释》,中国人民大学出版社1999年版,第318页。

④ 赵威、方军、吉雅杰:《行政复议法起草问题及条文解释》,中国人民大学出版社1999年版,第36—37页。

根据上述规定,我国行政复议机构的设置与行政复议机关是一一对应的关系,行政复议机构与行政复议机关负责法制工作的机构实际就是兼为一体的机关内设机构,多数情况下是"一套班子,两块牌子"。现实中,行政复议机构主要有以下几种设置形式①:一是在法制工作机构内设置专门的行政复议工作机构,这些机构常用行政复议处、行政复议科或行政复议办公室等名称。这在各级政府的法制机构中最为常见。二是在法制工作机构内设的兼职性复议工作机构,即赋予法制工作机构内其他工作机构(处、科或办公室)以行政复议职能,指定专职或兼职人员处理行政复议工作。这在县级政府职能部门作为复议机关时较为常见。三是行政复议机关设立非常设的行政复议委员会,并在复议机关法制工作机构内设置办事机构。这是部分国务院组成部门采用的形式。四是直接在行政复议机关下设置专门的行政复议机构,并赋予其独立的法律地位,由其以自己的名义作出复议决定。实践中主要是国家工商总局下设的商标评审委员会和国家专利局下设的专利复审委员会。

行政复议机构作为行政复议机关具体负责处理行政复议事项的机关内设办事机构,不具有独立法人地位,它与行政复议机关之间就是一种权力委任关系。即行政复议机构接受行政复议机关的委任,具体办理复议案件,行政复议机构只能以行政复议机关的名义行使行政复议权,受理和审理复议案件、作出复议决定。根据这一原理,行政复议机构不是行政复议权的享有者,但却是行政复议权的具体行使者,具体内容就是《行政复议法》(1999)第3条和《行政复议法实施条例》(2007)第3条规定应当履行的十余项职责。②

---

① 张越:《行政复议法学》,中国法制出版社2007年版,第214—215页。
② 综合《行政复议法》(1999)第3条和《行政复议法实施条例》(2007)第3条的规定。这些职责具体包括:(1)受理复议申请或依法转送有关复议申请;(2)向有关单位和人员调查取证、查阅资料;(3)审查被诉行政行为是否合法与适当,拟订行政复议决定;(4)处理或者转送对涉案行政规范性文件的审查申请;(5)对行政机关违反本法规定的行为依照规定的权限和程序提出处理建议;(6)办理因不服复议决定提起行政诉讼的应诉事项;(7)办理或者组织办理未经复议直接提起行政诉讼的行政应诉事项;(8)办理复议案件中的行政赔偿等事项;(9)按照职责权限,督促复议申请的受理和复议决定的履行;(10)办理行政复议、行政应诉案件统计和重大复议决定备案事项;(11)研究复议工作中发现的问题,及时向有关机关提出改进建议,重大问题及时向行政复议机关报告;等等。

（三）行政复议人员的配置

我国《行政复议法》未使用"行政复议人员"概念，也没有其地位、资格、职权、待遇等的任何规定，仅在第 35 条中提出"行政复议机关工作人员在行政复议活动中……"。言外之意，行政复议人员就是行政复议机关中专职或兼职从事行政复议工作的人员。《行政复议法实施条例》共有 9 处提到了行政复议人员，但这些规定也没有规定行政复议人员的地位、资格、权利、义务等基本问题，行政复议人员作为行政复议权的具体行使主体，在制定法上不作系统详细的规定，这不利于行政复议人员的队伍建设。

从现行法的既有规定来看，行政复议人员就是根据行政复议机关或行政复议机构的工作指派，参加办理行政复议工作事务的专职或兼职人员。专职复议人员是行政复议机关为处理行政复议事务而专门配置的行政工作人员，根据《行政复议法实施条例》第 4 条的规定，他们应当具备与履行行政复议职责相适应的品行、专业知识和业务能力，并取得相应的资格。兼职复议人员主要是行政复议机关或机构中兼职处理行政复议事务的行政工作人员，是普通行政公务人员在行政复议工作中的另一个身份。上述所讲的专职或兼职复议人员都是行政复议机关的成员，目前都还没有具体的任职资格要求，也没有专门的任免程序。实践中，设置行政复议委员会作为专门行政复议机构的行政复议机关也聘请了本机关以外的人员（包括专家学者、律师、人大代表、政协委员等）作为外部委员参与行政案件的审理和议决，这些外部委员也属于广义行政复议人员的范畴。

行政复议机关或行政复议机构享有的行政复议权只能通过具体的行政复议人员来操控。同时，由于行政复议机构只是行政复议机关的内设办事机构，不具有独立法人人格，因此行政复议人员只与行政复议机关之间形成职务代理关系。行政复议机关的意志需要通过行政复议人员的具体行为来体现，行政复议人员依法履行行政复议职权和职责时代表的是行政复议机关，属于公务行为，是行政复议机关意志的体现。基于职务代理关系，行政复议人员在行政复议工作中将具体代表行政复议机关和行政复议机构行使行政复议职权、履行行政复议职责。同时，行政复议人员基于与行政复议机关之间的职务关系,也依法享有相应的权利并承担相应的义务。尽管现行法对行政复议人员的权利和义务没有明确规定,但基于行政复议工作的特殊性,其权利和义务与普通行政公务人员应当有所差异。

二、我国行政复议主体制度的基本特征

根据我国行政复议机关、复议机构和复议人员的上述设置体制,可以发现具有以下特征。

(一)行政复议机关的非专一性和分散性特征

行政复议机关的非专一性即我国行政复议机关不是履行行政复议职能的专门行政机关,而只是普通行政机关在行政复议工作中的另一种兼任身份。我国各级各类国家行政机关是基于中央和地方国家行政事务和公共行政事务的行业、级别和地域的管辖分工而设立的独立机关法人,行政机关作为行政复议机关,它同时承担了所管辖行政事务的决策、组织、指挥、协调、监督等多种行政职能,行政复议职能仅仅是其行政监督类职能中的一项。因此,尽管理论上讲行政复议职能可以是也应当是一项具有相对独立性的行政职能,但在我国并没有将这项职能从其他行政职能中分离出来由专门的行政机关掌管,相应地,行政复议权也并没有从其他行政权中分离出来由专门的行政机关行使。我国行政复议机关只是普通行政机关在履行行政复议事务时的一种兼任身份称谓而已,不是专门掌管行政复议职能的专门行政机关,也不是只专一享有和行使行政复议权的专职行政复议机关。

行政复议机关的分散性体现为在一个行政区域内,政府及其大多数职能部门都可以成为行政复议机关,全国约有 1.8 万余个,其中绝大多数是部门行政机关。根据我国的行政区划,我国省、市、县三级行政区划约 3000 余个,这就意味着实践中约有 1.5 万个职能部门享有和行使着行政复议权。行政复议机关分散性的实质原因是制定法对行政复议管辖权的分散配置模式,地方县级以上各级政府对其所属职能部门或下一级政府作出的具体行政行为享有复议管辖权,县级以上政府职能部门对下一级政府职能部门或所管辖的法律法规授权组织作出的具体行政行为享有复议管辖权。而制定法之所以将行政复议权分散配置,如前所述,其中的原因之一是我们对行政复议权的性质认识,即行政复议权实质是一种行政领导权，①而行政复议管辖权与行政领导权或指导权直接相联，是行政复议权的主要表现。② 这样，对于那些实行中央垂直管理的部门，地方政府没有行政领导权，也就没有复议管辖权，只能由上一级主管部门管辖。③ 同时，之所以规定双重领导体制部门管辖案件也可以由上一级主管部门管辖，其中的主要原因之一是考虑行政管理的专业性和技术性。④

（二）行政复议机构的附属性和从属性特征

行政复议机构作为行政复议机关内部设立的专门负责具体办理行政复议事项的机构，具有以下几个典型特征：

首先，行政复议机构性质上属于机关内设机构。行政复议法规定由行政复议机关的法制工作机构充当行政复议机构。根据各级政府及其职能部门的法制机构设置体制，法制机构基本上都是各级政府及其职能部门的办事机构，⑤协助行政首长办理本地方、本部门的法制工作事务，而没有对外执法的职能。如果法制机构再设置机构专门负责行政复议工作，那么行政复议机构就是行政复议机关内设机构的内设机构。作为行政复议机关的内设机构，行政复议机构的人员由行政复议机关配备和管理，行政复议工作的经费也由行政复议机关承担和支配，行政复议工作所需要的场所和办公设施设备也由所在行政机关提供和配置。也就是说，行政复议机构的人事、财务和办公条件完全由所在的行政复议机关掌控。

其次，行政复议机构在对外关系上具有从属性。由于行政复议机构从属于所在的行政复议机关，行政复议人员在工作上只对本机关首长负责。因此，行政复议机构与其他行政机关和行政复议机构之间没有组织上的从属关系，行政复议机构之间的业务关系也主要是通过上下级政府或政府与其工作部门

---

① 崔卓兰、杨平：《行政复议法学》，北京大学出版社2005年版，第134页。
② 国务院法制局：《行政复议条例释义》，中国法制出版社1991年版，第42页。
③ 冯玉庭、徐祝：《行政复议管辖再探》，《现代法学》1994年第2期。
④ 国务院法制局：《行政复议条例释义》，中国法制出版社1991年版，第44页。
⑤ 只有厦门市等少数地方设置为法制局，地位与其他职能部门相当，具有独立法人地位。但这种情况下行政复议机构仍然只是法制局下设的办事机构，仍不具有独立法人地位。

之间产生联系,而不直接产生业务指导关系。同时,由于我国行政复议实行一级复议制,上下级政府复议机构之间、政府与其职能部门的复议机构之间也不存在复议程序上的指导监督关系。但需要说明的是,复议机构完全从属于复议机关,并不意味着它不与其他行政机关发生任何关系。基于行政复议机关之间的层级领导与监督关系,复议机构作为复议机关的内设办事机构,也必然存在一定的工作关系,这种关系也得到了《行政复议法实施条例》的确认。① 具体工作中,各级政府对所属工作部门和下级政府的指导监督之责,都是由行政复议机构具体落实的。有些事宜也只能交由行政复议机构去做,如行政复议机关之间交流业务、请示和答复具体问题、提供和处理有关报表和信息资料、培训行政复议人员,等等。

(三)行政复议人员的兼职性和非专门化管理特征

行政复议人员作为行政复议机关中专职或兼职从事行政复议工作的人员,在我国行政复议实践中具有以下几个特征:

首先是专职行政复议人员很少,大多数是兼职型人员。根据国务院法制办行政复议司 2012 年的统计,全国县级政府的专职行政复议人员平均只有0.8 人。② 也就是说,如果行政复议机构按照《行政复议法实施条例》第 32 条的要求,审理行政复议案件至少应当有 2 名行政复议人员参加,那么,行政复议人员一半以上都是兼职型人员。兼职型复议人员主要是行政复议机关从事法制工作的人员,这些人员并非仅仅从事行政复议工作,还要承担大量的规范性文件起草或审查、行政执法监督等工作,有的还要兼任领导的法制秘书。

其次是对行政复议人员尚未进行专门化管理。行政复议人员中的专职人

---

① 《中华人民共和国行政复议法实施条例》第 54 条规定:"县级以上各级人民政府应当加强对所属工作部门和下级人民政府履行行政复议职责的监督。"第 56 条规定:"县级以上地方各级人民政府应当按照职责权限,通过定期组织检查、抽查等方式,对所属工作部门和下级人民政府行政复议工作进行检查。"

② 郜风涛:《认真贯彻胡锦涛总书记重要讲话精神 把行政复议打造成为化解行政争议的主渠道——在 2011 年行政复议年度工作会议上的讲话》(2012 年 1 月 4 日),访问网址:http://www.chinalaw.gov.cn/article/xzfy/wjjjh/ldjh/201201/20120100359445.shtml。访问日期:2012 年 1 月 9 日。

员所占比例不高,大量的行政复议人员都是兼职型人员。对于兼职型行政复议人员,不论是制定法还是行政复议实践,都没有专门的管理编制,没有统一的任职资格要求,没有专门的权利义务规定,没有专门的待遇标准,《行政复议法实施条例》第4条关于专职复议人员的任职资格条件也只是原则性规定,且所占比例较少的专职行政复议人员也难以形成职业化团队。行政复议人员纳入普通行政公务员序列进行录用、考核、任职、奖惩、培训、交流等人事管理,其工资福利待遇及权利义务与普通行政人员也没有差别。我国行政复议人员专门化人事管理体制尚未形成。

三、我国行政复议主体制度的主要缺陷

从行政复议公信力生成的品质要求角度来检视,我国行政复议机关、复议机构和复议人员的制度设计及其实践运行还存在不少缺陷,这成为我国行政复议公信力缺失的根本原因。

(一)复议机关制度缺陷及其对复议公信力的影响

从行政复议公信力生成条件的品质要求角度来看,我国行政复议机关的设置体制存在以下三个方面的不足,影响了行政复议公信力的生成。

第一,行政复议机关无法割裂与复议被申请人的利益关联,自己做自己案件的法官,不中立。行政复议机关作为复议被申请人的上级主管机关或同级人民政府,同被申请人之间有着千丝万缕的联系。一是在组织领导关系上,行政复议机关与被申请人之间具有直接的领导与被领导关系;二是在工作业务关系上,行政复议机关与被申请人之间是指导和监督关系,下级行政机关在业务工作中要接受上级主管部门或同级政府的任务指派、实施指导和执行监督;三是在现实工作交往中,下级机关在实施行政行为时,经常与上级机关保持沟通联系,下级机关的具体行政行为在很大程度是在贯彻上级领导机关的方针政策,被复议的具体行政行为实则是上级机关实质决定而却以下级机关的名义来作出的。由于行政复议机关与被申诉人在组织关系上及工作中有千丝万缕的联系,它在行政复议案件处理时就难以完全割裂与被申请人的利益关系。有学者指出,实践中行政复议机关出于与被申请人日常工作关系的维护,考虑到大量行政事务需要由被申请人具体执行和落实,让行政复议机关在行政复

议案件处理中监督或处理被申请人无异于"断根折腿"。① 因此,行政复议机关往往更多愿意为复议被申请人着想也就成为情理之中的事情,对被申请具体行政行为能维持的尽可能维持,不能维持的则想方设法让申请人撤回申请,甚至不乏利用威胁利诱的手段。由此可见,行政复议权的现行配置体制使得复议机关无法割裂与被申请人的利益关联,这很难让当事人相信它能保持中立公正的立场,这成为我国行政复议公信力不高的重要原因之一。

第二,行政复议权未能从其他行政权中分离出来专门行使,按标准设置复议机构或配置复议人员会造成机构臃肿。行政复议权分别授予各级政府及其职能部门分散行使,使得行政复议机关都需要各自设置或指定行政机构或复议人员专门履行这项法定职责,这必将使得我国承担行政复议职能的机构数量极其庞大。当前我国承担复议职能的行政机关有 1.8 万余个,如果行政复议机关都按标准设置或指定了复议工作机构,那么行政复议机构也应当有 1.8 万余个。同时,《行政复议法实施条例》规定,行政复议机构审理行政复议案件应当由 2 名以上行政复议人员参加(第 32 条),而且复议办案人员必须取得相应的资格(第 4 条)。如果每个行政复议机关都按照这样的标准配置行政复议人员,那么势必将形成一支庞大的行政复议人员队伍。也就是说,行政复议权分散配置不仅使得行政复议机构呈现分散状态,而且必然造成复议机构和人员臃肿局面,这与精简效能原则是相违背的,不利于行政复议公信力的生成。

第三,行政复议权内部运行套用一般行政事务处理程序,未能遵从行政复议权的规律,不科学。在行政复议职能由同级政府及其职能部门兼任的情况下,行政复议权被作为政府或其职能部门所拥有的行政领导权的一个部分,行政复议案件处理事务被视为一般的行政性事务。《行政复议法》规定,行政复议案件必须经行政复议机关负责人同意或者集体讨论通过后作出行政复议裁决。在这种情况下,许多行政复议机关将行政复议文书作为一般的行政公文

---

① 江必新、李江:《行政复议法释评——兼与行政复议条例之比较》,中国人民公安大学出版社 1999 年版,第 121 页。

来办理,表现在复议机关内部办案程序完全"行政化":收文、办文、呈文、征求意见、逐级会签,彻头彻尾地贯穿着长官意志,形成"审案人员无决定权,而决定人员不审案"的不合理局面,有悖于行政复议作为行政争议裁决活动的准司法性行为本质。不仅如此,由行政复议机关首长负责每个案件的具体裁决,使他们深陷于矛盾纠纷当中而难以自拔,牵扯了行政首长的大量精力。由此可见,行政复议权事务套用一般行政事务处理模式,长官意志浓烈,为行政复议打上了"官官相护"的烙印,削弱了行政复议的社会公信力。

（二）复议机构的设置缺陷及其对复议公信力的影响

从行政复议公信力生成条件的要求角度来看,我国行政复议机构的设置体制也存在以下三个方面的不足,影响了行政复议公信力的生成。

首先,行政复议机构附属于行政复议机关,不具有独立性。我国承担行政复议具体工作的法制机构属于行政机关内设机构,行政复议工作中的人员、财务及其办公条件都由行政机关承担。完全附属于行政复议机关的复议机构可以说在组织关系上不存在独立性可言,复议机关与复议机构是一体化的,行政复议行为在对外关系上只能归结为复议机关的行为而不是复议机构的行为。然而,现实的问题是,政府或是其职能部门本身所承担的法定职能都不限于行政复议,还有其他更多的行政事务。因此,在行政复议工作上,复议机关必然也只能保留最终的复议决定权,而将立案、调查和审理等具体事务交由复议机构办理。由此可见,行政复议机关实现行政复议职能离不开复议机构,而复议机构也必须在复议机关的权限范围内按照行政首长的授权办理具体事项,复议机构对外作出的所有决定,都要得到复议机关首长的同意或首肯。① 因此,复议机构在办理复议案件中,完全就只是复议机关的"参谋"和"助手"。复议机构这种角色使得它在行政复议案件中的意志实际上就是复议机关的意志,复议机关在复议案件中又难以割裂与被申请人的关系而秉持中立的立场,致使复议机构办案的公正性也难以得到公众的认同。

————————

① 《中华人民共和国行政复议法》第 28 条规定,行政复议机关负责法制工作的机构应当对被申请人作出的具体行政行为进行审查,提出意见,经行政复议机关的负责人同意或集体讨论通过后再作出决定。

其次,行政复议机构设置没有统一标准,组织建设不健全。尽管理论上如果各级行政复议机关按照行政复议法规定的标准设置行政复议机构并配置相应人员,会造成行政复议机构数量多、复议人员队伍庞大,但这只是一种设想。实践中的问题是,由于受到编制的限制,加之各级行政机关对行政复议工作不重视,我国行政复议机构设置及其人员配备都严重不足。体现在:一方面,由于行政复议法对行政复议机构的简化规定,行政复议机构的机构设置不再成为法律的强制要求,使得上至国务院、下至市县政府及其工作部门在 20 世纪末的政府机构改革中,法制工作机构首先受到巨大冲击,而市县两级尤其严重,内设于其中的行政复议机构自然难以幸免,甚至被首先裁撤。[1] 本身就机构设置不全、人员配备不足的复议机构被大量撤并,使得我国行政复议机构的设置极不完整,呈现出的总体特点是:"行政复议机构非专门化,乃兼办机构;市县是复议一线,却无机构。"[2]另一方面,由于行政机关法制机构被裁撤或大大压缩编制,难以保证行政复议工作的专人办理。[3] 原本希望法制工作人员在办理复议案件中发挥综合素质的优势,最终却变成了法制工作人员无暇顾及复议工作。在行政复议机构分散设置的情况下,这些人员被分散到各个行政复议机构中,使得每个复议机关的办案力量更加薄弱。行政复议机构设置不健全,不是专门的机构和人员承办行政复议案件,案件处理质量难以得到保障,这也成为我国行政复议公信力不高的重要原因。

再次,行政复议机构和人员分散设置,容易导致行政复议能力建设不均

---

[1] 方军:《我国行政复议制度的实施现状与问题》,载周汉华主编:《行政复议司法化:理论、实践与改革》,北京大学出版社 2005 年版,第 144 页。

[2] 方军:《我国行政复议组织改革刍议》,《法学论坛》2011 年第 5 期。

[3] 根据国务院专家对 30 个省区市行政复议机构及人员进行的大致统计,具体的情况是:(1)31 个省级政府具体承办行政复议的工作人员共有 121 人,其中青海是兼职的;(2)340 个设有法制机构的省级政府部门共有行政复议工作人员 460 人,其中个别单位实行兼职,其他约 850 个未设法制机构的省级政府部门共有复议工作人员 1400 人,其中 90%以上属于兼职;(3)全国 228 个在政府法制机构设立复议处(科)或者指定有专职复议人员的市级政府复议人员共 450 余人,其他80 个市级政府法制机构有兼职工作人员 126 人;(4)16 个省市区 7500 个市级政府部门共有复议人员 2800 余人,其中 60%以上是兼职;(5)县级政府以及除公安等部门外的县级政府部门一般没有专职复议人员,兼职复议人员很少。方军:《我国行政复议制度的实施现状与问题》,载周汉华主编:《行政复议司法化:理论、实践与改革》,北京大学出版社 2005 年版,第 146 页。

衡,也不利于复议知识、技能与经验的积累。在行政管理活动中,由于不同地方、不同部门行政事务的差异性,行政复议案件发生率不一样。如2011年国务院有35个部门共收到复议案件1755件,其中工商总局有360件、国土资源部有283件、另有环境保护部等5个部门超过100件,邮政局等15个部门未超过10件,其中有4个部门只有1件。① 行政复议机构的分散设置必然产生的结果是,在矛盾纠纷发生比较集中的职能部门,可能因行政复议人员编制的限制而产生办案人手不足的情况;而在矛盾纠纷发生较少的职能部门,由于行政复议人员配备的强制性要求而可能出现办案工作量不足、人员闲置的情况,这就造成了"有的部门有案无人办,而有的部门有人无案办"的畸形局面。同时,行政复议工作人员在办案过程中会探索形成办案经验,但行政复议机构分散设置,行政复议人员服务于各自所属的行政复议机关,这些办案经验会因缺少规模化案件的检验和调适而难以形成带有普适性的制度性建设经验。另外,行政复议工作人员在办案过程中也在从各个方面检验现行制度设计的科学合理性,但复议案件的分散办理使这些被发现的制度问题难以形成共识,从而可能使一些制度缺陷分散消弭。由此可见,行政复议机构和人员分散配置造成了资源浪费与配置不足同时并存的不合理局面,容易造成行政复议办案质量的地区差异和部门差异;复议机构和人员分散配置也使行政复议知识和经验积累与交流平台缺失,不利于办案质量的整体提高。这两个方面都成为制约行政复议公信力生成的重大缺陷。

(三)复议人员的配置缺陷及其对复议公信力的影响

从行政复议公信力生成条件的要求角度来看,我国行政复议人员的配置体制也存在以下三个方面的不足,影响了行政复议公信力的生成。

首先,由于我国对行政复议人员缺少统一配置标准和任职资格要求,导致了人员配置不足且良莠不齐。现行行政复议法遵从不设立独立的、自成系统的复议工作机构的指导思想,对行政复议人员的配置标准和任职资格都没有作规定。《行政复议法实施条例》第32条尽管要求行政复议人员必须要有2

---

① 该数据来源于《中国法律年鉴》2012年。

名以上的人员参加,但在实践中,"全国县级政府的专职行政复议人员平均只有 0.8 人。"①在行政复议机关编制有限的情况下,行政复议人员大多数是由法制工作人员兼任,在县级政府及其工作部门,甚至连兼职复议人员也很少。②《行政复议法实施条例》第 4 条尽管对行政复议人员任职资格有原则性规定,但很不具体。在实践中,行政复议人员大量兼职且流动性大,很多一般行政公务员没有经过专业培训就交流任职到复议工作岗位,"法盲"办案现象时有发生,法制办成了"分流办",老弱病残都去了法制办;③而身兼多个岗位使复议人员常年处于紧张、忙碌状态,由于缺乏经常性的专业培训和知识更新,法律不熟、业务不精;新招录的应届毕业生由于缺少实践经验也一时半会难以进入角色,书生气十足,而经过较多实践训练具备办案经验的复议工作人员却因岗位交流而转岗其他行政职务,难以保持稳定的高素质复议人员队伍。行政复议人员配置不足、队伍不稳定且素质良莠不齐,严重影响了行政复议公信力的生成。

　　其次,行政复议人员未实行专门的人事管理,不利于职业化发展。由于当前我国行政复议人员没有实行单独的人事管理,行政复议人员特别是兼职型复议人员与普通行政公务人员并不存在身份上的差异,行政复议人员职业化发展严重不足。行政复议人员不实行单独的人事管理,走职业化发展模式,必然会导致行政复议人员经常在其他行政机关的其他岗位上交流任职,部分行政复议人员为了个人仕途也不愿在吃力不讨好的"消防岗位"上消磨时光。如果有其他的晋升机会,少有行政复议人员愿为复议工作钻研业务、奋斗终生,行政复议人员队伍不能保持相对稳定。我国复议人员分散任职,又不稳定,复议人员之间也就缺少了业务知识与经验交流的平台和动力机制,我国也

---

　　①　郜风涛:《认真贯彻胡锦涛总书记重要讲话精神　把行政复议打造成为化解行政争议的主渠道——在 2011 年行政复议年度工作会议上的讲话》(2012 年 1 月 4 日),访问网址:http://www.chinalaw.gov.cn/article/xzfy/wjjjh/ldjh/201201/20120100359445.shtml。访问日期:2012 年 1 月 9 日。

　　②　方军:《我国行政复议制度的实施现状与问题》,载周汉华主编:《行政复议司法化:理论、实践与改革》,北京大学出版社 2005 年版,第 145 页。

　　③　张越:《行政复议法实施条例适用指南》,群众出版社 2007 年版,第 187 页。

没有建立像法官和检察官类似的复议人员专业培训制度。缺少系统专业培训和实践经验交流,行政复议人员很难通过相互学习分享办案经验,没有形成职业共同体对复议工作实践开展必要的理论研究,也就难以促进复议人员素质的相互提高。没有稳定的高素质行政复议人员队伍,行政复议机构的办案能力就难以得到保障,行政复议公信力也就难以生成。

再次,行政复议人员工作习惯于遵从长官指示,不具有独立意志。行政复议机构由行政复议机关负责法制工作的机构兼任或派生,必然的结果是,行政复议机构不论是在经费保障、办公设施场地的使用以及人员的管理方面,还是在业务考核和奖惩方面,很大程度上都取决于行政复议机关主管领导的态度。因此,在发生行政复议人员对案件的事实认定和法律适用的意见与行政复议机关主管领导的意见不一致时,行政复议人员罔顾事实真相和法律规定而听命于行政复议机关主管领导的意见,就成了弱势面对强势的惯常性选择。行政复议人员是亲自参与办案的人员,但在对复议案件的处理结果问题上,行政复议人员的处理意见需要层层报送复议机构负责人和复议机关负责人批准。这种层层审批程序使得直接办理案件的复议人员完全丧失了独立自主的决定权,只是听命于其所属的各级行政首长,而对案件行使决定权的行政首长又不直接参与案件审理,这就形成了"审案者不定案,定案者不审案"的不合理局面。实践证明,行政复议人员办案意志不独立,就不能做到严格遵照事实真相和法律规定办理案件,复议公正就是一句空话;没有复议公正,行政复议公信力也就成为无源之水。

综上所述,我国未专门集中设置行政复议机关来履行行政复议职能,行政复议机构附属于行政复议机关分散设置,行政复议人员多为兼职且未专门化管理、素质普遍不高。从复议公信力生成之条件要求角度观察,我国行政复议主体的这种制度安排因未能满足行政复议公信力生成之专职、独立、集中、专业等条件要求,成为制约我国行政复议公信力生成的致命缺陷。这提醒我们,要塑造我国行政复议公信力,就必须改变我国行政复议机关、复议机构和复议人员等主体制度设计及其实际运行的不科学、不合理的现状。

第三章　域外行政复议的主体
设置与复议公信力

世界上很多国家或地区都建立了与我国行政复议制度相似的制度,由于各国或地区政治制度、法制传统、文化背景及现实国情的差异,这种制度在各国或地区经历了迥然不同的发展路径,形成了不同的制度模式。国内学界一般将世界各国或地区的行政复议制度分为三种模式,分别是以法国和德国为代表的欧陆模式,以英国和美国为代表的英美模式,以韩国和中国台湾地区为代表的东亚模式。① 这三种模式下,各国或地区行政复议主体的制度安排及其实践运行既有共性,也有个性,但共性与个性之间隐含了与复议公信力之间的某种关联,这种关联中所蕴含的逻辑和经验都值得深入探讨。

第一节　欧陆模式的典型:法国和德国

法国和德国等欧洲大陆国家在资产阶级革命进程中,都经历了行政权与司法权分离的运动,普通法院原则上不享有监督行政并管辖行政案件的权力。为弥补行政权因缺少普通法院司法监督而形成的人民权利救济漏洞,法国和德国先后都确立了行政机关裁判行政纠纷的制度,这些制度经过百余年来的历史演变,逐渐演化成欧洲大陆国家独特的行政法院体制,而传统的行政机关

---

① 郜风涛:《行政复议法教程》,中国法制出版社 2011 年版,第 31 页。

裁决行政纠纷的复议制度则并没有得到更充分的发展。①

一、法国行政复议主体的设置

(一)法国的行政复议制度体系

在法国,行政活动的监督可以由行政机关主动采取,也可以在由利害关系人请求有权限机关的救济程序中实现。对于行政活动的救济分为两种类型:一是诉讼救济,即由行政法院通过司法程序进行的救济;二是诉讼外的救济,即由法院以外的有权机关提供的救济,包括议会救济、行政救济和调解专员三种方式,这其中,行政救济和诉讼救济是当事人对抗违法行政行为常用的两种手段。② 法国的行政救济包括善意救济和层级救济,有学者统称为行政请愿制度,③是利害关系人就违法或不当行政行为向行政机关请求矫正的一种救济手段。善意救济是指利害关系人向原行政行为机关提出申诉并由其实施救济的活动;层级救济是指利害关系人向行政行为机关的上级机关提出申诉并由其实施救济的活动。法国行政法院制度的存在,使专门性的行政救济制度的发展受到很大的抑制,"法国行政法院之外的行政救济制度既不统一,也远不如英美和大陆法系的其他国家发达"。④

尽管法国行政救济制度不发达,但行政救济仍不失为一种独立的行政救济程序。在行政救济与行政诉讼二者关系上,早期的行政救济曾是行政诉讼的必经前置程序,任何行政案件未经行政机关的复议,不得向行政法院起诉。但是,根据 1889 年最高行政法院在卡多案件中形成的判例,行政复议不再当然是行政诉讼的前置程序。除行政赔偿案件等法律特别规定的复议前置案件外,⑤其他行政案件均实行"或议或审"的原则,利害关系人可以先向行政机关申请复议救济,对复议决定不服再提起行政诉讼,也可以不经复议救济直接提

---

① 有关法国和德国行政复议制度的产生和演变历史,参见邵风涛:《行政复议法教程》,中国法制出版社 2011 年版,第 21~27 页。

② 王名扬:《法国行政法》,中国政法大学出版社 1988 年版,第 532、535 页。

③ [法]让·里韦罗、让·瓦利纳:《法国行政法》,商务印书馆 2008 年版,第 672 页。

④ 青锋、方军、张越:《韩国行政复议制度》,中国法制出版社 2005 年版,第 157 页。

⑤ 但法律特别规定的行政救济前置案件很少,主要涉及信息公开、政府采购(行政合同)、签证、军人和公务员纪律处分方面的事宜。

起行政诉讼。但由部分特殊行政机构(主要是实行委员会形式的行政机构)作出行政决定,法律往往鼓励利害关系人寻求行政救济,鼓励措施包括但不限于举证责任分配的特别规定。在"或议或审"的情况下,利害关系人在善意救济和层级救济二者中原则上只可择一而行,不能同时选择。①

法国行政机关处理行政纠纷的权力和程序十分灵活。利害关系人申请复议救济也不受时间和形式上的限制,行政机关的复议裁决没有程序规定,行政机关对利害关系人的申请享有很大的自由裁量权。在善意救济程序中,对于利害关系人的救济申请,在法律没有其他规定时,行政机关是否受理以及受理后采取何种措施,都享有很大的自由裁量权;原行政行为机关可以对被申诉行为作出维持、撤销、废止或者变更决定,也可以置之不理。"政府部门从来没有对请愿作出决定的法律责任,请愿往往被无声地驳回。"②在层级救济程序中,上级机关根据其监督权力,对所属下级机关的违法或不当行政行为,在不损害当事人和第三人既得权的情况下,可以作出维持、撤销、废止或变更决定;如果上级机关认为行政行为结论正确,但所根据的事实或法律错误时,可以用正确的事实和法律代替错误的事实和法律,驳回利害关系人的请求,维持原来的决定。但对下级机关依法律的权力下放规定而享有的自主权,上级机关只能按照法律规定的方式进行监督,没有当然变更或替代下级机关重新作出决定的权力。

(二)法国的行政复议机构及人员

由于法国独特行政法院制度的存在且在监督行政机关依法行政和救济公民权利方面充分发挥了作用,法国的行政复议制度一直停留在 19 世纪的水平。在行政复议权主体的设置方面,组织建设的不健全动摇了公众对行政复议制度的信任,也严重影响到其权利救济功能的发挥。目前,在法国行使行政复议职能的行政机关中,绝大多数领域内的行政机关都没有专门设置复议机构或配置专门复议人员,复议案件由行政机关的普通内设机构和普通公务员

---

①　参见青锋、方军、张越:《韩国行政复议制度》,中国法制出版社 2005 年版,第 158 页;王名扬:《法国行政法》,中国政法大学出版社 1988 年版,第 539 页。

②　[法]让·里韦罗、让·瓦利纳:《法国行政法》,商务印书馆 2008 年版,第 673 页。

办理。法国的行政复议制度远不及行政诉讼制度发达,这种有悖于现代各国行政救济制度双轨制发展的趋势做法,近年来使得法国行政法院效率低下和诉累沉重,难以适应法国社会治理的现实需要。为此,法国要求在行政法院体系之外强化行政复议制度建设的改革呼声不绝于耳。[1]

但在一些特殊的行政领域,法国也设置有一些以委员会、裁判所或专门法庭等为基本组织形式的行政上诉复审机构。如受理对地方审计院的决定不服上诉的审计法院(Cour des Comptes);受理法官纪律案件的高级法官委员会(根据 1958 年宪法第 65 条);受理国民教育委员会对国立学校教师纪律申诉案件的国民教育高级委员会,以及受理大学行政委员会(以及程度相等的教育机构)对从事高等教育的人员及学生纪律申诉案件的全国高级教育与研究委员会;受理医生(包括牙医、药剂师、兽医、护士、助产士)、会计审计师(包括公司审计司)、专业测量员、建筑师、记者等地方行业委员会(或协会、法庭)的纪律组对这些专业技术人员纪律处分案件上诉裁判的高级委员会(国家委员会、国家法庭或社会保障组等名称各异);以及在社会救助、残废军人、难民救助、战时敌舰捕获、拒绝服兵役等领域内受理不服申诉的救助委员会(特殊委员会、捕获法院或审理委员会);等等。[2] 但是,在法国行政法学界,这些特殊行政机构也常常被作为特殊行政法院来看待,因此,很难说这些特殊委员会是行政复议机构。正如同我们对法国普通行政法院的性质定位认识一样,这些机构用"受理行政上诉的专门机构"来统称或许更准确。

二、德国行政复议主体的设置

(一)德国的行政复议制度体系

德国的行政纠纷解决渠道主要是行政复议和行政诉讼。德国的行政复议程序被称为 Widerspruchverfahren,大多学者译为异议审查程序,是指行政相对人对行政行为不服提出申诉,由行政机关对其实施合法性和适当性审查并作出决定的行政程序。德国的异议审查程序融合了其原有的声明异议程序和诉

---

① 青锋、方军、张越:《韩国行政复议制度》,中国法制出版社 2005 年版,第 159 页。

② [英]L.赖维乐·布朗、[英]约翰·S.贝尔、[法]让—米歇尔·加朗伯特(协助):《法国行政法》,高秦伟、王楷译,中国人民大学出版社 2006 年版,第 35、295—299 页。

愿程序:行政相对人不服行政行为的异议申请,一律向原行政行为机关提出,原行政行为机关如果认为其异议申请有理由,则应撤销或变更原处理决定;如果认为其异议申请不合法或无理由,则应将案件移送原行政行为机关的上级机关,由后者作出复议决定。上述程序中,原处理机关对行政处理的复查程序即是声明异议程序,原处理机关的上级机关对行政处理的审查程序即是原诉愿程序。德国行政复议程序这种设置的优点在于,公民只要提起一次申请,就可以有再次救济的机会,而原处理机关有一次自我反省的机会,上级行政机关也基于上下级指挥监督关系有一次审查监督的机会。

根据德国《行政法院法》的规定,行政相对人不服行政机关作出的行政行为,在向行政法院提起撤销诉讼或课予义务诉讼之前,必须先经过行政复议程序。但是,在下列几种情形下排除或无须经过行政复议程序:(1)法律明文规定排除复议程序。例如德国联邦《行政程序法》第 70 条规定,经由正式程序作出的行政处理提起的行政诉讼,无须经过复议程序。(2)行政行为由联邦或州的最高行政机关作出,但法律规定对其必须审查的除外。联邦的最高行政机关是联邦政府,包括联邦总理和联邦部长、联邦审计署和联邦银行;州的最高行政机关是州政府,即州长和各部部长。(3)纠正性质的决定或复议决定首次包含了一个负担。例如行政处分直接相对人申请行政复议,复议机关作出了一个对第三人课予义务的复议决定,该第三人即无须针对该复议决定提起复议。(4)属于行政法院的行政处分,因为诉之变更,被另一个行政处分所取代。

(二)德国的行政复议机构及人员

德国行政复议机构的设置与其行政复议管辖体制密切相关。德国《行政法院法》规定了行政复议案件的原级管辖和层级管辖两种模式,层级管辖为一般原则,在行政行为机关的直接上级机关为联邦或州的最高行政机关,或者属于自治机关的自治事务时,实行原级管辖。[1] 但不论是原级管辖还是层级

---

① 德国《行政法院法》第 73 条第 1 款:"行政复议由下列机关管辖:(1)法律没有特别规定时,由直接上级行政机关管辖;(2)直接上级机关为联邦或州的最高行政机关时,由作出原行政处理决定的机关管辖;(3)如果法律未有其他规定,属于自治事务的,由自治机关管辖决定。"

管辖,行使行政复议权的机关都是作出原行政决定的行政机关或其上级行政机关,行政复议人员也是这些普通行政机关的一般行政公务人员。德国人认为,专门委员会等机构就个案所牵涉的法律问题并不见得较原处分机关或其上级机关专业的承办人员了解,基于这样的考量,一般行政机关内部并没有特别设立处理复议业务的行政复议机构,而是由争议案件的原专业承办人员来处理复议业务。而上级机关审理下级机关的复议案件,也没有专门设立的组织机构,只是由该上级机关的对应专业承办人员来处理。从总体上看,德国设置复议委员会属于例外的情形。① 在没有设立委员会的州、县或者市的行政复议工作一般由行政首长授权一个相关部门负责,复议决定以县市长的名义作出。在这种情况下,对于复议机关的复议决定,只有原行政处分的相对人可以向行政法院起诉,而原行政行为机关由于与复议机关存在上下级的隶属关系,不能提起行政诉讼。

德国《行政法院法》规定,如果有法律规定由委员会或咨询会而非行政机关负责复议的,该规定不受第 73 条第 1 款规定的影响。这些委员会或咨询会也可以不遵照第 73 条第 1 款第 1 项的规定,而是在作出原行政处理的机关下面专门设立。委员会与咨询会的最大区别在于,咨询会的决定只具有建议性质,而委员会则获得了完全的复议管理权限,其决定不受组织机关或上级机关指示的约束,监督机关对其决定不服,也只能向行政法院提起监督之诉加以纠正。目前,德国联邦法律中有一些规定由委员会或咨询会负责复议工作,如根据联邦法律设立的针对拒服兵役者的体检委员会和审查委员会。此外,德国部分州的法律也规定,在县、市一级设立法律委员会作为专门的行政复议机构,利用这种途径的主要是黑森州、莱茵兰-普法尔次州和萨尔州。②

从设置委员会的各州情况来看,其所设置的委员会成员一般由三人组成。委员会的首长名义上由县或者市的行政首长担任,但县市长一般都委托具有

---

① 李洪雷:《德国的行政复议制度》,载周汉华:《行政复议司法化:理论、实践与改革》,北京大学出版社 2005 年版,第 432—433 页。

② 李洪雷:《德国的行政复议制度》,载周汉华:《行政复议司法化:理论、实践与改革》,北京大学出版社 2005 年版,第 432—433 页。

律师资格的公务员代为履行职务。除委员会主任由县长或市长担任外,其余委员都是由县长或市长提名,由县(市)民大会选举产生,被选举为委员者有任期,并且是名誉职的公务员。在行政复议程序中,委员会以自己的名义作出复议决定,申请人对维持原具体行政行为的决定不服的,可以以原决定机关为被告向行政法院起诉;对改变原具体行政行为的决定不服的,可以以委员会为被告向行政法院起诉;原决定机关对委员会改变或撤销其具体行政行为的决定有异议,也可向行政法院起诉。①

三、法国和德国复议主体制度的启示

(一)法国和德国复议主体制度的共性特征

从上述对法国和德国行政复议机关确定、复议机构设置和复议人员配置等方面的大体介绍,我们可以发现两国在行政复议主体制度方面具有以下几个方面的典型特征。

一是功能强大的行政法院使得设置专门行政复议机关或复议机构的必要性大大降低。由于欧陆国家对行政权违法滥用及侵权救济的职能任务一般都由行政法院来承担,行政法院被赋予对行政行为实施全面监督的权力,既可以实施合法性监督,又可以实施合理性监督;既要解决因行政行为引起的行政纠纷,还要为行政机关执法提供政策咨询。因此,行政法院实际上已经成为集行政复议、行政诉讼和政府法制顾问等职能为一身的超级裁判机构。② 特别是行政法院法官同时是具有行政管理经验的人士,这有效地满足了办理行政案件的专业知识和经验的需要,也使行政法院对行政行为实施合理性审查成为可能。这就使得行政系统内部原有的行政救济机构除了在少数领域尚有存在的必要之外,总体上失去了存续的空间。而这些既存的行政机构对行政相对人的权利救济功能也不能与行政法院同日而语。也就是说,法国和德国行政法院实施的行政诉讼对行政复议职能的整合与兼顾,使得行政机关专门设置机构来行使复议职能的必要性大为降低。

---

① 青锋、方军、张越:《韩国行政复议制度》,中国法制出版社 2005 年版,第 173—174 页。
② 郜风涛:《行政复议法教程》,中国法制出版社 2011 年版,第 23 页。

二是行政复议机构和复议人员与普通执法机构和执法人员没有身份差异。欧陆国家发达的行政法院制度使得行政机关设置专门的复议机构或配置专门的人员来履行复议职能的必要性不再紧要,制定法上也不作明文要求。行政复议职责由普通行政机关的普通内设机构履行,行政复议人员由普通公务员兼职充任,他们在履行行政复议职责时也没有特殊的专业要求或是职务保障。在法国,复议案件大多情况下都由本级或上级行政机关的普通内设机构和普通公务员办理,办理行政复议案件的工作人员的违纪处分也适用《国家和地方公务员一般地位法》。① 在德国,除了少数实行法律委员会(或咨询委员会)体制的行政复议机构外,②行政复议机构和人员都是普通行政机关的内设机构和职员兼职充任,没有任何独立性可言。法国和德国行政机关中履行复议职能的机构与人员与行政执法机构和执法人员的身份同一,使得他们在办理行政复议案件时并没有觉得工作特殊,行政执法工作的服从理念和依附习惯,也就使得他们在复议案件中觉得独立思维和决定没有多大的必要。

三是行政复议机构没有实质裁决权。由于法国和德国的行政机关不单独设置行政复议机构,也不配置专门行政复议人员,行政复议机关的复议职责只是由其机关内设普通行政机构来承担,行政复议人员也由普通公务员兼职充任。这种行政复议机构和行政复议机关完全一体化的做法,使得行政复议决定完全取决于行政复议机关首长的决断,行政复议机构或复议工作人员根本谈不上享有独立的复议裁决权。实际复议办案人员没有裁决权,而不参与案件审理的人却拥有实质的裁决权,这种情况凸显了欧陆国家行政复议制度非司法化的制度设计。

四是行政复议机构办案程序规范化不足,行政性特征明显。欧陆国家普遍不重视行政复议程序建设。法国的善意救济和层级救济套用普通的行政程序。德国《行政法院法》虽然对行政复议制度专章进行了规定,但主要是规定行政复议与行政诉讼之间的衔接关系,有关行政机关如何办理复议案件的程

---

① 姚西科:《发达国家行政复议制度》,时事出版社 2001 年版,第 201 页。
② 参见[德]费里德赫尔穆·胡芬:《行政诉讼法》(第五版),莫光华译,刘飞校,法律出版社 2003 年版,第 84—87 页。

序规定内容很少。由于缺乏明确的程序规定,行政复议案件的受理和处理随意性都很大。在法国,"政府部门从来没有对请愿作出决定的法律责任,请愿往往被无声地驳回"。① 行政复议案件处理程序也套用普通行政程序,行政复议程序普遍被视为行政程序的延续。在德国,尽管行政法的鼻祖奥托·迈耶一开始就极力鼓吹"行政复议应尽可能地司法化",②但德国理论界却坚持认为行政复议程序"仅仅是行政程序。……它以一个行政行为而非判决结束"。③ 在法国,行政复议决定是一个单方面的行政行为。④

（二）法国和德国复议主体制度与复议公信力

从上述对法国和德国行政复议主体制度基本特征的归纳,我们可以发现,法国和德国的行政复议机关的确定、复议机构的设置及复议人员的配置模式,与我国的现行制度安排十分相近。所不同的是,由于法国和德国行政法院被赋予对行政行为实施全面监督的权力,兼具我国行政复议、行政诉讼以及政府法律顾问职能的法国和德国行政法院,同时可以为行政相对人提供合法性救济与合理性救济,高素质的行政法院法官也满足了行政纠纷解决的专业性需求,这使得公众对行政机关提供的权利救济期待不再强烈。如果不是制定法规定的行政复议前置原则要求,行政复议也不会成为他们寻求权利救济的必要选择。不为公众所期待的行政复议制度,也就缺少了制度化建设的现实必要性和紧迫性,这或许就是法国和德国的行政复议程序立法严重滞后的原因之一。

由于欧陆国家强调以行政法院名义实行的司法救济,行政复议被作为与司法相对立的行政层级监督机制,行政复议的行政化色彩浓厚,行政复议在提供公法权利救济方面的地位并不明显,被沦为行政诉讼制度的从属、配套制度,⑤其救济作用未受到重视。在法国,人们看重的是由行政法院通过行政诉讼提供的权利救济功能。在德国,理论界对行政复议制度的存废争议激烈,德

---

① [法]让·里韦罗、让·瓦利纳:《法国行政法》,商务印书馆 2008 年版,第 673 页。
② [德]奥托·迈耶:《德国行政法》,刘飞译,商务印书馆 2002 年版,第 64 页。
③ [德]费里德赫尔穆·胡芬:《行政诉讼法》(第五版),莫光华译,刘飞校,法律出版社 2003 年版,第 60 页。
④ 王名扬:《法国行政法》,中国政法大学出版社 1988 年版,第 537 页。
⑤ 郜风涛:《行政复议法教程》,中国法制出版社 2011 年版,第 26 页。

国人"在传统上首先准备认同的,就是作为解决冲突之有效途径的'真正'行政诉讼。每一种旨在将行政复议置于中心位置的改革建议,首先就会遭到如下怀疑:那无非是妄想以行政自我监督,取代公民寻求法律保护的部分权利"。① 在这一背景下,行政复议制度的公信力问题也就不会成为人们关心的话题。因此,法国和德国的经验表明,行政复议公信力与行政复议制度在行政法制监督与救济制度体系中(特别是与行政诉讼)的地位有关,而这种地位直接影响到国家对行政复议主体的独立性、专业性和程序正当性的制度设计。如果行政复议制度在整体上不被重视,法律不单独规定行政机关的复议职能,不赋予行政复议主体的独立地位,不专门规定行政复议程序,就必然使行政复议制度缺少必要的公信力,而缺少公信力的复议制度也就总体上失去了存续的空间,②行政复议主体制度建设也就不再紧要。

第二节　英美模式的典型:英国和美国

在英美国家,行政机关享有的行政争议裁决权被认为并非其固有的权力,而是行政机关基于议会立法授权获得的委任司法权。英美法系国家传统上普遍存在对行政法的排斥观念,维多利亚时代后期的宪法学权威戴雪就坚持认为,行政法是迁就行政特权的法律,传统的英国法律制度不需要行政法,政府与公民之间的行政争议无疑也只能由普通法院进行裁判。③ 美国早期政府的权力相当有限,奉行"管得最少的政府就是最好的政府",政府与公民之间的纠纷并不普遍,即便产生,也都到普通法院去解决。但近现代以来,随着行政权对社会经济生活的大规模介入,行政争议日益普遍化,传统的司法机制在处理行政争议方面越来越显得无能为力;普通法院的法官们发现他们缺乏审理

---

① [德]费里德赫尔穆·胡芬:《行政诉讼法》(第五版),莫光华译,刘飞校,法律出版社2003年版,第64页。

② 邰风涛:《行政复议法教程》,中国法制出版社2011年版,第23页。

③ [英]彼得·莱兰、戈登·安东尼:《英国行政法教科书》(第五版),杨伟东译,北京大学出版社2007年版,第1页。

这类新型纠纷的必备知识,而且法院的程序也难以适应快速化解行政争议的需要。最终,由行政机关来裁决行政纠纷的行政复议制度在英美国家各自以不同的形式应运而生,并得到蓬勃发展。① 英国形成了以行政裁判所为核心制度形式的行政复议制度体系,美国则形成了以行政法法官为核心制度形式的美国行政复议制度体制。

一、英国的行政裁判所

(一)英国的行政复议体制与机构设置概况

英国广泛存在由法院以外的公共行政机构对其自身或者其他公共行政机构的行政行为实施监督审查和权利救济的活动。行政相对人对行政机关的行政行为不服,先向原行政行为机关或其上级行政机关申诉救济,对该行政机关的决定不服再向行政裁判所提起上诉救济,对行政裁判所的决定不服再向高等法院起诉,这种行政救济体制成为英国行政司法体制(Administrative Justice)一个通常的完整救济链。在英国行政救济制度链中,行政行为机关及其上级行政机关对行政决定进行的重新评判(Reconsideration)属于内部复审程序(Internal Review),包括原级复议和层级复议两种。②

与内部复审程序不同的是,行政裁判所根据行政相对人的上诉对行政行为进行裁决的程序,属于外部复审程序。在英国,"裁判所是根据议会制定法设立、具有相对独立地位、依照特定程序解决行政纠纷或公民之间某些特定纠纷的特别裁判机构"。③ 以裁决纠纷的不同类型为标准,英国行政裁判所大致可以分为两类:一类是就公民对行政决定的不服申诉进行裁判的行政裁判所,另一类是就私人之间的民事纠纷作出裁决的行政裁判所。前者类似于我国的行政复议,后者类似于我国的行政裁决。

在英国行政复议组织建设方面,由于内部复审程序是由原行政行为机关或其上级行政机关实施的重新评判程序,复议官员与原决定官员要么是同一

---

① 有关英国和美国行政复议制度的产生和演变历史,参见部风涛:《行政复议法教程》,中国法制出版社 2011 年版,第 27—30 页。

② 参见张越:《英国行政法》,中国政法大学出版社 2004 年版,第 599—602 页。

③ 李洪雷:《英国行政复议制度初论》,《环球法律评论》2000 年春季号。

的,要么同属于一个行政机关,缺乏统一的复议机构,有点类似于德国和法国的行政复议机构。对于这种自己做自己案件法官的做法,对于坚守自然公正原则的英国人来说,是不会受到太多关注的。因此,内部复审程序中的复议机构及其人员建设几乎是被学界遗忘的角落。但英国行政裁判所制度则完全不同,它是英国独具特色的一种行政司法制度。2007 年 7 月,《裁判所、法院和执行法(2007)》(Tribunals,Courts and Enforcement Act 2007)出台,该法设计了一个由初级裁判所(the First-tier Tribunal)和高级裁判所(the Upper Tribunal)组成的两级裁判所体系。2008 年 11 月 3 日,英国顺利完成对传统裁判所的改制,两级裁判所体系正式宣告成立,结束了裁判所散乱设置的历史。2009 年 10 月,英国最高法院正式成立,宣告了英国三权分立宪政新体制的建立,裁判所获得了更加独立的地位。

(二)英国行政裁判所的性质与地位

英国行政裁判所作为 20 世纪大量行政立法设立的纠纷裁判机构,设立各种裁判所的议会立法并没有明确给定裁判所的性质,这给英国学者的认识造成了长期的困扰。正如 Wraith 所说,"要说清楚裁判所是什么并不是一件很容易的事"。[1] 在 20 世纪,英国学界对裁判所性质的认识曾经有两种截然不同的观点,有学者认为裁判所当属于行政机构的一部分,而另有学者则认为裁判所当属于司法机构的一部分,而且都有各自的理由。[2]

如今,英国行政裁判所的性质已经成为一个历史性的话题。自《宪政改革法(2005)》(the Constitutional Reform Act 2005)明确规定司法独立原则适用于裁判所后,[3]《裁判所、法院和执行法(2007)》又明确规定裁判所司法独立(Independence of Tribunal Judiciary)原则适用于裁判所成员。[4] 英国学者认为,《宪政改革法(2005)》和《裁判所、法院和执行法(2007)》的颁布实施为英国

---

[1] R.E.Wraith and P.G.,Hutchesson,*Administrative Tribunals*,Royal Institute of Public Administration,1973,p. 43.

[2] 郑威:《英国行政裁判所制度研究》,硕士学位论文,西南政法大学,2010 年,第 3—4 页。

[3] Section 3 of the Constitutional Reform Act 2005.

[4] Section 1 of the Tribunals,Courts and Enforcement Act 2007.

裁判所的性质之争画上了一个句号。① 2008 年 11 月 3 日，英国顺利完成对传统裁判所的改制，两级裁判所体系正式宣告成立，裁判所与行政各部彻底脱离。

在英国历史上，行政裁判所是议会在制定法律时，为专门解决该项法律在实施中产生的争议而设立的裁判机构，因此，行政裁判所与负责实施该项法律的相关的部（Department）便产生了千丝万缕的联系。对大多数裁判所而言，从最初的设立到日常运转，其人事和财政都受到与之相关的部的影响，甚至是取决于相关的部。裁判所与部的这种关系导致了这样一种认识：裁判所是不独立的，这有违自然正义原则。正如 Leggatt 报告（Tribunals for Users：One System，One Service）所描述的那样："那些由部支付工作经费的裁判所主席和成员常常感到他们不能被视为是独立的，而是有所偏袒甚或是俨然就是一个行政机构。事实上，它们显然也不是独立的。即使那些不再受部门经费资助的裁判所，也与原部门保持着一种不健康的亲密关系。"②

裁判所历史上与部门之间这种过于"亲密"的关系严重影响到了裁判所的权威和公信力。为挽回公众的信任，英国对裁判所进行了旨在提高其独立性的系统改革。据此，2001 年 Leggatt 调查报告指出，要增强裁判所的独立性，改革核心应当是对裁判所进行体系化建设，以增强裁判所抵制政府部门不当干扰的能力，同时，在与政府各部的关键性制度设计方面则是要在人事和财务上割裂与政府各部之间的关系。Leggatt 报告的建议最后被《裁判所、法院和执行法（2007）》所采纳，该法在相关条文中统一规定了裁判所新的人事任命制度，并对裁判所财政体制进行了调整。在人事任命上，该法规定：初级裁判所裁判官由大法官大臣直接任命，上诉裁判所的裁判官由女王根据大法官大臣的推荐予以任命，初级裁判所和上诉裁判所非裁判官成员由大法官大臣在征询裁判所主席的同意后任命。③ 在财政体制上，《裁判所、法院和执行法

---

① 郑磊、沈开举：《英国行政裁判所的最新改革及其启示》，《行政法学研究》2009 年第 3 期，第 129 页。

② Leggatt："Tribunals for Users：One System，One Service"，Londen，The Stationery Office，2001，para 1.19.

③ See Tribunals，Courts and Enforcement Act 2007，schedule 2，para 1，2；schedule 3，para 1，2.

(2007)》明确规定,裁判所享有充分的自主决定权,有权决定经费开销的对象和范围;①裁判所主席及其成员的工作薪金、办案津贴和办案业务费用的标准都由大法官大臣决定。②

如今,经过上述调整后的行政裁判所已经完全脱离了和相关政府部门的关系,已经成为独立于政府部门之外的一个独立的纠纷裁判机构体系,使得行政论主张者的持论依据从此成为一个历史性的话题。

(三)英国行政裁判所的组织结构

英国根据《裁判所、法院和执行法(2007)》规定设置的两级裁判所共同承担着该法和相关法律规定的纠纷裁决职能。每个裁判所都由若干法律人士和专家组成,分别被授予"裁判官"(Judges)和"非裁判官成员"(Other Members)身份。两级裁判所都在裁判所主席(the Senior President of Tribunals)的领导下开展工作。

1.裁判所主席。根据《裁判所、法院和执行法(2007)》第 2 条的规定,裁判所主席(Senior President of Tribunals)由女王根据大法官大臣的推荐予以任命。裁判所主席负责领导初级裁判所、高级裁判所、就业裁判所、就业上诉裁判所和庇护及移民裁判所的行政工作。英国《裁判所、法院和执行法(2007)》附件 1 对裁判所主席的任免程序③、任职资格④、任职期限⑤、职

---

① See Tribunals,Courts and Enforcement Act 2007,section 29.

② See Tribunals,Courts and Enforcement Act 2007,schedule 2,para 5;schedule 3,para 5.

③ 《裁判所、法院和执行法(2007)》附件 1 规定,当裁判所主席出现空缺时,大法官大臣必须提出候补人选,但英格兰和威尔士的首席大法官同意保留空缺的除外。大法官大臣提出裁判所主席候补人选前,必须同英格兰和威尔士的首席大法官、高等民事法院的院长及北爱尔兰的首席大法官协商。如果候补人选不适宜或不愿意担任,大法官大臣必须同上述人员再次协商提出新人选。经协商如果无法达成一致意见时,大法官大臣必须提请司法任命委员会(the Judicial Appointments Commission)推荐裁判所主席候补人选。

④ 《裁判所、法院和执行法(2007)》附件 1 规定,裁判所主席必须具有以下条件之一:(1)具有 7 年以上裁判所工作经验;(2)在苏格兰担任辩护律师或初级律师(advocate or solicitor)7 年以上;(3)在北爱尔兰担任出庭律师或初级律师(barrister or solicitor)7 年以上。

⑤ 《裁判所、法院和执行法(2007)》附件 1 规定,如果任命裁判所主席时附有任期限制,且该任期早于《司法人员养老金和退休法》(Judicial Pensions and Retirement Act 1993)规定的退休期,裁判所主席在该任期结束时必须辞职。如果有医学证明证实裁判所主席因永久性疾病或年龄过大而不能继续履职时,大法官大臣可以签署文书宣布免去其职务。

务任免①及任职宣誓②等作了详细规定。

2.裁判分庭。《裁判所、法院和执行法(2007)》第 7 条及附件 4 规定了行政裁判所裁判分庭(Chambers)的设置。根据这些条文的规定,目前,初级裁判所下设六个分庭,③高级裁判所下设四个分庭。④ 裁判分庭由分庭庭长(Chamber President)、副庭长(Deputy Chamber Presidents)或执行庭长(Acting Chamber Presidents)主持开展工作。根据《裁判所、法院和执行法(2007)》附件 4 第 9 条的规定,裁判所主席可以将初级裁判所和高级裁判所的裁判官及其他成员派遣到相应的裁判分庭办案。裁判所主席在人员派遣时必须将被派遣人员的知识和经验与裁判分庭对知识和经验需求进行综合考虑。

3.案件合议庭。在由裁判所审议的每个案件中,大法官大臣经与裁判所主席协商,可以指定一名裁判所成员审理案件,但必须明确是由裁判官还是非裁判官成员审理。大法官大臣经与裁判所主席协商,也可以指定由两名(包括两名)以上裁判所成员组成案件合议庭审理案件,但必须同时明确参与案件审理的裁判官和非裁判官成员的各自名额。⑤ 被指定参与案件审理的人员在案件审理时的行为可以被视为裁判所主席或裁判分庭庭长的行为,其个人

---

①　《裁判所、法院和执行法(2007)》附件 1 规定,裁判所主席可以随时在给予大法官大臣书面通知后辞职。裁判所主席的免职应由大法官大臣向女王提出,该免职文书签署前必须同英格兰和威尔士的首席大法官、高等民事法院的院长及北爱尔兰的首席大法官协商,否则不发生效力。

②　《裁判所、法院和执行法(2007)》附件 1 规定,为了确保忠于职守,无论裁判所主席在担任其他职务时是否进行过宣誓,担任主席职务时都必须向英格兰和威尔士首席大法官或其任命的专门接受宣誓的高级司法官宣誓。

③　分别是:普通事务裁判庭(General Regulatory Chamber),社会权利裁判庭(Social Entitle-ment Chamber),健康、教育和社会福利裁判庭(Health,Education and Social Care Chamber),战争补助与军人赔偿裁判庭(War Pensions and Armed Forces Compensation Chamber),税务裁判庭(Tax Chamber)和移民与庇护裁判庭(The Immigration and Asylum Chamber)。

④　分别是:行政上诉裁判庭(The Administrative Appeals Chamber),税务裁判庭(The Tax and Chancery Chamber),土地裁判庭(The Lands Chamber)和移民与庇护裁判庭(The Immigration and Asylum Chamber)。

⑤　需要补充说明的是,如果大法官大臣指派由非裁判官成员审理案件,大法官大臣必须同时对该成员所需具备的资历作出规定。如果参与案件审理的非裁判官成员不具备裁决该案件所必需的资历,在经当事人同意的情况下,该非裁判官成员也可参与案件裁决,并不影响裁决的效力。

不因此而承担责任,非裁判官成员在案件审理时享有裁判所主席或裁判分庭庭长在案件审理时的同等权力。

(四)英国行政裁判所的组成人员

英国《宪政改革法(2005)》第3条规定,裁判所适用司法独立原则。《裁判所、法院和执行法(2007)》第1条进一步明确,裁判所管理人员纳入司法人员的范畴,受到司法独立原则的保障。① 同时,该法实现了裁判所人员任命的规范化、一体化,为裁判所成员独立履行职务提供了制度保障,有助于裁判所实现真正的独立。

1.初级裁判所的人员构成

《裁判所、法院和执行法(2007)》对初级裁判所的裁判官和非裁判官成员的组成进行了详细规定。② 从这些规定可以发现,除高级裁判所或部分专门裁判所成员当然具备初级裁判所裁判官或非裁判官成员身份外,初级裁判所的裁判官和非裁判官成员的产生主要有两个途径:一是在原行政裁判所进行转制时(Transfer of functions of certain tribunals)③由原裁判所成员转任产生,二是由依据《裁判所、法院和执行法(2007)》规定的任命资格和途径产生。《裁判所、法院和执行法(2007)》对初级裁判所裁判官和非裁判官成员的任命资格④和

---

① 这些裁判所管理人员包括:(1)裁判所主席;(2)苏格兰就业裁判所主席、副主席、小组长和非组长成员;(3)根据1995年《刑事受害人赔偿法》第5条任命的审判官。

② 《裁判所、法院和执行法(2007)》第4条的规定,下列成员属于初级裁判所的裁判官:(1)依据该法附件2第1条第1款规定权限任命的初级裁判所裁判官;(2)根据并符合该法第31条第2款规定的转任裁判官(Transferred-in Judge);(3)高级裁判所的裁判官;(4)依据2002年《国籍、移民和庇护法案》附件4第2条第1款第a-d项任命且不属于高级裁判所裁判官的庇护和移民裁判所成员(具有法律资格的成员);(5)就业裁判所主席团成员;(6)如果一个人是苏格兰事务大臣依据1995年的《刑事损害赔偿法》任命履行裁判所的上诉职能的裁判官,也属于初级裁判所的裁判官。下列成员属于初级裁判所的非裁判官成员:(1)依据该法附件2第2条第1款规定权限任命的初级裁判所成员;(2)根据并符合该法第31条第2款规定的转任非裁判官成员(Transferred-in Other Member);(3)高级裁判所的非裁判官成员;(4)就业裁判所非主席团成员。

③ Section 30 of the Tribunals, Courts and Enforcement Act 2007.

④ 具体要求是:"大法官大臣可以任命下列人员担任初级裁判所裁判官:(1)具有5年相关经验;(2)在苏格兰至少担任过5年的辩护律师或初级律师(advocate or solicitor);(3)或者在北爱尔兰至少担任过5年的出庭律师或初级律师(barrister or solicitor);(4)或者大法官大臣认为其具有履职所必需的法律经验。""担任初级裁判所非裁判官成员的条件由大法官大臣会同裁判所主席协商后确定。"See Tribunals, Courts and Enforcement Act 2007, schedule 2, para 1 and 2.

免职程序①进行了详细规定,但对初级裁判所裁判官或非裁判官成员的免职因其是否获得司法身份保障而有所差异。② 对有固定薪俸的人员(the person appointed on a salaried basis),只有在有合理根据认为其不能胜任该职位或行为不检点时(inability or misbehaviour),大法官大臣经与相关机构协商后方可以将其免职;对只是按劳付酬的人员(the person appointed on a fee-paid basis)免职,则没有这一要求。

2.高级裁判所的人员构成

《裁判所、法院和执行法(2007)》对高级裁判所的裁判官和非裁判官成员的组成也进行了详细规定。③ 从其规定来看,除那些专门裁判所、初级行政裁判所主席、庭长等"领导"成员是高级裁判所的当然成员外,高级裁判所的成员(裁判官或非裁判官成员、"领导"成员或非领导成员)的产生与初级裁判所成员的产生原理相同。根据《裁判所、法院和执行法(2007)》规定,高级裁判

---

① 依据《裁判所、法院和执行法(2007)》附件2第3条的规定,如果一个调任裁判官或其他调任成员主要在苏格兰地区行使职权,大法官对其免职的权力必须同高等民事法院院长协商后才能行使;如果一个调任裁判官或其他调任成员主要在北爱尔兰地区行使职权,大法官对其免职的权力必须同北爱尔兰首席大法官协商后才能行使;如果一个调任裁判官或其他调任成员主要在苏格兰和北爱尔兰以外的地区行使职权,大法官对其免职的权力必须同英格兰和威尔士首席大法官协商后才能行使。

② 依据《裁判所、法院和执行法(2007)》附件2第4条的规定,是否获得司法身份保障的一个比较直观的判断标准就是看其领取的是工资(salary)还是酬金(fee),领取工资的一般可以获得司法身份保障,领取酬金的一般不具有司法身份保障。

③ 《裁判所、法院和执行法(2007)》第5条的规定,下列成员属于高级裁判所的裁判官:"(1)裁判所主席;(2)依据该法附件3第1条第1款规定权限任命的人员;(3)根据并符合该法第31条第2款规定的转任裁判官;(4)依据2002年的《国籍、移民和庇护法案》附件4第2条第1款第a-d项任命的庇护和移民裁判所主席、副主席和拥有高级移民裁判官头衔的非移民裁判所主席或副主席成员(具有法律资格的成员);(5)依据1992年的《社会保障管理法》(the Social Security Administration Act 1992)第50条第1、2款任命的社会保障专员;(6)高级裁判所的副裁判官以及不属于上述规定裁判所的各裁判庭庭长和副庭长。"下列成员属于高级裁判所的非裁判官成员:"(1)依据该法附件3第2条第1款规定权限任命的人员;(2)根据并符合该法第31条第2款规定的转任非裁判官成员;(3)依据1996年《就业裁判所法案》第22条第1款(c)项任命的就业上诉裁判所成员;(4)依据2002年的《国籍、移民和庇护法案》附件4第2条第1款(e)项任命的庇护和移民裁判所成员(非法律资格成员)。"

所裁判官的任命资格比初级裁决所裁判官资格要求更高;①高级裁判所的非裁判官成员和副裁判官(Deputy judges)由大法官大臣任命,非裁判官成员的任职资格由大法官大臣会同裁判所主席协商后确定,副裁判官的任职资格同裁判官的任职资格一样;高级裁判所裁判官或非裁判官成员的免职与初级裁判所裁判官或非裁判官成员的免职规定基本一致。②

3.初级和高级裁判所的当然成员

《裁判所、法院和执行法(2007)》还规定了初级裁判所和高级裁判所的当然成员。根据该条的规定,③英格兰、苏格兰、威尔士和北爱尔兰地区各级法院的普通法官、上诉法官、副院长等法官,都是初级裁判所和高级裁判所的当然法官(Certain Judges)。根据《裁判所、法院和执行法(2007)》附件2第6条和附件3第6条的规定,这些普通法院的法官在兼任初级裁判所或高级裁判所的裁判官时,在程序上需要由裁判所主席聘请(request),裁判所主席在聘请时还需要征得相关人员的同意。④

(五)英国行政司法与裁判所委员会对裁判所的监督

尽管行政裁判所已经成为完全独立于行政机关的一个行政司法机构,但为了监督裁判所合法、正确处理案件,1958年《裁判所和调查法》根据弗兰克斯委员会的建议设立了裁判所委员会,承担对裁判所的构成及其运行的监督

---

① 高级裁判所的裁判官由女王根据大法官的推荐予以任命,必须满足下列条件:(1)具有7年相关工作经验;(2)在苏格兰至少担任过7年的辩护律师或初级律师;(3)或者在北爱尔兰至少担任过7年的出庭律师或初级律师;(4)或者大法官认为其具有履职所必需的法律经验。See Tribunals,Courts and Enforcement Act 2007,schedule 3,para 1.

② See Tribunals,Courts and Enforcement Act 2007,schedule 3,para 2-4,7.

③ 《裁判所、法院和执行法》第6条规定:"下列人员可以是初级裁判所和高级裁判所的当然裁判官(Certain Judges):(1)英格兰和威尔士上诉法院的普通法官和副院长;(2)北爱尔兰的高级上诉法官;(3)高等民事法院的法官;(4)英格兰、威尔士和北爱尔兰高等法院的助理法官;(5)巡回法院法官;(6)苏格兰的司法官;(7)北爱尔兰郡法院法官;(8)英格兰和威尔士或北爱尔兰的地区法院法官;(9)裁判法院法官。"但前述第(3)至(9)类法院行政人员(office-holders)中的副手或临时性人员不包括在内。See Section 6 of the Tribunals,Courts and Enforcement Act 2007.

④ See Section 6 subsection(3)of Schedule 2;Section 6 subsection(3)of Schedule 3 of the Tribunals,Courts and Enforcement Act 2007.

职责。《裁判所、法院和执行法(2007)》将裁判所委员会改为"行政司法和裁判所委员会"(the Administrative Justice and Tribunals Council)(以下简称"AJTC")。AJTC 于 2007 年 11 月 1 日正式成立,与裁判所委员会的构成基本相同,原裁判所委员会的所有职权由其继续行使。《裁判所、法院和执行法(2007)》附件 2 第二部分规定了 AJTC 的职能,包括三个方面:一是对整体行政司法体系的组织管理职能;二是对裁判所的组织机构和日常工作的监督管理职能;三是对法定调查机关的组织机构和日常工作的监督管理职能。其中,AJTC 对于裁判所的组织机构和日常工作的监管职能包括以下三个方面:①

第一是对整个裁判所体系和任何一个裁判所进行监督并提出报告。AJTC 主要是对裁判所的程序、组织和结构予以控制,新建裁判所都应该向该委员会咨询报告。AJTC 成员有权随时对裁判所的工作进行巡视并参加裁判所正式或非正式听审程序,②通过巡视裁判所工作、与裁判所成员对话、会谈并将委员会的主要工作告知被视察方,达到沟通、督促裁判所工作的目的,同时通过巡视也能够了解到裁判所遇到的新问题。

第二是对有关裁判所的已生效执行的议会立法和拟议中的议会法案进行审查并发表意见。AJTC 并没有制定规则的权力,所有的裁判程序规则都由裁判所程序委员会制定(The Tribunal Procedure Committee)。但是针对任何属于该委员会监督范围的行政裁判所制定的程序规则都必须事先咨询该委员会的意见。③ 尽管这项要求并不适用于由裁判所程序委员会为裁判所制定的程序规则,但这并不意味着 AJTC 对裁判所程序委员会制定的裁判程序毫不相干,事实上,大法官大臣必须任命一名 AJTC 提名的成员作为裁判所程序委员会的当然成员,④这在一定程度上也会影响裁判所程序的规则制定。

第三是对整个裁判所体系和任何一个裁判所展开例行调查并提出报告。AJTC 每年应当向大法官大臣、威尔士事务大臣和苏格兰事务大臣提交一份年

---

① See Tribunals, Courts and Enforcement Act 2007, schedule 7, para 14.
② See Tribunals, Courts and Enforcement Act 2007, schedule 7, para 22.
③ See Tribunals, Courts and Enforcement Act 2007, schedule 7, para 24.
④ See Tribunals, Courts and Enforcement Act 2007, schedule 5, para 21.

度调查报告,应他们的要求也需随时就其他事项提出专题报告。对于政府的任何咨询事项,AJTC 都应提出报告予以回答。AJTC 的报告在提交后于每年 12 月公布,其内容涵盖每年 AJTC 的自身工作及其所提出的重要咨询意见。AJTC 报告所提出的建议并非全部都会被议会和政府采纳,但对裁判所工作程序的规范化起到了积极的促进作用。

二、美国的行政法法官

(一)美国的行政救济制度体系

在美国,行政机关作出的绝大多数具体行政行为,如果当事人有异议,都要先向行政机关申请复议裁决,然后才能寻求普通法院的司法救济。不仅如此,在有几个层次复议程序的情况下,当事人必须经过所有层次的复议救济后才允许向法院提起司法审查。这就是美国行政纠纷解决普遍实行的行政救济穷尽原则。美国的行政救济通常包括两个阶段,一是由行政法法官(Administrative Law Judge,ALJ)主持的初审裁决程序,二是行政首长或专门机构(上诉委员会)主持的内部复审程序。

对行政行为的初审裁决程序是由行政法法官主持的。美国行政法法官过去被称为听证审查官(也称为"讯问审查官",Trial Examiner),1972 年改为现名——行政法法官(Administrative Law Judge,ALJ)。行政法法官的传统称谓表明,他们是各类行政机关依照《联邦行政程序法》(Administrative Procedural Act,APA)规定配置的、专门负责听证并作出行政裁决的官员。

行政法法官通过行政程序作出的裁决有两类:一类是主要针对民事案件的裁决,相当于我国的行政裁决;另一类是对行政决定的裁决。在后一类裁决程序中,行政机关的调查官员先对案件事实和证据进行调查,并提出初步裁决意见,如果当事人对该初步行政裁决意见没有异议,该初步裁决意见即生效行政决定;如果有异议,则可以向行政法法官申请裁决听证。行政法法官受理听证申请后,可以对当事人进行证据调查或要求进行证据交换,并通过听证程序对案件事实问题进行查证核实。听证程序结束后,行政法法官即根据听证记录并依照自己的判断作出事实裁定和法律适用结论。行政法法官的决定分为初步决定和建议性决定,两种决定的差异在于:对于初步决定,如果行政机关首长或上诉委员会没有依职权或依当事人请求对其实施再审,则该决定便成为行政机关的生效裁决;对于建议性决定,则一定要经行政机关首长或上诉委员会主动接受采纳才成为生效裁决。

行政法法官作出初审裁决后,如果当事人对行政法法官的初审裁决无异议,或者行政机关首长或上诉委员会没有依职权对行政法法官的初审裁决进行审查,该裁决即发生法律效力;如果当事人对行政法法官的裁决仍然不服,当事人有权向行政机关首长或上诉委员会提出复议请求,行政机关首长或上诉委员会据此可以对行政法法官的裁决进行再次审查,这被称为内部复审程序。① 当然,在没有当事人上诉的情况下,行政机关也可以依职权对行政法法官的裁决进行内部复审。行政机关首长或上诉委员会通常在审查案件记录、辩论和陈述记录的基础上作出裁决,这一裁决通常就是行政机关的最终裁决,行政机关也往往以法规授权的形式承认内部复审机构作出的这类裁决具有结局性。但是,这里的最终裁决是相对于行政层面来讲的,任何行政决定都要接受司法审查,因此,所谓行政首长或内部复审机构的最终裁决,只能说是行政程序阶段的最终裁决。

（二）美国行政法法官的设置与地位

美国行政法法官是初审裁决程序的主持人。就行政法法官的设置来看,凡是有行政复议任务的行政机关,都有相当数量的行政法法官。据 2006 年的数据显示,全美国共有 29 个联邦政府机构聘用将近 1400 名行政法法官,大约是联邦地区法院法官数量的三倍。每年行政法法官空缺职位很少,而报名者众多,竞争很激烈,只有极少数非常优秀的候选人可以通过考试进入这一职业。② 在州一级,过去行政法法官都是由各行政机关分散设置的,自加利福尼亚州 1945 年开始将供职于不同行政机关的行政法法官集中到统一的听证办公室(Hearing Office)以来,这种做法在 1961 年修改州行政程序法时得到推广。现在,全美国共有 27 个州和 3 个大城市适用了行政法法官集中使用

---

① 王静:《美国行政法法官制度研究》,博士学位论文,中国政法大学,2007 年,第 81 页。

② 王静:《美国行政法法官制度研究》,博士学位论文,中国政法大学,2007 年,第 4 页。

制度。①

在美国,行政机关内部坚持"职能分离(Separation of Function)"原则,在行政裁决程序中事先参与了案件追诉和调查活动的人员不能主持听证和作出裁决,这是源于自然正义原则的要求。根据职能分离原则的要求,行政机关必须专门配置人员来行使案件的裁决职能,行政法法官、行政首长或者介于行政法官和行政首长之间的内部复审委员会就属于这样的角色。行政法法官作为初审裁决的听证主持人和裁决官员,根据职能分离原则,《联邦程序法》要求:(1)禁止案件的调查者和追诉人向行政法法官提供建议,行政法法官也不得向调查者和追诉人征询意见,否则就属于违反案卷排他原则的情形;(2)行政法法官是行政机关中独立的部分,不受案件的调查者和追诉人的监督,以避免他们担心其作出的裁决会殃及其饭碗;(3)行政机关不能指派行政法法官承担与其裁决者身份不相称或者可能阻止当事人得到公平听证的工作,行政法法官也不能从事与其身份相冲突的活动。② 联邦行政程序法对行政法法官独立地位的提升和保障,使得行政法法官可以独立负责举行裁决程序,有权在行政裁判程序中独立解释法律、适用行政法规、执行行政政策,但在人事关系上,行政法法官却仍然属于行政机关的职员。

为保障行政法法官能够独立履行听证和初审裁决职能,美国联邦行政程序法赋予了行政法法官充分的权力,并明确了具体的责任和义务。美国行政机关在法律授权范围内,也可以规定行政法法官一定的权力。在行政法法官主持的初审裁决听证程序中,行政法法官全权负责听证程序的进展,包括决定听证时间和地点、主持宣誓、签发传票、接受证据、证据质辩、主持调解、记录证言、采取强制措施等。行政法法官在初审裁决程序中的主要作用是"发现事实(fact finding)",据此,行政法法官可以要求当事人澄清某方面的事实,也可以讯问证人或主动进行调查以查明案件事实。美国历史上的行政法法官一般不能批评或宣布行政机关的法规违宪,这成为行政法法官与普通法院法官最

---

① 王静:《美国行政法法官制度研究》,博士学位论文,中国政法大学,2007年,第28页。

② 王静:《美国行政法法官制度研究》,博士学位论文,中国政法大学,2007年,第70—75页。

重要的差别,但在 1984 年的一个判决中,法院却认可了行政法法官宣布法规违宪的做法。①

（三）行政机关首长对行政法法官裁决的复审

在美国,为确保行政裁决符合行政机关政策的执行和需要,行政机关在行政法法官对行政案件作出初步裁决的基础上,通常要以自己的名义作出最终裁决并对其承担法律责任,行政机关可以依职权或依相对人申请对初步裁决进行审查。行政机关对行政法法官初步裁决的再审,一般是由行政机关首长或其授权的专门官员进行,这主要是那些案件较少的行政机关。② 而在那些案件较多的行政机关,依照法律规定还设有专门的行政复议机构,称为上诉委员会。上诉委员会的成员由总统任命,代表本行政机关审查复议案件,并以自己的名义作出复议决定。在设有上诉委员会的联邦机构,行政首长就不再承担复查职责。③ 如在 20 世纪 60 年代早期,联邦通讯委员会和州际商业委员会就分别建立了各自的复审委员会。

根据美国《联邦行政程序法》的规定,行政机关首长或其授权专门官员或内部复审委员会(以下统称行政机关首长)对行政法法官初步裁决实施再审查时,享有作出初步裁决时完全一样的权力。而法律赋予行政机关首长这种完全权力的目的是为了便于行政机关首长进行"政策控制(policy control)"。从联邦行政程序法这一规定来看,行政机关首长在内部复审程序中,不必接受行政法法官关于事实认定的结论,可以独立地就事实问题和法律问题作出决定,也就是可以完全推翻初步裁决而重新作出最终裁决;行政机关首长在内部复审程序中也可以直接采纳行政法法官的初步裁决而不用单独说明理由。

但在实践中,一方面,行政相对人不服行政法法官初步裁决而上诉到行政首长,要求行政首长进行复审裁决的情形只是很少一部分,因此,行政法法官

---

① 参见王静:《美国行政法法官制度研究》,博士学位论文,中国政法大学,2007 年,第 76—78 页。

② 王静:《美国行政法法官制度研究》,博士学位论文,中国政法大学,2007 年,第 82 页。

③ 青锋、方军、张越:《韩国行政复议制度》,中国法制出版社 2005 年版,第 166 页。

的初步裁决在很多情况下会成为案件的最终裁决。① 另一方面,在行政机关首长对初步裁决进行复审时,行政机关首长往往也没有行使"完全权力",往往是在"对经过行政法法官审查的案件进行复审时,不再就案件重新展开调查,如果没有法律上的充分理由,一般都维持行政法法官的意见"。② 如果行政机关首长作出了与行政法法官不一致的决定,还需向行政法法官作出解释。而且,"如果行政机关首长对行政法法官裁决的批准是含糊不清或者不完整的,法院可以要求行政机关首长对裁决进行进一步阐释说明"。③ 可见,美国行政法法官的复议程序更具有实质意义,④行政法法官的初步裁决程序与行政机关首长的内部复审裁决程序相比,前者所起的作用更大。

综上所述,美国行政法法官尽管属于行政机关的职员,但其独立地位和权力受到充分的法律保障;行政法法官尽管不能以自己的名义作出行政决定,但行政机关作出的最终决定大多数情况下都是行政法法官的裁决意见。美国行政法法官在形式上是行政机关职员,但在实质上却是独立的行政纠纷裁决者。

三、英国和美国复议主体制度的启示

(一)英国和美国复议主体制度的共性特征

从前述对英国行政裁判所和美国行政法法官的组织机构、人员配置、运行机制及监督体制可以看出,英国和美国行政复议主体制度具有以下几个方面的共同特点。

一是机构和人员日趋集中。新世纪以来,英国根据 2001 年安德鲁·里盖特(Andrew Leggatt)报告建议所进行的裁判所体系改革,其主要目标之一就是解决行政裁判所分散设置于政府各部门的不集中问题,组建在司法部门监控下的统一行政裁判所体系。2008 年 11 月 3 日,英国统一的两级裁判所体系正式诞生,这标志着英国行政裁判所制度迈入了独立化、体系化的新时代。而美国行政法法官的集中设置趋势也十分明显,在美国联邦行政程序法(APA)

---

① 王静:《美国行政法法官制度研究》,博士学位论文,中国政法大学,2007 年,第 80 页。
② 郜风涛:《行政复议法教程》,中国法制出版社 2011 年版,第 30 页。
③ 王静:《美国行政法法官制度研究》,博士学位论文,中国政法大学,2007 年,第 85 页。
④ 青锋、方军、张越:《韩国行政复议制度》,中国法制出版社 2005 年版,第 165 页。

制定之前,关于是否实行行政法法官集中使用制度的争论就没有停止过。随着加利福尼亚州试验行政法法官集中使用制度的成功,以及州行政程序法示范文本的推荐,行政法法官集中使用制度已经在全美国多数地方推广适用。①

二是机构和人员独立性较强。如今的英国行政裁判所不再隶属于政府各部,裁判所成员也不再由所属政府各部选任,而是由大法官大臣或女王按照类似于法官的选任标准录用和委任,这使得裁判所及其成员都不再受制于政府各部,而是受到司法独立原则的保障,具有如同普通法院和法官那样的独立地位。在美国,尽管行政法法官还是属于各行政机关的工作职员,但行政法法官开展工作的独立性已经受到《联邦行政程序法(APA)》的充分保障;越来越多的州和城市通过设立统一且独立的行政法法官办公机构来实施行政法法官管理体制改革,使得行政法法官的独立地位进一步得到组织保障和强化。可以说,除了称谓和管辖权限的差异外,"行政法官的地位无异于美国宪法第三条规定的联邦法官"。②

三是办案程序规范、完整且具司法化特征。英国行政裁判所的裁判程序规则(The Tribunal Procedure Rules)由裁判所程序委员会(The Tribunal Procedure Committee)所制定,分为初级和高级裁判所的各类裁判分庭分别适用的裁判程序,③内容十分详尽和完善。英国裁判所程序汲取了诸多司法化因素,如适用对抗式而非纠问式裁判程序,遵循"不告不理""中立"等司法原则,裁判所一般情况下仍然要像法院那样遵循先例。④ 美国行政法法官的办案程序由《联邦行政程序法(APA)》所规定,行政法法官主持的程序属于"审判式听

---

① 王静:《美国行政法法官制度研究》,博士学位论文,中国政法大学,2007 年,第 28 页。

② 李娟:《美国行政法官独立化进程评述》,《中外法学》1996 年第 5 期。

③ 各类裁判分庭所适用的程序分别是:The Asylum and Immigration Tribunal(Procedure)Rules 2005;The Tribunal Procedure(First-tier Tribunal)(Health,Education and Social Care Chamber)Rules 2008;The Tribunal Procedure(First-tier Tribunal)(Social Entitlement Chamber)Rules 2008;The Tribunal Procedure(First-tier Tribunal)(War Pensions and Armed Forces Compensation Chamber)Rules 2008;The Tribunal Procedure(First-tier Tribunal)(General Regulatory Chamber)Rules 2009;The Tribunal Procedure(First-tier Tribunal)(Tax Chamber)Rules 2009;The Tribunal Procedure(Upper Tribunal)Rules 2008;The Tribunal Procedure(Upper Tribunal)(Lands Chamber)Rules 2010.

④ 宋华琳:《英国的行政裁判所制度》,《华东政法学院学报》2004 年第 5 期。

证"程序。这一程序可以被看作简化了的司法程序,具有高度司法化特征,"行政法官可以以中立、无偏私、独立的姿态作出决定,它在裁决中听取双方质证,作出书面决定,它所扮演的角色,汲取了诸多司法因素"。①

四是办案人员具有行政管理的知识和经验。英美国家普通法院在司法审查中更注重案件法律问题,对行政裁判所或行政法法官对案件事实问题的认定结论给予了高度尊重。英美国家普通法院的这种做法既有"权力分立"原则上的原理,同时也体现了对行政裁判所和行政法法官事实认定的高度信任。而行政裁判所和行政法法官之所以值得信任,源于行政裁判所成员和行政法法官具有在行政管理方面的专业知识和丰富经验。英国行政裁判所"裁判官成员"的任职资格重要的方面就是律师经验,而参与案件审理的裁判所"非裁判官成员"通常并没有受过专门法律培训,之所以让其参加案件审理,只是需要利用他们在相关纠纷领域的专业知识。美国行政法法官任职需要具有 7 年以上的法律从业经验,②而美国普遍遵循穷尽行政救济原则,先由行政法法官对案件实施裁决的重要原因之一,就是使行政机关的专门知识和自由裁量权得到利用。③

(二)英国和美国复议主体制度与复议公信力

从上述对英国行政裁判所制度和美国行政法法官制度共性品质的归纳与比较,我们可以发现:从历史发展来看,坚守自然公正理念或正当法律程序理念的英美国家坚信没有纠纷裁决者的独立和中立,就没有公正,这成为英美国家追求并努力实现行政复议机构和人员的独立和中立的基本信念。英国行政裁判所和美国行政法法官据此都经历了从分散到集中、从依附到独立的演化历程,而且事实也证明这是行政裁判所和行政法法官的公正性逐渐获得公众认同、信任和选择的历史过程。英国行政裁判所和美国行政法法官的集中、独立设置,也就催生了各自专门的办案程序规则。但他们在独立化演变过程中,办理行政案件的专业特殊需要始终是其考虑的重要方面,这也使办案人员与普通法官的素质有所差异。

---

① 宋华琳:《美国的行政法官制度》,《检察风云》2007 年第 6 期。
② 王静:《美国行政法法官制度研究》,博士学位论文,中国政法大学,2007 年,第 96 页。
③ 王名扬:《美国行政法》(上、下),中国法制出版社 1995 年版,第 652 页。

从行政复议公信力生成的要素角度观察,英国行政裁判所和美国行政法法官都具有机构和人员独立、办案人员素质高和办案程序正当等重要品质,而这些品质正契合了行政机关裁判纠纷的公信力生成的基本要求。也正因如此,英国行政裁判所和美国行政法法官在各自国家获得了公众的高度信任和选择,在行政纠纷解决方面发挥了重要的作用。在英国,绝大多数行政纠纷是由行政裁判所解决的,行政裁判所每年处理的案件达 100 多万件;①而且绝大部分案件都通过裁判所得到了彻底解决,只有极少数案件被上诉到法院。②在美国,每 25 万件行政纠纷案件中,大约只有 1 万件最终到了司法审查阶段。③ 由此可见,英国行政裁判所和美国行政法法官的独立性、专业性和程序正当性与该制度的公信力密切相关。英国行政裁判所的独立、专业和正当运行程序使裁判所赢得了公众的信任和选择,而裁判所公信力提升引起的办案量激增又促进了裁判所制度的蓬勃发展,使裁判所的独立性和专业性进一步增强,程序进一步完善。可以说,英国裁判所的独立、专业和程序正当等制度品质与裁判所制度公信力之间已经形成了良性互动关系,值得我们借鉴。美国的行政法法官制度也是如此。

第三节　东亚模式的典型:韩国和中国台湾

第二次世界大战以后,韩国和我国台湾地区在传统诉愿制度(主要是移植二战前德国和日本的诉愿制度)的基础上,吸收了具有英美色彩的行政程序元素,由此形成了别具一格的韩国行政审判制度和台湾地区诉愿制度,④成

---

① 　[英]卡罗尔·哈洛、理查德·罗林斯:《法律与行政》,杨伟东等译,商务印书馆 2004 年版,第 848 页。需要说明的是英国行政裁判所也裁决管辖范围内的民事争议,但为行政决定提供救济所占的分量更重一些。参见张越:《英国行政法》,中国政法大学出版社 2004 年版,第 599 页。

② 　应松年:《构建行政纠纷解决制度体系》,《国家行政学院学报》2007 年第 3 期。

③ 　王静:《美国行政法法官制度研究》,博士学位论文,中国政法大学,2007 年,第 130 页。

④ 　韩国类似于我国行政复议制度的是"行政审判制度",其最新的制定法依据为韩国《行政审判法(2012)》;我国台湾地区的类似制度在制定法上称为"诉愿制度",其最新的制定法依据为《诉愿法(2012)》。

为东亚行政复议模式的典型代表。在行政复议组织建设方面,韩国的行政审判委员会和中国台湾的行政诉愿审议委员会都建成了自成体系的行政复议组织体。

一、韩国的行政审判委员会

韩国行政审判制度在东亚地区独具特色,近年来在行政审判委员会设置上的成功经验,是值得深入研究的典型代表。2012 年 2 月,韩国《行政审判法》进行了最近一次较大幅度修改,韩国行政审判委员会的设置及其运行更趋合理。

(一)韩国行政审判委员会设置概况

由于韩国中央和地方政府的工作部门相对比较少、行政机关的层级设置也比较少,行政复议案件的审判管辖也就比较简单。韩国《行政审判法》(2012)第6 条对行政复议案件的审判管辖进行了具体规定,包括以下四种情形:一是以中央国家机关为被申请人的行政案件,由处分或不作为的原机关为行政审判机关。从该条第一款的规定来看,①这里的韩国中央国家机关不能等同于我国的国务院各职能部门。二是以地方政府为被申请人的行政案件,由中央行政审判委员会作为行政审判机关。从该条第 2 款的规定来看,②这与我国以国务院部门或省级人民政府作为被申请人时,实行原级复议的体制也是不一样的。三是以地方政府部门为被申请人的行政案件,由地方政府作为行政审判机关。③ 韩

---

① 韩国《行政审判法(2012)》第 6 条第 1 款规定:"对于下列各行政机关及其所属行政机关的处分及不作为的行政复议请求,由下列各行政机关的行政复议委员会进行审理和裁决:(1)检察长、国家情报院长以及总统直属机关的负责人;(2)国会事务总长、法院行政处长、宪法法院事务处长以及中央选举管理委员会事务总长;(3)国家人权委员会,维护和平委员会;以及(4)其地位及性质的独立性和特殊性等受到认可,并由总统令指定的其他行政机关。"

② 韩国《行政审判法》(2012)第 6 条第 2 款规定:"对于下列各行政机关的处分及不作为的复议请求,由设置于国民权益委员会的中央行政复议委员会审理和裁决:(1)除第一款规定行政机关外的其他国家行政机关负责人,以及所属行政机关;(2)特别市市长、广域市市长、道知事、特别自治道知事(包括特别市、广域市、特别自治市、道及特别自治道的教育监,以下称'市、道、知事'议会所属的所有行政机关(包括议长、委员会委员长、事务处长等);(3)国家、地方自治团体、公共法人等共同设立的行政机关,但第 3 款第 3 项规定的行政机关除外。"

③ 韩国《行政审判法》(2012)第 6 条第 3 款规定:"对于下列各行政机关的处分及不作为的复议请求,由市、道知事所属的行政复议委员会审理和裁决:(1)市、道所属行政机关;(2)在市、道管辖区内的市、郡、自治区负责人及其所属行政机关,以及市、郡、自治区议会所属的行政机关(包含议长、委员会委员长、事务局长、事务科长等);(3)市、道管辖区内的两个以上地方自治团体(指市、道、自治区)公共法人等共同设立的行政机关。"

国的这一做法与我国的做法大致上是一样的。四是"对于由总统令指定的国家行政机关所属的特别地方行政机关负责人的处分及不作为的审判请求,由该行政机关的直属上级行政机关的行政审判委员会审理和裁决"。韩国的国家特别地方行政机关相当于我国的中央垂直管理部门,这类案件的审判管辖体制与我国的做法基本相同。

根据韩国《行政审判法》(2012)规定的上述审判管辖体制,韩国各级各类行政机关的行政审判委员会可以归纳为以下四类:一是设置于国民权益委员会的中央行政审判委员会。二是中央国家机关的行政审判委员会。即设置于韩国《行政审判法》(2012)第 6 条第一款规定的各类中央国家机关的行政审判委员会,具有分散设置的特点。三是市、道行政审判委员会。也就是在特别市市长、广域市市长或者道知事之下设置的行政审判委员会,与韩国特别市、广域市及道的总数一致,全国共设有 16 个市、道行政审判委员会,每个特别市、广域市或者道设 1 个。① 四是在中央垂直管理机关及其下属机关设置的行政审判委员会,即韩国《行政审判法》(2012)第 6 条第 4 款规定的情形。

作为行政案件的审理和裁决机关,韩国各类行政审判委员会的性质和法律地位体现在以下几个方面:其一,依据韩国《行政审判法》(2012)规定,行政审判委员会所属的机关如今不再受理、审理和议决行政案件,行政审判委员会是专门受理、审理和议决行政案件的专门机关。其二,依据韩国《行政审判法》(2012)规定,行政审判委员会对行政案件的处理具有完全审判管辖权,不仅独立受理和审理行政案件,更重要的是可以以自己的名义作出最终审判裁决,而不再是所属机关的咨询、建议机构。其三,中央和地方行政机关的行政审判委员会都集中统一设置,审判委员会成员由委员会自行委任或指名,割裂了行政审判委员会及其成员与行政机关的组织依附关系。其四,行政审判委员会通过配备高水平的专职案件调查处理人员,行政审判委员会办案的专业性得到了充分保障。其五,韩国行政审判委员会审理和议决案件程序具有准司法性。主要体现在审判委员的回避制度、案件议决的合议制度、利害关系人

---

① 青锋、方军、张越:《韩国行政复议制度》,中国法制出版社 2005 年版,第 67 页。

的参与制度、代理人选任制度、证据调查制度和停止执行制度等方面,同时还体现在行政审判委员会对案件独立审理和裁决的权力。由此可以这样说,韩国行政审判委员会是设置于各级行政机关中独立承担行政审判职能的准司法性专门机构。

(二)韩国行政审判委员会的组织体制

韩国《行政审判法》对中央行政审判委员会和其他行政审判委员会的组织体制进行了分别规定。但从整体上看,中央行政审判委员会与其他行政审判委员会除在组织规模方面有所差异之外,其他方面规定所体现的基本组织原理是相同的,这里以中央行政审判委员会为例来介绍韩国行政审判机构的组织体制。

韩国中央行政审判委员会是设置于韩国国民权益委员会之下的专门行政审判机关。中央行政审判委员会依法可以设置小组委员会和若干专业委员会分类审议案件,并下设行政审判管理局作为负责行政审判事务性工作的内设机构。

1.小组委员会、专业委员会和分委员会

韩国《行政审判法》第 8 条第 6 款规定:"中央行政审判委员会在行政案件(以下简称"案件")中,为了审理并决议依据《道路交通法》规定的汽车驾驶许可行政处分案件,可组成由 4 名委员构成的小组委员会。"同时规定,中央行政审判委员会在必要的情况下可组成专门委员会事先研究委员长指定的案件。韩国行政审判委员会在实践中也有设置分委员会的做法。分委员会负责审理各行业的一般案件,这类案件占中央行政审判委员会审理案件的绝大多数。

2.行政审判管理局

中央行政审判委员会行政审判管理局是中央行政审判委员会的常设办事机构,行政审判管理局的组织结构如图 1。行政审判管理局在常任委员领导下开展工作,下设五个业务处室,办理业务与上述分委员会设置大致对应。韩国中央行政审判管理局设局长 1 人、审判审议官 2 人(相当于副局长),另有55 名负责行政审判工作的业务人员。

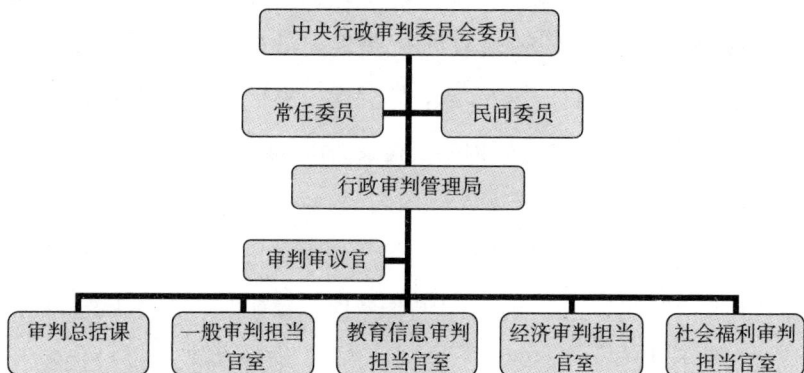

图1　韩国中央行政审判委员会行政审判管理局组织结构

　　韩国行政审判管理局的局长不是中央行政审判委员会的常任委员,只是出席中央行政审判委员会但不参与案件议决的干事长。审判审议官介于行政审判管理局局长与审判管理局下设课室之间,可以说是相关课室的直接领导。行政案件被分配到每个审理课室后,相关课室先对这个案件进行调查并提出处理意见;处理意见及相关文档依次报课长、分管审判审议官审核;审判审议官审核后,一般案件由审判审议官直接报送常任委员复核,重大复杂案件在审判审议官复核后需要报经局长复核后再报常任委员复核。由于所有的案件都报给常任委员,案件太多,因此需要由审判审议官在报送之前将案件仔细地再看一遍,这是审判审议官的主要职责所在。

　　行政审判管理局的主要业务包括两大块:一是负责调查案件并提出处理意见,调查结束后将案件处理意见交给中央行政审判委员会,供该委员会在其会议上审议、议决。这项工作由行政审判管理局的四个担当官室承担。另外一项职责是行政审判案件的受理和分配、向当事人发送文档等事务性工作,这项工作由行政审判管理局的总括课承担。

　　(三)韩国行政审判委员会的人员

　　韩国中央及各地方行政审判委员会的人员构成除人数规模及具体任免权限有相应的差别外,其组织原理基本与中央行政审判委员会一致,这里仍以中央行政审判委员会为例来介绍韩国行政审判机构的人员构成。

韩国中央行政审判委员会由包括委员长 1 名在内的 50 名委员构成,委员中常任委员为 4 人以内。① 50 名成员中,政府委员 5 人,民间委员 45 人;政府委员包括委员长 1 人,常任委员 4 人。除韩国中央行政审判委员会外,其他机关的行政审判委员会由 30 名以内委员构成,并设委员长 1 名。②

韩国中央行政审判委员会委员长由国民权益委员会的副委员长担任,委员长缺位,或因客观事由无法执行职务,或是得到委员长指定委任的情况下,由常任委员代行委员长职务。常任委员代行职务时以任职时间长者为先,在任职时间相同的情况下,以年长者为先。③ 委员长具体行使下列职权:(1)代表中央行政审判委员会并统管其会务;(2)召集、主持中央行政审判委员会的会议;(3)必要时指定专门委员事先研究案件,由其在案件审议会上向其他委员报告。④

韩国中央行政审判委员会的常任委员由中央行政审判委员会委员长提名,由国务总理提请总统任命;获得提名者须是法定 3 级以上国家公务员,或是属于高级公务员团里的公务员成员,或是工作 3 年以上且有丰富行政审判知识和经验的人士。被任命的中央行政审判委员会常任委员任期为 3 年,可连任一期。⑤

韩国中央行政审判委员会的民间委员与其他行政审判委员会民间委员的任职资格相同,从具体的规定来看,韩国行政审判委员会委员的任职资格还是比较高的。⑥ 实践中,民间委员的任命一般是在法律界及教授中挑选比较有名望的人。委员任期为 2 年,可以连任两期。⑦ 实践中,委员任期届满后是否

---

① 韩国《行政审判法》第 7 条第 1 款。
② 韩国《行政审判法》第 8 条第 1 款。
③ 韩国《行政审判法》第 8 条第 2 款。
④ 青锋、方军、张越:《韩国行政复议制度》,中国法制出版社 2005 年版,第 73 页。
⑤ 韩国《行政审判法》第 8 条第 3 款,第 9 条第 2 款。
⑥ 韩国《行政审判法》第 7 条第 4 款规定:"行政复议委员会的委员从符合下列各项规定条件之一的人员中委任或者指名:(1)取得律师资格后,有 5 年以上实务经验的人士;(2)在学校中担任或者曾经担任助理教授以上职务的人士;(3)曾是行政机关 4 级以上公务员的人士或曾是属于高位公务员团的公务员;(4)取得博士学位后,具有在相关领域 5 年以上工作经验的人士;(5)其他具有丰富的与行政复议有关的知识和经验的人士。"
⑦ 韩国《行政审判法》第 9 条第 3 款规定:"行政复议委员会委员任期为 2 年,可以连任两期。但在第 6 条第 1 款第 2 项规定机关的行政审判委员会的委员任期,国会规则、大法院规则、宪法裁判所规则和中央选举管理委员会规则有特别规定的,从其规定。"

连任取决于其在过去 2 年期间的工作表现。为保障委员独立公正地执行职务,委员依法享有任职保障。"受委任的委员除被判处'监禁'以上刑罚或因不得已原因长时间没能执行职务的情况以外,任期内不被解除职务。"①"行政审判委员会的委员中有不属于公务员的,在适用刑法以及其他法律规定的罚则时,视其为公务员。"②实践中,委员出席案件审议会议可获得出席费、案件研究费等报酬。③

　　根据韩国《行政审判法》的规定,行政审判委员会的民间委员与政府委员享有完全相同的权力,在案件审理和议决时一人一票,任何委员甚至没有集中其他委员进行民主集中的权力。而且,如果过分明显地将自己违法的倾向性意见暗示给其他委员的做法,有可能会暴露特别委员的个人立场甚至个人利益,不但无助于其他委员独立地行使自己的表决权,而且可能构成个人职业道德上的污点,甚至会成为韩国总统反腐败行动组追逐的对象。④

　　(四)韩国行政审判委员会的运行机制

　　韩国中央行政审判委员会议决案件的基本组织形式是合议制,案件审理会议由包括委员长在内的 9 名成员组成,除委员长外,其余 8 名委员由委员长于每次会议召开时指定;其中,民间委员应有 6 名以上(委员长不是公务员的情况下,5 名以上)。但是,依据国会规则、大法院规则、宪法裁判所规则、中央选举管理委员会规则及总统令(市、道知事所属的行政审判委员会依据相关地方自治团体的条例)的规定,也可以包括委员长在内的 7 名成员组成,除委员长外,其余 6 名委员由委员长在每次会议召开时指定;其中,民间委员应有 5 名以上(委员长不是公务员的情况下,为 4 名以上)。行政审判委员会须有组成人员过半数出席并由出席者过半数赞成方可作出决议。⑤ 为了保证行政审判委员会委员能够公正地参与案件的审理以及议决,韩国《行政审判法》

①　韩国《行政审判法》第 9 条第 5 款。
②　韩国《行政审判法》第 11 条。
③　青锋、方军、张越:《韩国行政复议制度》,中国法制出版社 2005 年版,第 76 页。
④　青锋、方军、张越:《韩国行政复议制度》,中国法制出版社 2005 年版,第 77 页。
⑤　韩国《行政审判法》第 7 条。

（2012）规定了委员的除斥、忌避和回避制度。①

　　韩国《行政审判法》（2012）第 7 条规定："中央行政审判委员会及小组委会的成员过半数出席和出席委员过半数通过可作出决议。"实践中，由于韩国中央行政审判委员会的民间委员都是律师或教授，都有自己的工作，为保证民间委员的出席，会议一般固定在每周一下午开会，每年平均开会 46 次。"民间委员参加会议形成的心照不宣的惯例是，每 3 个月（大约要开 12 次会）出席 2 次会，每名民间委员每年平均出席 8 次会议。"②各民间委员一般在三个月前甚至更早就可以排定自己今后三个月出席会议的日程，即便临时有 1—2 名委员不能出席，也可以由替补委员顶替，从而保证每次会议都有 9 名委员能够切实出席。

　　韩国《行政审判法》第 40 条第 1 款规定："行政审判采取口头审理或者书面审理相结合的方式。当事人申请口头审理的，应当进行口头审理，但委员会认为只能实行书面审理的除外。"实践中，案件事实问题和法律问题在正式审理会议上都要讨论。韩国行政审判委员会对案件的审理实行职权探知主义，行政审判委员会认为有必要，可以依当事人的申请或者依职权进行证据调查。③ 考虑

---

　　① 韩国《行政审判法》第 10 条规定："1.行政复议委员会的委员有以下各项情形之一的，应除斥于该审判请求案件（以下称"案件"）的审理和决议，除斥决定由委员会的委员长（以下称"委员长"）以职权及依据当事者的申请作出：（1）委员、其配偶或者其前任配偶为该案的当事人，或者在该案中处于共同权利人或者义务人的关系中；（2）委员与该案的当事人存在或者曾经存在亲属关系；（3）委员在该案件中提供了证言或者承担了鉴定工作；（4）委员作为代理人参与或者曾经参与了该案件；（5）委员曾参与了作为该案件对象的处分或者不作为。2.当事者如有得不到委员公正审理、决议的困难事由，可向委员长提出忌避申请。3.对于委员的除斥申请或忌避申请，应将其事由作成一份明了的文书。4.委员长可倾听被申请除斥或忌避委员的意见。5.委员长如收到除斥申请或是忌避申请，应作出是否除斥及忌避的决定，并及时地向申请人送达决定书正本。6.参加委员会会议的委员知道有除斥及忌避事由的时候，可主动回避该事件的审理、决议。在这一情况下，想要忌避的委员要向委员长说明其事由。7.对于委员以外参与案件审理、决议的职员，依照第 1 项到第 6 项的规定执行。"

　　② 青锋、方军、张越：《韩国行政复议制度》，中国法制出版社 2005 年版，第 78 页。

　　③ 韩国《行政审判法》第 36 条第 1 款规定："行政复议委员会认为有必要对案件进行调查的，可以依当事人的申请或者依职权，按照以下各项规定的方法进行证据调查：（1）询问当事人本人或者作人；（2）要求当事人或者参加人提交所持有的文件、账簿、物件以及其他的证据资料，并有权予以扣留；（3）命令有特别学识及经验的第三人进行鉴定；（4）出入当事人及关系人的住所、寓所、办公场所或是其他有必要的场所，向当事人及关系人询问并查证材料、物件等。"

到中央行政审判委员会每年要审理上万个案件,所有的案件都要在委员会的会议上议决,这就要求每次会议必须以极高的效率进行。由于每次会议在一个下午就要表决少则 500 个案件,多则 1000 个案件。委员会开会表决时,采取的做法是,通常以 10 个案件为一组表决,委员没有异议就一起通过。① 这样的表决效率是与行政审判管理局前期细致周密的调查研究工作分不开的。在行政复议审判局前期周密细致的工作基础上,行政审判委员会这样的表决速度是必要的、可能的,也是完全可以理解的。

二、中国台湾的诉愿审议委员会

(一)台湾地区行政诉愿的管辖体制

台湾地区诉愿制度是指人民请求对作成不利处分或怠为作成处分之机关有监督权之机关,行使其监督权,审查该行为有否违法或不当而加以撤销或变更,或命为一定之处分以求救济之制度。② 广义的诉愿制度包括《诉愿法》所规定的诉愿及名称各异的各类先行程序,如异议、申复、申诉、复核、复查、查对更正、再审查等,狭义的诉愿制度仅指诉愿法规定之诉愿。③ 诉愿制度在台湾地区是行政救济体系中重要的制度之一,属于行政体系内已法制化的行政救济制度。台湾地区诉愿制度立法始于 1930 年制定颁布的《诉愿法》,后历经多次修正,最近一次大幅度全面修正是 1998 年,修正后的诉愿制度被台湾学者称为"诉愿新制",该法最近一次修正为 2012 年(以下简称《诉愿法》(2012))。根据台湾现行《行政诉讼法》(该法最近一次修正为 2014 年,以下简称《行政诉讼法》(2014))之规定,行政相对人不服行政机关之处分,在向法院提起撤销诉讼和课予义务诉讼之前,必须先提起诉愿救济程序。④

台湾地区诉愿管辖关系与我国大陆地区的管辖体制基本相似。根据台湾地区《诉愿法》(2012)的最新规定,享有诉愿管辖权的机关包括以下几类:(1)县(市)政府。管辖行政相对人不服乡(镇、市)公所、县(市)政府所属各

① 青锋、方军、张越:《韩国行政复议制度》,中国法制出版社 2005 年版,第 79 页。
② 蔡立文:《诉愿专论选辑——诉愿新制专论系列之十一》,台北市政府,2010 年,第 101 页。
③ 蔡志方:《行政救济法新论》,(台北)元照出版有限公司 2007 年版,第 19—20 页。
④ 台湾地区《行政诉讼法》第 4 条、第 5 条。

级机关之行政处分的诉愿申请;(2)"中央"主管部、会、行、处、局、署。管辖行政相对人不服县(市)政府以及"中央"各部、会、行、处、局、署所属机关之行政处分的诉愿申请;(3)各主管院。管辖行政相对人不服"中央"各部、会、行、处、局、署以及各该院之行政处分的诉愿申请。作为特殊情况:(1)两个以上行政机关共同行为时,复议管辖机关是共同行为机关的共同上级机关;(2)委托行政时,复议管辖机关是委托机关或者直接上级机关;(3)委任或委办行政时,复议管辖机关是委任或委办机关;(4)原行政处分机关裁撤或改组时,复议管辖机关是承受其业务之机关的上级机关。① 由此看来,台湾地区诉愿案件管辖关系主要以"何者为原处分机关或应为处分之机关"为核心,先确定原处分(或应为处分)之行政机关后,再就其层级决定其管辖机关;而在委托、委任或委办情形下,则采"显名主义"。②

(二)台湾地区诉愿审议委员会的性质与地位

台湾地区诉愿审议委员会的设置与诉愿机关呈现一一对应的关系,台湾地区《诉愿法》(2012)第 52 条规定:"各机关办理诉愿事件,应设诉愿审议委员会,组成人员以具有法制专长者为原则。"据此规定,台湾诉愿审议委员会是分别设置于县(市)政府、"中央"主管部门以及各主管院等诉愿管辖机关的内部单位,不具有行政机关的地位。③ 诉愿审议委员会的专门职责是处理诉愿案件,同时负责复议机关督导所属机关诉愿业务的幕僚作业事项。④ 诉愿审议委员会处理之诉愿案件,诉愿决定书以复议机关名义作出,除应载明复议机关及其首长外,还应同时附具主任委员和参议委员的姓名。

台湾地区诉愿审议委员会是行政复议机关的常设单位,在台湾部会组织法中已有常设化趋势。⑤《诉愿法》第 52 条规定:"诉愿审议委员会组织规程及审议规则,由主管院定之。"如今,台湾地区"总统府""行政院""监察院"

---

① 台湾地区《诉愿法》第 4 条。

② 蔡志方:《行政救济法新论》,(台北)元照出版有限公司 2007 年版,第 57 页。

③ 吴庚:《行政争讼法论》,(台北)元照出版有限公司 2011 年版,第 407 页。

④ 张家洋、陈志华、甘国正:《行政组织与救济法》,台北"国立"空中大学印行 1997 年版,第 473 页。

⑤ 陈志华:《行政法概要》,(台北)三民书局 2007 年版,第 353 页。

"考试院"都制定了各自系统机关适用的诉愿审议委员会组织规程和审议规则。在"行政院"所辖下属机关内,台湾地区《"行政院"及各级行政机关诉愿审议委员会组织规程》还明确要求:"各机关应依其业务需要订定诉愿会编组表,列明职称、职等、员额,报经'行政院'核定后实施。"

尽管台湾诉愿审议委员会在组织关系上隶属于行政复议机关,但是诉愿审议委员会却与其他内部机构不同,其具有较强的独立性。"依照诉愿法之整体精神,尤其委员会之决定采多数决而毫无例外,应认为机关首长无论对于本机关职员之兼任委员者,或自外界遴聘之委员,均不得影响其独立判断。"[①]同时,《诉愿法》将诉愿审议委员会中的社会公正人士、学者、专家等外聘委员的人数比例从不少于三分之一提高到不少于二分之一,这一修改实际上也是为了增强其独立性的修改设计。由此看来,台湾诉愿审议委员会虽名为行政复议机关之内部机构,但实际上具有相对独立的地位。

(三)台湾地区诉愿审议委员会的组织体制

根据《诉愿法》的统一规定,台湾各行政复议机关的诉愿审议委员会组织体制基本类似,以下以《"行政院"及各级行政机关诉愿审议委员会组织规程》的规定为例来介绍其组织体制。

台湾地区"行政院"及各级行政机关诉愿审议委员会设置委员 5 人至 15 人,委员中社会公正人士、学者、专家不少于二分之一,具有法制专长者不少于二分之一。诉愿审议委员会设主任委员 1 名,由机关首长指定本机关副首长或具法制专长的高级职员充任;其余委员由机关首长指定本机关的高级职员充任或遴聘的社会公正人士、学者、专家担任。[②]台湾地区直辖市、县(市)政府诉愿会组织规程,由直辖市、县(市)政府另行规定。[③] 上述规定简要描述了台湾地区"行政院"及各级行政机关诉愿审议委员会的基本组织框架。

图 2 一目了然地揭示了 2010 年前后台北市政府诉愿审议委员会的组织架构。台湾"行政院"及各部门的诉愿审议委员会组织架构会有所差异,但大

---

① 吴庚:《行政争讼法论》,(台北)元照出版有限公司 2011 年版,第 407 页。

② 台湾地区《"行政院"及各级行政机关诉愿审议委员会组织规程》第 4 条。

③ 台湾地区《"行政院"及各级行政机关诉愿审议委员会组织规程》第 5 条。

```
                        ┌──────────────┐
                        │   主任委员    │╌╌╌╌╌╌╌╌╌┐
                        │   蔡立文     │         ┊
                        └──────────────┘         ┊
                               │                 ┊
                        ┌──────────────┐   ┌──────────┐
                        │   副主任委员  │   │   委员   │
                        │   王曼萍     │   └──────────┘
                        └──────────────┘
                               ┊
                        ┌──────────────┐
                        │   主任秘书    │
                        │   张慕贞     │
                        └──────────────┘
                               ┊
                    ┌──────────┴──────────┐
              ┌──────────────┐      ┌──────────────┐
              │   专门委员    │      │   专门委员    │
              │   黄怡玫     │      │   钟瑞祥     │
              └──────────────┘      └──────────────┘
                    │                       │
          ┌────┬────┬────┬────┐      ┌──────┬────────┬──────┐
       ┌─────┐┌─────┐┌─────┐┌─────┐┌──────┐┌────────┐┌──────┐
       │第一组││第二组││第三组││第四组││会计室││人事管理员││兼政风│
       └─────┘└─────┘└─────┘└─────┘└──────┘└────────┘└──────┘
```

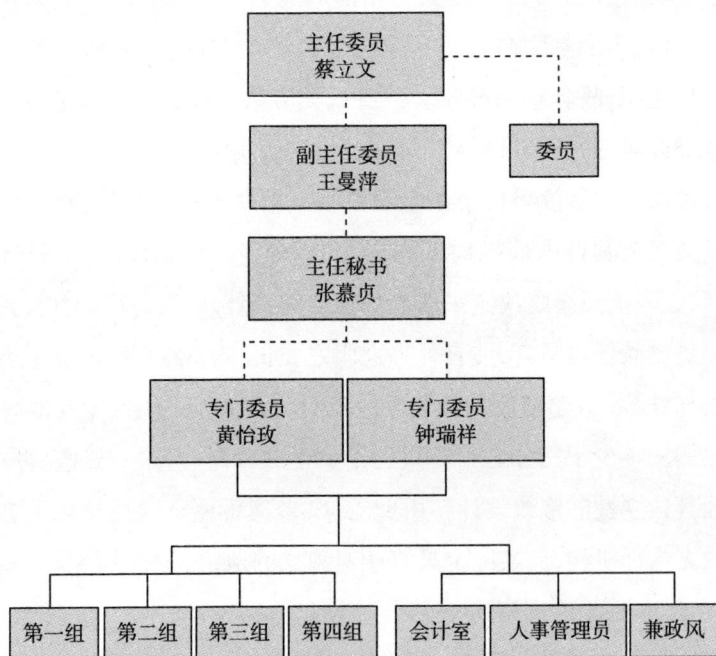

图 2　台北市政府诉愿审议委员会组织结构

体上与台湾地区《"行政院"及各级行政机关诉愿审议委员会组织规程》第 4 条的规定是相吻合的。必要时,诉愿审议委员会可设专门委员,并设置分组委员会和其他行政事务与监督机构。图 2 中,第一至四组即为台北市政府诉愿审议委员会办理复议业务的分组委员会。会计室、人事管理员及兼政风是承担行政和监督事务的办公机构。台湾诉愿审议委员会委员由行政机关高级职员与外部专家委员组合构成,以及业务组与行政组的分别设置,体现了台湾诉愿审议委员会的两大组织原则,即委员中立原则和幕僚专业原则。[1]

（四）台湾地区诉愿审议委员会的运行机制

根据台湾地区《诉愿法》的规定,人民对行政机关的行政处分或怠于处分不服,向诉愿审议委员会提出诉愿后,诉愿审议委员会应先为程序上之受理审查,再进而为实体上之合法性与妥当性审查。程序上的受理审查应先经过诉

---

[1]　陈志华:《行政法概要》,(台北)三民书局 2007 年版,第 352 页。

愿审议委员会行政人员及分组委员进行审查并作如下处理:符合受理条件者,决定受理;需要补正材料者,补正后受理;不符合诉愿管辖者,移送有管辖权的机关并通知诉愿人。

诉愿申请被受理后,行政复议机关首长应从本机关职员中调派具有法制专长的人员负责承办案件,并得指定一人为执行秘书。① 诉愿审议委员会以书面方式审理案件,必要时可依职权或依诉愿人、参加人的申请通知诉愿人、参加人或利害关系人到达指定处所陈述意见,诉愿审议委员会主任委员得指定委员听取陈述意见;必要时可依职权或诉愿人、参加人之申请通知诉愿当事人及其代理人、辅佐人于指定日期到达指定处所开展言词辩论。诉愿审议委员会审理案件时,可以就有关案件事实和证据问题向有关人员实施调查、检验或勘验,证据之调查结果应听取诉愿人及参加人的意见,否则不得采为对之不利之诉愿决定之基础;诉愿审议委员会也可以依职权或诉愿人、参加人的申请,要求当事人提交证据、调取证据、实施勘验或将证据交付鉴定。②

台湾地区各诉愿审议委员会主要通过举行诉愿审议委员会会议的方式议决案件。会议由主任委员召集并担任会议主席;主任委员因故不能召集或出席时,指定委员一人代行主席职务;符合条件的参加委员应亲自出席,不得由他人代理;参加会议之委员对于诉愿事件有利害关系者,还应自行回避。会议审议诉愿事件时应逐一进行,决议的作成应依《诉愿法》第 53 条之规定,以委员过半数之出席,出席委员过半数之同意行之。赞成票与反对票同数时,宜依一般会议常规,取决于主席。③ 会议应指定人员制作审议记录并附卷,委员如果对决议有不同的意见,可以请求列入记录。④ 诉愿审议委员会在案件审议完成后,应制作诉愿决定书。案件承办人员应按诉愿审议委员会议决意见依照规定程序制作决定书原本,经送行政复议机关长官依其职权判定后作成正本,送达于诉愿人。

---

① 台湾地区《"行政院"及各级行政机关诉愿审议委员会组织规程》第 4 条。

② 台湾地区《诉愿法》第 63—74 条。

③ 吴庚:《行政争讼法论》,(台北)元照出版有限公司 2012 年版,第 408 页。

④ 台湾地区《诉愿法》第 54 条。

三、韩国和我国台湾地区复议主体制度的启示

(一)韩国和我国台湾地区复议主体制度的共性特征

从上述关于韩国行政审判委员会和台湾地区诉愿审议委员会的简要描述,可以发现,韩国和台湾地区的行政复议主体设置很好地融合了两大法系传统,具有以下共同特征:

一是行政复议机构的独立性日益增强。从韩国行政审判委员会和台湾地区诉愿审议委员会的设置体制来看,行政复议职能被通常视为原行政机关或其上级行政机关所拥有的传统职能,反映出行政复议组织理论与行政层级隶属关系仍然保持着传统上的关联。这在台湾地区诉愿审议委员会的设置体制中体现得较为明显,韩国行政审判委员会在2008年改革之前也只是各级行政机关审议行政案件的专门复议机构,而不是能以自己名义作出行政复议决定的复议机关。与此同时,行政复议制度也从一般的行政层级监督制度体系中分离出来,行政复议机构的独立性、中立性不断增强。比如,韩国《行政审判法》在1984年制定后频繁修改的基本用意,就在于强化行政审判委员会的独立性,①新世纪以来的韩国行政审判委员会则完全成为独立的行政复议机关。台湾地区诉愿审议委员会尽管在组织关系上隶属于行政复议机关,但其通过合议制会议以及增加外部委员的形式,也在相当程度上保证了其独立性。

二是行政复议机构享有实质裁决权。韩国和台湾地区行政复议制度最新发展的一大亮点,就在于行政复议机构实质性地获得了最终裁决权。台湾地区诉愿审议委员会在复议案件中的实质裁决权主要通过以下两个方面的机制来实现:一是诉愿审议委员会裁决案件由参与了案件审理的复议人员进行议决,并遵循少数服从多数的原则;二是行政复议机关必须按照诉愿审议委员会的议决结果制作诉愿决定书,不得随意改变诉愿审议委员会的议决意见。韩国行政审判委员会在2008年前的运作机制也是如此,②而最

① [日]尹龙泽:《韩国的行政审判法——解说与全译》(上),吕艳滨译,《行政法学研究》2002年第4期。

② 郜风涛:《行政复议法教程》,中国法制出版社2011年版,第44页。

新修订的韩国《行政审判法》(2012)则进一步授予了行政审判委员会以自己的名义作出复议裁决的权力,这已在相当程度上类似于英国行政裁判所的复议裁决权。

三是形成了职业化行政复议人员队伍。韩国行政审判委员会和台湾地区诉愿审议委员会最重要的共同点之一就是实行复议案件调查职能和议决职能分离,这在韩国尤其明显。韩国行政审判委员会管理局的基本职能就是对复议案件实施调查并研究拟定复议议决意见,而行政审判委员会则通过小组会议或分组会议等形式行使案件的议决职能。台湾地区诉愿审议委员会也是如此。案件受理后,诉愿审议委员会即指定本机关具有法制专长者负责案件的证据调查、检验或勘验,接受当事人陈述意见或主持言辞辩论,案件调查结束后才由诉愿审议委员会集体合议表决形成诉愿决定意见。为更好地履行案件调查职能,韩国行政审判委员会设置了行政审判管理局并配备了相当数量的专职人员,台湾地区行政复议机关也指派本机关具有法制专长者兼任或专任诉愿审议委员会委员且不少于二分之一。这些专职复议人员实际上就是职业化的复议人员,与普通行政公务员有所区别。

四是行政复议程序立法完备并向"准司法化"演进。东亚国家和地区普遍制定了行政复议方面的专门法律文件,并较为详细地规定了不同于一般行政执法程序的专门程序。韩国宪法还明文规定行政审判适用司法程序,行政审判程序在兼顾保障效率的同时采用了很多司法性的程序规则,如程序和资讯公开、当事人程序参与、审判听证程序、证据对质和辩论等。台湾地区诉愿审议委员会的诉愿程序尽管行政性特征依然较为明显——贯彻职权探知主义、以书面审理为主要形式等,但诉愿程序的司法性特征也很明显,如实行合议制并注重尽可能运用当事人主义,如进行言辞辩论、允许申请人或参加人查阅案卷并坚持"禁止不利益变更原则"等。①

(二)韩国和我国台湾地区复议主体制度与复议公信力

从上述关于韩国行政审判委员会和我国台湾地区诉愿审议委员会共性品

---

① 台湾地区《诉愿法》第81条。

质的归纳与比较,我们可以发现:韩国行政审判委员会和台湾地区诉愿审议委员会发展成为行政复议案件的实质性裁决主体,与其组织机构的相对集中设置和法律赋予其日趋独立的职责权限是分不开的;韩国行政审判委员会和台湾地区诉愿审议委员会的组织集中和地位独立催生了职业化的行政复议人员队伍和司法化的行政复议程序。这样一来,韩国行政审判委员会和台湾地区行政诉愿审议委员会也就具备了复议公信力生成在主体方面的品质要求,即复议主体设置独立、复议人员专业和复议程序正当等基本品质。也正因如此,在韩国,通过行政复议途径解决的行政纠纷数量都比较高,韩国行政审判制度已经成为解决行政纠纷的主要渠道,每年解决约2万件行政案件,[①]远远大于行政诉讼,行政审判处理案件数与行政诉讼案件数之比约为7:1。[②]

韩国和台湾地区吸收民间人士参加复议案件的审理和议决,也有效增强了行政复议的独立性、专业性和程序正当性,更好地塑造和宣扬了韩国和台湾地区行政复议制度的公信力。韩国行政审判委员会中的绝大多数成员是高素质的民间人士,审理和议决案件的会议参会成员三分之二以上都是民间委员,民间委员审理和议决案件更具有中立性。台湾地区《诉愿法》(2012)也将社会公正人士、学者、专家等外聘委员的人数从不少于三分之一提高到不少于二分之一,这一修改实际上也是为兼顾业务专长和客观公正,旨在实现立法目的所宣称的增强诉愿决定之公信力。

从韩国和我国台湾地区的经验来看,行政复议公信力与行政复议主体的独立性、专业性和程序正当性也是呈正相关的关系,而且吸收外部专家参加复议程序有利于增强行政复议公信力。比如,韩国行政审判委员会的独立地位、专业化人员、正当性程序和外部专家参与共同塑造了韩国行政审判制度的公信力,赢得了韩国民众的信任和选择。而韩国民众对行政审判的信任与选择

---

① 杨伟东:《行政程序的构建、运作与行政诉讼外的救济机制——第十届海峡两岸与第八届东亚行政法学学术研讨会综述》,《行政法学研究》2008年第3期。
② 金国坤:《行政复议委员会:行政复议困局的突破口》,《国家行政学院学报》2009年第6期。

所带来的案件量激增,反过来又推动了韩国行政审判委员会的独立发展和地位提升,行政复议人员职业化也进一步增强,运行程序也日益完善,外部专家参与更加有序。可以说,韩国行政审判委员会独立、专业等制度品质与韩国行政审判制度公信力之间也建立起了良性互动关系,值得我们借鉴学习。

第四章　行政复议委员会的
设置与复议公信力

自《行政复议条例》颁布实施以来,为解决我国行政复议主体制度设计及其实践运行存在的问题,学界关于行政复议机关、行政复议机构以及行政复议人员等主体体制进行改革的呼声从未间歇,各种改革建议众说纷呈,实务部门的实践探索也从未停止。这其中,肇始于 2008 年前后的以设置行政复议委员会为基本形式的改革试点成为新世纪以来我国行政复议制度改革的最主要举措。行政复议委员会设置对行政复议公信力有何贡献与不足以及如何改进推广都尚待理论上的跟进与探讨。

第一节　行政复议委员会试点的缘起与进程

2008 年 9 月 26 日,国务院法制办公室下发《关于在部分省、直辖市开展行政复议委员会试点工作的通知》(国法[2008]71 号)(以下简称《国法办试点通知》),决定在北京等 8 省市的部分地方开展试点工作。事实上,行政复议委员会这种形式在我国行政复议组织制度建设中早已有之,也为学界所广泛主张。那么,中央决策层为何在新时期要启动行政复议委员会设置试点?在笔者看来,这是学术界与实务界的理论与实践互动探索推进的结果,是中央决策层在准确把握新时期中国社会稳定形势和行政复议制度优势潜能基础上适时作出的政治决策。

一、行政复议委员会试点前的实践探索

行政复议委员会这种形式在我国行政复议主体制度建设中实际上早已有

之,新中国颁布的第一部行政复议方面的法规就是关于税务行政复议委员会组织方面的,即1950年12月15日政务院第63次政务会议通过、12月19日公布并施行的《税务复议委员会组织通则》(以下简称《通则》)。《通则》虽然只有短短十条,但其对税务复议委员会的组织和程序的设计所反映出来的制度理念至今未过时,甚至当前的《行政复议法》都难以与之媲美。① 比如《通则》第2条和第3条规定,税务复议委员会"受当地人民政府领导",不依附税务部门而设立。与当前在税务部门内部设置复议机构的做法相比,当时的规定更凸显了复议委员会的中立和超脱地位。又如《通则》第4条规定,地方政府可以聘请若干社会公正人士或有关专家充任委员,这一规定使税务复议委员会组成人员具有广泛的代表性,现行行政复议法却并未涉及。又再如《通则》第8条规定:"复委会所为之决议,须经过半数委员之同意。如税务机关代表认为决议与税法规定有抵触时,应将决议及税务机关代表意见一并报请当地人民政府商同其上级税务机关解决之。"该条规定与当前我国行政复议决定作出时实行的首长负责原则相比,②更能体现行政复议作为纠纷解决制度的"司法性",而该条关于对税务复议委员会决定的纠错机制更是凸显了对税务复议委员会独立性的高度尊重。

　　尽管《通则》为新中国行政复议制度的建立奠定了良好的基础,但令人遗憾的是,《通则》所设计的合理制度并没有得到有效落实,也没有在其他部门和地方得到广泛推广,这种状况一直持续到20世纪70年代"文化大革命"结束。"文化大革命"结束至《行政诉讼法》颁布期间,尽管我国已有100余部法律、法规规定了行政复议制度,③但由于这一时期行政复议制度是在各个单行

---

① 有关该规定的具体内容请参见郜风涛:《行政复议法教程》,中国法制出版社2011年版,第1—3页。

② 《行政复议法》第28条规定:"行政复议机关负责法制工作的机构应当对被申请人作出的具体行政行为进行审查,提出意见,经行政复议机关的负责人同意或者集体讨论通过后,按照下列规定作出行政复议决定:……"。这一规定即是行政首长负责制原则。

③ 张春生、童卫东:《我国行政复议制度的发展和完善》,《中国法学》1999年第4期。而另有学者的统计数据为:全国人民代表大会及其常务委员会颁布的法律中有14部规定了行政复议制度,国务院发布或批准的行政法规、办法中有73部规定了行政复议制度。参见彭胜:《论我国行政复议委员会机制的完善》,硕士学位论文,中国政法大学,2010年,第11页。

法律、法规中加以规定,没有专门立法来统一规定行政复议管辖和复议机构设置等问题,各级行政机关也很少设置专门行政复议机构。《行政诉讼法》公布后至《行政复议条例》(1990)颁布实施前期间,部分中央部委和地方政府开始建立专门的行政复议及应诉机构,其中不少单位就使用了"行政复议委员会"的称谓。①

《行政复议条例》颁布之后,为保障该条例规定的有效落实,1991年3月,国务院法制局发布了《关于贯彻实施〈行政复议条例〉的通知》,明确要求:"承担复议任务的各级行政机关要依照《行政复议条例》的规定,抓紧建立复议机构,配备专职复议人员。已经建立机构的要进一步完善,使之与所承担的职责和任务相适应。要选拔有一定政策水平、作风正派、责任心强、熟悉法律和业务的优秀干部承担复议工作。复议人员队伍应保持相对稳定,不要随意更换。"基于《行政复议条例》规定的明确要求,这一时期各级行政机关普遍设置了行政复议机构并配备了相当规模的行政复议人员,这一时期也成为我国行政复议机构设置比较健全的时期。在这个时期,行政复议委员会模式成为行政复议机构设置的重要组织形式之一。② 如在原商业部、国家税务局、财政部、海关总署、国家质量技术监督局等国务院职能部门的行政复议补充性规定中,就采用了委员会形式的行政复议机构。③ 其中,国家工商局行政管理局和原国家专利局(现国家知识产权局)还设置了独立性很强的商标评审委员会和专利复审委员会。

但到制定《行政复议法》(1999)时,尽管不少专家学者极力主张行政复议机构应当采用行政复议委员会形式,但该法最终还是只对行政复议机构作了十分简要的规定。《行政复议法》(1999)在行政复议机构规定方面的弱化所释放出来的信号被国务院法制办官员解读为:"根据行政复议条例设置的行

① 方军:《我国行政复议制度的实施现状与问题》,载周汉华主编:《行政复议司法化:理论、实践与改革》,北京大学出版社2005年版,第111—112页。
② 方军:《我国行政复议制度的实施现状与问题》,载周汉华主编:《行政复议司法化:理论、实践与改革》,北京大学出版社2005年版,第112—113页。
③ 杨小君:《我国行政复议制度研究》,法律出版社2002年版,第143—145页。

政复议委员会,在行政复议法实施后,其历史使命已告终结,不能再办理行政复议事项作出行政复议决定,否则该行政复议决定不具有法律效力;根据行政复议法已不能再设置行政复议委员会了。"①与这一解读相呼应的具体实践是,行政复议机构在行政机构撤并改革浪潮中被大量裁撤,行政复议委员会也就几乎被撤并殆尽。我国行政复议机构和人员被大量裁撤的结果是,该时期的行政复议机构设置极不完整、人员配备严重不足,特别是作为行政复议工作第一线的市县一级,出现了无机构、无人员办案的局面,②严重影响到我国行政复议工作的有效开展。

总之,行政复议机构采用行政复议委员会这一组织形式,在我国行政复议机构组织建设的历史过程中实际上早已有之,并非新时期的首创。尽管这种组织形式因"文化大革命"而未能落实和推广,在世纪之交的行政机构精简撤并中受到严重冲击,但在部分地方和部门的设置实践却为试点工作提供了重要的实践经验。

二、行政复议委员会试点前的理论构想

设置行政复议委员会作为政府履行行政复议职能的行政机构,不仅在实务中早已有之,在学术界也早有人极力主张,至今可谓支持者甚众。

早在《行政复议条例》(1990)颁布之前,就有学者提到应在国务院各部委和地方各级政府内设立专业性裁决委员会,受理对行政行为不服的行政纠纷案件。③《行政复议条例》颁布后不久,又有学者明确主张应在地方各级政府之内统一设置"行政复议委员会",专门履行行政复议的职能。④ 针对《行政复议条例》实施过程中暴露出的复议管辖体制问题,在《行政复议法》颁布之前,有学者提出将行政复议管辖制度的改革与行政复议委员会的设置整合起来,县级以上地方各级政府在其辖区内集中设置一个行政复议委员会,审理对

---

① 青峰:《简析行政复议机关及其工作机构》(下),《中国工商管理研究》1999 年第 11 期。

② 方军:《我国行政复议组织改革刍议》,《法学论坛》2011 年第 5 期。

③ 参见周卫平、张焕光:《试论健全我国行政诉讼的受理机构》,《中国法学》1987 年第 2 期。

④ 谈增良:《建议设立"行政复议委员会"》,《法学》1992 年第 8 期;彭书清:《关于建立统一行政复议机关的思考》,《行政法学研究》1997 年第 2 期。

本级政府各部门和下一级政府的具体行政行为不服所提起的行政复议；全国则在国务院设置最高的中央行政复议委员会；考虑一些特殊行业的专业性需要，可以设立部分专业性的复议委员会；行政复议委员会应以合议为原则、独立行使调查审理权和复议决定权。[①]

在《行政复议法》制定过程中，很多委员就提出该法（草案）关于"行政机关负责法制工作的机构，具体办理有关行政复议事项"的规定很难保证行政复议的公正性，不少专家也极力主张设立行政复议委员会。至于设置行政复议委员会的具体方案，略有不同。有的委员（如伍增荣、应松年）建议在行政复议机关内部设置行政复议委员会，委员中必须有一部分来自非本部门的兼职委员，这样既可以不增加人员，又可以确保复议的公正性。[②] 有的专家（姜明安、马林）提出，可以考虑成立独立的行政复议委员会作为专门复议机关，但其日常工作由法制工作机构承担。[③] 但也有不少反对设立行政复议委员会的声音。有些来自政府部门的委员提出，行政机关的法制机构一直在实际处理复议工作，实践中的行政复议委员会只是虚设，实际工作还是法制工作机构在做，因此没有必要设置行政复议委员会。[④] 甚至有的委员（陶驷驹）指出，法律中不规定设置机构是立法工作历来坚持的原则，建议删去有关行政复议机构及其职责的规定。[⑤] 尽管反对者不如支持者多，但他们多为政府法制机构的人员，他们以其切身体会所提出的理由在当时是难以回避的。加之1999年前后我国各级国家行政机关正在全面推进机构撤并和人员裁减大改革，在此背景下，《行政复议法》最后还是省去了关于行政复议机构和专职复议人员的规定。

[①] 彭书清：《关于建立统一行政复议机关的思考》，《行政法学研究》1997年第2期。

[②] 《九届全国人大常委会第五次会议分组审议行政复议法（草案）的意见》，载乔晓阳主编：《中华人民共和国行政复议法实务全书》（上卷），中国言实出版社1999年版，第187页。

[③] 《有关部门和专家对行政复议法（草案）的意见》，载乔晓阳主编：《中华人民共和国行政复议法实务全书》（上卷），中国言实出版社1999年版，第196页。

[④] 《有关部门和专家对行政复议法（草案）的意见》，载乔晓阳主编：《中华人民共和国行政复议法实务全书》（上卷），中国言实出版社1999年版，第196页。

[⑤] 《九届全国人大常委会第六次会议分组审议行政复议法（二次审议稿）的意见》，载乔晓阳主编：《中华人民共和国行政复议法实务全书》（上卷），中国言实出版社1999年版，第192页。

　　《行政复议法》颁布实施后，由于行政复议机构在世纪之交的行政机构改革浪潮中基本被裁撤殆尽，严重影响了行政复议工作的正常开展。① 于是一大批专家学者强烈呼吁要加强行政复议机构的能力建设。有不少学者就提出，应当由县级以上人民政府设置相对独立的行政复议委员会，统一受理以下一级政府和本级政府部门为被申请人的行政复议案件，②并提出行政复议委员会成员由本机关富有实际工作经验的行政公务人员及聘请社会公正人士、专家学者和法律界人士担任，主要承担现行复议法规定由行政复议机构履行的职责；配备专职的辅助工作人员，承担为行政复议委员会服务的职责，处理各种事务性工作。另有部分学者还对行政复议委员会提出了具体的设置建议，主张行政复议委员会适宜采用垂直管理模式，应当有独立于行政机关之外的常设工作机构，应当有一支稳定的精通法律且熟悉行政工作的高素质复议人员队伍，内部工作程序应当规范化。③ 还有学者主张行政复议委员会的委员中，60%以上的委员应该是外部委员，而且外部委员最好不能是现任的行政官员。④

　　时至今日，设置行政复议委员会作为专门行政复议机构的改革主张基本上已经成为学界的共识。但关于行政复议委员会的设置形式，学界在具体方案上有所不同，大致可以概括为三种。一是主张完全分散设置。即以现行行政复议法所确立的复议案件"条块结合"的管辖体制为基础，在承担行政复议职能的各级人民政府及其工作部门内分别设置行政复议委员会。⑤ 二是主张相对集中设置。即在各级政府统一设置一个行政复议委员会的基础上，取消

---

　　① 方军：《我国行政复议制度的实施现状与问题》，载周汉华主编：《行政复议司法化：理论、实践与改革》，北京大学出版社 2005 年版，第 144 页。

　　② 参见周婉玲：《我国行政复议组织与程序的改革》，《法学研究》2004 年第 2 期；郑志耿、储厚冰：《我国行政复议制度缺失分析与完善思考》，《法学研究》2004 年第 2 期；杜宝国、陈欢欢：《我国现行行政复议体制的缺陷分析》，《法学研究》2004 年第 2 期；石佑启、王成明：《论我国行政复议管辖体制的缺陷及其重构》，《环球法律评论》2004 年春季号；等等。

　　③ 周婉玲：《我国行政复议组织与程序的改革》，《法学研究》2004 年第 2 期。

　　④ 应松年、刘莘：《中华人民共和国行政复议法讲话》，中国方正出版社 1999 年版，第 6—7 页。

　　⑤ 刘飞：《行政复议体制改革的模式及路径探析》，《前沿》2007 年第 9 期。

部分工作部门行政复议机构的设置,其复议案件由政府行政复议委员会统一办理;对于那些专业性较强的部门或中央垂直管理部门的行政复议机构予以保留,并设置为行政复议委员会的形式。① 三是主张完全集中设置。即全国只在国务院、省(自治区、直辖市)、市(州、盟)、县(市辖区、县级市)四级行政复议委员会;四级行政复议委员会实行垂直管理模式,中央行政复议委员会为管理机关,仅对中央权力机关负责;省以下各地方行政复议委员会均对上级行政复议委员会负责,市、县级行政复议委员会的运作和人选委任,统一由省级行政复议委员会安排;省级行政复议委员会对中央行政复议委员会和同级人大负责。②

由此看来,对于设置行政复议委员会作为专门行政复议机构的问题,学界其实大体上已经有了一些共识,只是设置体制各有不同主张。而正是学界对行政复议委员会设置的理论探索,为新世纪我国行政复议委员会试点提供了理论铺垫。

三、行政复议委员会试点的动因解析

既然在国务院法制办决定正式开展行政复议委员会设置试点之前,实践中早已有这种形式的具体做法,理论界也已经有比较深入的研究。那么,新时期为什么还要在全国范围内启动行政复议委员会试点呢? 对此,《国法办试点通知》指出,开展行政复议委员会试点是落实党中央、国务院关于完善行政复议体制、创新行政复议工作机制要求的重要举措。那么,中央决策层为什么要通过行政复议委员会试点来探索行政复议制度的改革路径呢? 在笔者看来,在新时期提出完善行政复议制度的要求与中央决策层对当前中国社会稳定局势的判断密切相关。

新世纪初,我国二十余年的经济体制和行政机构改革对既得利益的触动产生了大量行政纠纷。有统计数据表明,在 2000 年,全国县级以上党政机关

---

① 石佑启、王成明:《论我国行政复议管辖体制的缺陷及其重构》,《环球法律评论》2004 年春季号;孟鸿志、王欢:《我国行政复议制度的功能定位与重构——基于法律文本的分析》,《法学论坛》2008 年第 3 期。

② 周婉玲:《我国行政复议组织与程序的改革》,《法学研究》2004 年第 2 期。

的信访量已突破 1000 万件(人)次的大关,而且呈现逐年上升的趋势,这其中约有 400 万—500 万件(人)次左右的信访案件是因行政执法引起的行政争议。① 对此,决策当局已有深刻的原因认识:"我国已进入改革发展的关键时期,经济体制深刻变革,社会结构深刻变动,利益格局深刻调整,思想观念深刻变化。这种空前的社会变革,给我国发展进步带来巨大活力,也必然带来这样那样的矛盾和问题。"②行政纠纷大量产生并引发的信访潮对各级党政机关造成了相当大的政治压力,考验着各级党政机关的社会治理能力。对此,中央提出了构建社会主义和谐社会的重大决策。

由于"构建社会主义和谐社会是一个不断化解社会矛盾的持续过程"③,即构建和谐社会、化解社会矛盾最重要的是要及时化解官民矛盾——行政纠纷,使官民关系"不断消除不和谐因素、不断增加和谐因素",促进和实现官民和谐。而要使行政纠纷得到彻底化解,一方面要推进和监督行政机关依法行政,树立法治政府形象;另一方面要保障和救济公民权利,维护社会公平正义。由于行政复议制度和行政诉讼制度都具有在化解行政纠纷、监督行政机关依法行政和救济公民权利方面的功能作用,④因此这两项制度被公认为是化解行政纠纷、监督行政和公民权利救济的主要法律制度。但当前中国行政纠纷解决制度体系呈现出"大信访、中诉讼、小复议"的倒金字塔格局,⑤其中的原因就在于行政复议和行政诉讼制度不健全、渠道不畅通,导致行政纠纷大量涌

---

① 周永坤:《信访潮与中国纠纷解决机制的路径选择》,《暨南学报》(哲学社会科学版) 2006 年第 1 期;程琥:《行政诉讼制度的独特作用》,《中国青年报》2014 年 10 月 27 日。http://theory.people.com.cn/n/2014/1027/c40531-25912190.html,访问日期:2014 年 10 月 28 日。

② 《中共中央关于构建社会主义和谐社会若干重大问题的决定》,新华网,访问日期:2010 年 11 月 2 日。

③ 《中共中央关于构建社会主义和谐社会若干重大问题的决定》(2006 年 10 月 18 日),访问网址:http://news.xinhuanet.com/politics/2006-10/18/content_5218639.htm。访问日期:2010 年 11 月 2 日。

④ 国务院法制办编写的教材将行政复议制度的功能概括为行政救济、行政监督、化解纠纷和诉讼减负四个方面。参见邵风涛:《行政复议法教程》,中国法制出版社 2011 年版,第 69—77 页。国内行政诉讼制度方面的多数教材都将行政诉讼的功能概括为权利救济、化解纠纷和监督行政三个方面。

⑤ 金国坤:《行政复议委员会:行政复议困局的突破口》,《国家行政学院学报》2009 年第 6 期。

进信访这一非规范化渠道。① 于是提出应当通过完善行政复议和行政诉讼制度、畅通行政复议和行政诉讼渠道来构建"大复议、中诉讼、小信访"的正金字塔格局。②

然而,为何会要让行政复议制度担当如此大任? 主要有两个方面的认识基础,一是对西方国家经验的认识,二是对我国行政复议制度优势的认识。在对西方国家经验的认识方面,经考察发现,典型国家行政系统内的纠纷解决机制是行政纠纷解决的主要渠道。③ 也就是,典型国家经验表明由行政机关通过行政复议等途径可以比法院处理更多的行政纠纷。在对我国行政复议制度优势的认识方面,学术界在对行政复议和行政诉讼制度进行比较后发现,行政复议制度解决行政纠纷范围更广、更专业、更彻底、易接受、更有效、更经济。④ 行政复议的这些制度优势一方面揭示了该项制度与行政诉讼制度并行存在的合理性,另一方面使该项制度具备了作为化解行政纠纷、监督行政和公民权利救济主渠道的可能性。

域外经验和优势潜能最终也只是证明了行政复议制度具备成为行政纠纷解决主要渠道的可能性。来自实践的统计数据证明我国行政复议并未成为行政纠纷解决的主要渠道。这又是为何呢? 问题的根源在于:一方面行政复议制度本身存在着绝对的、致命的局限,如公正性不足、正确性不高、有效性不足等。⑤ 另一方面也存在不少现实缺陷,包括受案范围不明确、管辖和组织体制不科学、复议程序不正当及与行政诉讼不协调等。⑥ 由于行政复议制度这些局限和缺陷的客观存在,严重制约了行政复议公信力的生成,行政复议制度因"自己做自己案件的法官"而成为"官官相护"的代名词。民众不相信行政复

---

① 应松年:《完善我国的行政救济制度》,《江海学刊》2003 年第 1 期。

② 应松年:《构建行政纠纷解决制度体系》,《国家行政学院学报》2007 年第 3 期。

③ 贺奇兵:《多元与主导:行政纠纷解决的国际经验与启示》,《理论与改革》2012 年第 3 期。

④ 张越:《行政复议法学》,中国法制出版社 2007 年版,第 49—50 页;郜风涛:《行政复议法教程》,中国法制出版社 2011 年版,第 345 页。

⑤ 张越:《行政复议法学》,中国法制出版社 2007 年版,第 50—51 页。

⑥ 参见郜风涛:《行政复议法教程》,中国法制出版社 2011 年版,第 342—344 页。

议机关会公正解决行政纠纷,会公正对待其权利诉求。在行政复议只是行政纠纷解决的选择性适用途径的体制(即"选择性复议前置"与"复议不告不理")下,行政复议不再可能完全依靠法律强制性的前置规定来获得制度权威,而只能依靠公众的信任和选择。而如果行政复议缺乏必要的公信力,便难以获得行政相对人的信任和选择,行政复议案件数量少便是必然结果。

行政复议案件数量少,说明大量的行政纠纷并不是通过行政复议途径得到解决的,大量的违法或不当行政行为也未能通过行政复议途径得到纠正,行政相对人的权利也主要不是通过行政复议得到救济——行政复议制度在纠纷解决、监督行政和权利救济三个方面的功能都没有得到有效的发挥,这是与中央高层对行政复议制度的期待相违背的。于是,党中央、国务院在 2006 年下发的《关于预防和化解行政争议健全行政争议解决机制的意见》提出,"要求各级政府加强行政复议工作,充分发挥行政复议在解决行政争议、化解人民内部矛盾、维护社会和谐稳定中的重要作用,力争把行政争议化解在基层、化解在初发阶段、化解在行政系统内部"。① 这也正是中央高层希望通过行政复议制度改革来发挥行政复议制度功能和提升行政复议公信力的根本动因。

由此看来,在新时期启动行政复议委员会设置试点,是中央决策层在准确把握中国社会稳定形势及行政复议公信力状况基础上适时作出的政治决策,其基本动因在于中央决策层希望行政复议制度在新时期发挥其化解行政纠纷的功能作用。这种愿望是建立在行政复议公信力基础之上的,行政复议公信力的确立和提升又依赖于行政复议制度的改革完善。但在学界和实务界关于行政复议制度改革的理论研究和实践探索尚未让中央决策层感到具有较大可行性时,通过行政复议委员会试点来进一步探索我国行政复议制度改革完善的路径就成为最为稳妥的选择。从这个角度讲,启动试点工作本身就反映了我国学界对行政复议主体制度改革研究的不足,也说明了各界对行政复议委员会设置的构想与设计还不成熟。②

---

① 中共中央办公厅、国务院办公厅:《关于预防和化解行政争议健全行政争议解决机制的意见》,转引自郜风涛:《行政复议法教程》,中国法制出版社 2011 年版,第 68 页。
② 张越:《行政复议法实施条例适用指南》,群众出版社 2007 年版,第 189 页。

四、行政复议委员会试点的实施进程

在前期理论研究和实践探索的基础上，2006 年 12 月 2 日，在全国行政复议工作会议上，时任国务院秘书长华建敏在一次讲话中便明确提出："有条件的地方和部门，可以开展行政复议委员会的试点。"随后，2007 年 5 月，国务院根据中央改革行政复议制度的政策导向，适时修改公布了《行政复议法实施条例》，在明确要"进一步发挥行政复议制度在解决行政争议、建设法治政府、构建社会主义和谐社会中的作用"这一目标任务的同时，对各级行政复议机关的复议机构设置及复议人员配备提出了原则性要求。而就在国务院法制办研究出台《行政复议法实施条例》的同时，北京市和黑龙江省等部分地方根据中央的政策精神，开展了以设置行政复议委员会为复议机构基本组织形式的改革试点。

2007 年 1 月 31 日，北京市政府就在《关于进一步加强本市行政复议工作的意见》中就提出要"积极开展行政复议委员会试点工作"；9 月 12 日，北京市政府办公厅下发《关于设立北京市人民政府行政复议委员会的通知》，对北京市人民政府行政复议委员会（以下简称"北京市政府复议委员会"）的组成、职责和经费保障等问题进行了明确；11 月 9 日，北京市政府复议委员会公布成立，并于当月 14 日召开了第一次全体会议。2007 年 5 月 28 日，黑龙江省人民政府法制办公室发布了《关于在哈尔滨等市人民政府开展行政复议委员会试点工作的通知》（以下简称《黑龙江省复议委员会试点通知》），决定在行政复议工作基础较好的哈尔滨等市级政府开展行政复议委员会试点工作。通知下发后，哈尔滨市政府便于 2007 年 7 月筹备成立了"哈尔滨市人民政府行政复议委员会"，开始了行政复议委员会试点工作。

在北京市等地方先期开展的行政复议委员会试点工作基础上，2008 年 9 月 26 日，国务院法制办公室正式下发了《国法办试点通知》，正式启动了行政复议委员会试点工作。通知下发后，为保证行政复议委员会试点工作的顺利开展，国务院法制办在贵阳召开了试点工作动员和部署工作会议，随后又先后召开了三次试点工作专题会议，对试点工作进行了经验交流和实施指导。

2009 年 8 月，国务院法制办在北京召开"行政复议委员会试点工作情况

交流会"，旨在指导和推动行政复议委员会试点工作由动员筹备阶段向实施阶段迈进。① 此时的试点单位已经扩展到 9 个省、自治区和直辖市的 45 个单位，其中省级单位 4 个、地市级单位 29 个、县级单位 12 个。在这次会议上，国务院法制办总结了试点工作的五点成效：一是复议体制上初步实现了行政复议审理权的相对集中；二是委员组成上初步体现了权威性、专业性和公信力的要求；三是运行机制上初步建立了"三统一、一分别"机制；②四是工作保障上初步落实了机构编制问题；五是运行效果上初步显现了委员会审理案件的优势。但同时指出了以下四个方面的典型问题：一是试点工作争取领导重视支持的力度不够；二是复议审理权相对集中面临不同程度的阻力；三是复议委员会的工作运行机制还有待细化完善；四是复议委员会的机构、人员保障不足。

2010 年 8 月，国务院法制办在哈尔滨召开现场工作会，旨在推介哈尔滨市人民政府行政复议委员会的试点经验。③ 此时，试点单位已扩展到 12 个省、自治区和直辖市的 60 个单位，其中 6 个省级试点单位、41 个地市级试点单位、13 个县级试点单位。这次会议上，国务院法制办总结并肯定了试点工作的四点成绩：一是部分试点单位复议受案量大幅度上升；二是外部专家参与提升了复议公信力；三是复议决定对具体行政行为的纠错率提升；四是复议渠道更加公正、有效和便捷。同时指出了部分试点单位存在的四个问题：一是思想认识与试点工作发展不相适应；二是机制运行与试点工作需要不相适应；三是能力建设与试点新任务不相适应；四是整体进展与试点工作部署不相适应。

2011 年 11 月，国务院法制办在南京召开座谈会，旨在总结和分析全国行

---

① 郜风涛：《坚定信心，狠抓落实，不断推动行政复议委员会试点工作取得实效——在行政复议委员会试点工作情况交流会上的讲话》，载河南省政府法制网：http://www.hnfzw.gov. cn/news/20104/201042010364367.shtml。访问日期：2011 年 10 月 5 日。

② 即行政复议委员会办公室统一集中人力，统一对行政复议申请进行立案审查，统一审理符合立案条件的案件，行政复议决定分别以法定行政复议机关的名义作出。

③ 郜风涛：《创新行政复议体制机制推动行政复议委员会试点工作深入开展——在行政复议委员会试点工作现场会上的讲话》，载国务院法制办网站：http://www.chinalaw.gov.cn/ article/xzfy/wjjjh/ldjh/201008/20100800260075.shtml。访问日期：2010 年 11 月 30 日。

政复议委员会试点工作的经验和问题,研究下一步推进试点工作的思路和措施。① 此时的试点单位已经扩展到 19 个省、自治区和直辖市的 108 个单位。在这次会议上,总结提出了行政复议委员会设置的三种模式,即合议制模式(完全分散模式)、部分集中模式和全部集中模式,并提出全部集中模式是未来行政复议委员会最可能采用的模式。会议也充分肯定并推荐了部分试点单位行政复议委员会专设受理机构、增加专职复议人员、聘请专业人士作为非常任委员以及运用调解方式结案、实行"阳光办案"、适用复议听证等创新做法。会议总结了试点工作的主要经验,提出行政复议委员会试点必须努力争取领导的重视和支持,必须把体制集中作为试点工作的关键环节,必须坚持体制创新与机制创新并进,必须把加强协调作为试点工作的重要抓手以及必须坚持试点工作与能力建设良性互动。

在国务院法制办的积极推动和实施指导下,全国行政复议委员会设置试点工作得到了参加试点地方政府的高度重视和大力支持。各试点单位按照试点工作要求,并结合各地实际确定试点范围,细化试点方案,完善相关制度,加强协调保障,注重实际效果,试点工作进展顺利。截止到 2013 年底全国人大常委会提出行政复议法执法专项检查报告时,全国已有 21 个省份、403 余个单位启动了行政复议委员会试点。其中省级政府及其部门 9 家,占试点单位总数的 2.1%;地市级政府及其部门 119 家,占 27.4%;县级政府及其部门 306 家,占 70.5%。② 行政复议委员会试点工作基本上已在全国范围内展开。

第二节 行政复议委员会试点的体制与机制创新

在《国法办试点通知》中,国务院法制办要求各试点单位积极探索复议体制和工作机制的创新。笔者从组织形式、职能定位、体制集中和运行机制四个

---

① 郜风涛:《总结经验、明确方向,推进行政复议委员会试点工作再上新台阶——在全国行政复议委员会试点工作座谈会上的讲话》。"全国行政复议委员会试点工作座谈会"会议交流材料,2011 年 11 月,江苏南京。

② 方军:《行政复议委员会试点五年情况回顾》,《中国法律发展评论》2014 年第 2 期。

方面对试点行政复议委员会的体制与机制创新展开分析。

一、组织形式

(一)通行做法

对于行政复议委员会设置的组织形式,国务院法制办的基本指导方针是"政府主导、专业保障、社会参与"。① 根据这一指导方针,《国法办试点通知》提出了行政复议委员会组织设置的具体指导意见:(1)行政复议委员会可以由主任委员、副主任委员和一般委员组成;(2)主任委员原则上应当由本级政府领导担任,副主任委员由本级政府法制机构负责人担任,一般委员可以由经遴选的专职行政复议人员和专业人士、专家学者等外部人员担任;(3)行政复议委员会可以下设办公室,与行政复议机构合署办公,具体负责受理、审查行政复议案件以及行政复议委员会的其他日常工作。《国法办试点通知》的上述指导意见基本上是参照较早前北京市政府复议委员会的做法拟定的。

北京市政府第一届行政复议委员会于 2007 年 11 月 9 日公布成立。主任委员(1 名)是北京市政府分管法制工作的副市长,常务副主任委员(1 名)是北京市政府法制办主任,副主任委员(1 名)是北京市政府法制办副主任,常任委员(7 名)分别由市政府法制办其他领导及相关处室负责人担任;非常任委员(18 名)全部是按照《北京市人民政府行政复议委员会非常任委员遴选办法》进行遴选和聘任的高等院校及研究机构、国家部委以及有关国家机关的法律或者相关专业人士,聘期 2 年。② 北京市政府复议委员会下设办公室作为日常办公机构,办公室设在北京市政府法制办,负责执行复议委员会的议定事项、一般性案件审理和日常事务处理等工作。③

---

① 邰风涛:《行政复议法教程》,中国法制出版社 2011 年版,第 356 页。

② 北京市人民政府行政复议委员会办公室:《关于印发第一届北京市人民政府行政复议委员会组成人员名单的通知》京政复议办(2008)1 号。

③ 具体职责包括:(1)联系行政复议委员会委员;(2)印发委员会组成人员调整名单;(3)组织承办全体会议和案件审理会议;(4)制作印发全体会议《会议纪要》;(5)向行政复议委员会提交年度工作报告;(6)办理行政复议委员会交办的其他工作;等等。参见《北京市人民政府行政复议委员会工作规则》第 9 条。

可见,试点中的行政复议委员会与传统行政复议委员会在组织形式上的最大差异在于外部委员参与这个方面,而且行政复议委员会的办公机构设置也更为规范。

（二）差异与变通

《国法办试点通知》下发后,各试点单位基本上遵照执行了指导意见的要求,以北京市政府复议委员会为蓝本设置了行政复议委员会。但据笔者的观察,各试点单位行政复议委员会的组织设置也并非完全一样,在部分地方有所变通。

首先,各地行政复议委员会在组织规模和非常任委员的配置比例等方面有所不同。各试点行政复议委员会的委员总人数相差较大,常任委员（即来自行政复议机关的内部委员）与非常任委员（即从行政复议机关外聘任的外部委员）各自所占的比例也不尽一致（表4-1）。[1] 其中,非常任委员中的机关委员（即来自政府职能部门、法院、检察院、人大、政协、政法委等国家机关的委员）和社会委员（即不在上述国家机关任职的人大代表、政协委员、专家学者、律师等社会人士）的比例差异也很大（表4-2）。[2]

表4-1 行政复议委员会组织规模统计表[3]

统计单位	北京市	泰州市	中山市	安阳市	上海市	北京市交通委
数据年份	2008	2009	2009	2010	2011	2013
委员总数	28	16	30	34	48	15
常任委员	10	9	15	19	17	6
非常任委员	18	7	15	15	31	9

---

[1] 非常任委员在各地称谓有差异,有的称外部委员,有的称一般委员,由于这些人员都是行政复议机关以外的人员,故笔者认为"非常任委员"是比较合适的称谓。

[2] 机关委员与社会委员的区分系笔者提出,这一区分源于国家机关人员与来自非国家机关人员在复议活动中,会因其本位工作身份的不同而可能形成差异思维,特别是在那些涉及国家或地方政策的行政案件中尤其如此。

[3] 该表数据由笔者从国务院法制办网站发布的有关这些地方的试点工作信息中的数据统计而得。

表4-2　行政复议委员会非常任委员结构统计表①

统计单位	北京市	厦门市	廊坊市	安阳市	海门市	上海市
数据年份	2008	2011	2009	2010	2011	2011
委员总数	28	15	30	34	35	48
机关委员	10	11	7	19	27	25
社会委员	18	4	23	15	8	23
社会委员比例	64%	27%	77%	44%	23%	48%

其次,各地行政复议委员会日常办公机构的设置也有所变通。如中山市政府行政复议委员会原下设的行政复议委员会办公室在2010年12月9日挂牌更名为"中山市行政复议事务中心",下设了行政复议受理科和审查科。江苏泰州市人民政府行政复议委员会的日常办公机构为市法制局行政复议处,但对外挂的是"泰州市行政复议案件受理中心"的牌子。②

另外,有的地方在行政复议委员会的组织架构上还有所变通。如济宁市人民政府行政复议委员会就实行的是"一体两翼"模式的组织架构。"一体"即济宁市政府行政复议委员会,负责全市行政复议的组织领导,研究行政复议工作中的重大问题。"两翼"即行政复议委员会下设的案件审理委员会和监督委员会两个内部机构。案件审理委员会主要负责重大疑难行政复议案件的审议,主任由市政府法制办主任担任,委员由高校教授、专家学者、资深律师及部门领导干部组成,共27名成员,外部委员比例近80%;监督委员会负责监督"一法两条例"③贯彻实施情况和案件审理工作,主任由市纪委副书记、监察局局长兼任,委员由人大代表、政协委员、党代表和纪检监察干部共14名成员组成。

二、职能定位

《国法办试点通知》明确要求各试点单位要积极探索行政复议委员会的

---

①　该数据由笔者从国务院法制办网站发布的有关这些地方的试点工作信息中的数据统计而得。

②　《泰州市人民政府行政复议委员会试点工作实施方案》,2009年9月18日。

③　"一法两条例"即《中华人民共和国行政复议法》《中华人民共和国行政复议法实施条例》和《山东省行政复议条例》。

职能定位和职责范围。职责范围的确定实际上是职能定位的必然结果,但职能定位必然还涉及行政复议委员会的组织属性以及行政复议权行使的名义等问题。因此,行政复议委员会的职能定位从理论上讲会涉及行政复议委员会的组织属性、职责范围和行政复议权行使名义三个方面的内容。

（一）组织属性

行政复议委员会的组织属性即是该组织是复议机关还是复议机构的问题。基于《行政复议条例》第 4 条的规定,我国行政复议法学理论上是严格区分行政复议机关和行政复议机构的。尽管在《行政复议法》中没有明确使用"复议机构"这个词,但行政法学界一致将该法中"行政复议机关负责法制工作的机构"理解为行政复议机构,而且丝毫没有改变对行政复议机构与行政复议机关之间关系的认识,即行政复议机构是行政复议机关的内设机构。①

在《国法办试点通知》中,对各地开展行政复议委员会试点的内容要求有这样的表述:"要妥善处理好行政复议委员会与行政复议机关首长负责制的关系,充分发挥行政复议委员会在讨论决定行政复议案件、解决行政复议工作重大问题中的作用,使行政复议委员会切实承担起其所属行政复议机关的法定职责。"从这一表述来看,行政复议委员会是被定位为不具有法人地位的行政复议机构,而非行政复议机关。在行政复议委员会试点实践中,据笔者掌握的资料来看,行政复议委员会都是被设置为政府或政府职能部门的工作机构,尚未发现有设置为独立机关法人的情形。

（二）职责范围

既然《国法办试点通知》将行政复议委员会定位为行政复议机构,那么,行政复议委员会在行政复议工作中就实际履行《行政复议法》第 3 条和《行政复议法实施条例》第 3 条规定的职责。由于行政复议机构对部分工作职责的履行必须具备相应的权力,因此,这部分职责的规定实际上也可以看成是对行政复议机构一种权力授予,是对行政复议机构行使行政复议权部分权项的另

---

① 皮纯协:《行政复议法论》,中国法制出版社 1999 年版,第 93 页;崔卓兰:《行政复议法学》,吉林大学出版社 2001 年版,第 136 页;张越:《行政复议法学》,中国法制出版社 2007 年版,第 211 页;郜风涛:《行政复议法教程》,中国法制出版社 2011 年版,第 200 页。

一种表述。比如,行政复议机构要履行"受理行政复议申请"的职责,那么就必须享有审查行政复议申请是否符合法律规定条件的权力。

根据《行政复议法》第 3 条和《行政复议法实施条例》第 3 条规定的职责内容,在实践中,行政复议机构行使的复议权力实际上包括案件受理审查权、案件调查审理权、拟定复议决定权、提出复议建议权、复议申请受理监督权、复议工作指导权、复议决定执行监督权和复议工作统计权等权项。其中,后四项行政复议权是县级以上人民政府行政复议机构才享有的权项。在行政复议委员会试点中,各试点单位基本上也都是在上述规定职责权限范围内履行职责,行使对应的行政复议权力,主要承担行政复议案件的受理审查、案件事实调查、案件审议并议决等基本职能。

（三）行为名义

行为名义即行政复议委员会在行使行政复议权时是以自己的名义还是以行政复议机关的名义问题。在行政复议法学理论上,普遍性观点认为,"行政复议机构在办理行政复议案件时,不具有独立对外行使行政复议权力的资格,而是以行政复议机关的名义对外行使权力、履行义务和承担法律后果"。[①] 但有学者持不同意见,认为《行政复议法实施条例》的规定授予了行政复议机构对外以自己的名义行使一些特殊权力,如通知、转送等,只是不能行使直接影响行政相对人权利义务的一些权力,如作出复议决定、不予受理决定等。[②] 笔者认为,《行政复议法》和《行政复议法实施条例》关于行政复议机构职责规定同时意味着行政复议机构享有相应的复议权力不假,但这两部立法都没有明确规定行政复议机构能以自己的名义行使这些权力。

不过,《行政复议法》第 28 条和第 31 条的规定值得注意。根据这两个条文的规定,行政复议决定必须由行政复议机关的负责人同意或者集体讨论通过后作出,加盖行政复议机关的印章。这就意味着行政复议机构不能在《行

---

① 邰风涛:《行政复议法教程》,中国法制出版社 2011 年版,第 356 页。其他相似观点可见皮纯协:《行政复议法论》,中国法制出版社 1999 年版,第 93 页;张越:《行政复议法学》,中国法制出版社 2007 年版,第 210 页。

② 张越:《行政复议法实施条例适用指南》,群众出版社 2007 年版,第 185 页。

政复议决定书》上盖自己的印章。也就是说,行政复议机构只是享有拟定行政复议决定意见的权力,但不能以自己的名义作出最终行政复议决定。对此,《国法办试点通知》有相似的明确指示。①

有学者指出,在行政复议委员会试点之前,不少地方和一些部门的法制机构加挂了"行政复议办公室"的牌子,并使用了行政复议机构自己的印章,而且数量还不少,这些做法主要是解决行政复议机构在行政复议工作中面临的一些实际问题。② 笔者认为这些做法尽管不太规范,但事出有因,毕竟行政复议立法并没有禁止行政复议机构这么做,而且这样做并没有对复议当事人的复议权利造成不利影响,情有可原。但笔者比较赞同汕头市相对规范一些的做法,即对《行政复议决定书》等实体行政复议文书由复议办公室送法定机关加盖印章,复议办公室办理行政复议事项时发出的内部通知、函或请示等公文加盖复议办公室印章。③

但在试点中,有个别试点行政复议委员会有所突破,在《行政复议决定书》上加盖了自己的印章。如湖北鄂州市就是如此。湖北省《鄂州市相对集中行政复议权工作方案》规定,行政复议案件经集中审查后由行政复议委员会作出行政复议决定,《不予受理行政复议申请决定书》《停止执行具体行政行为决定书》《行政复议决定书》《驳回行政复议申请决定书》《行政复议法律意见书》及其他行政复议法律文书由行政复议委员会办公室加盖"鄂州市行政复议委员会行政复议专用章"发出、送达。④ 严格来讲,这种做法是与《行政复议法》的规定及《国法办试点通知》的指导意见相违背的。

三、体制集中

（一）指导意见

针对我国行政复议机构设置分散带来的诸多问题,为探索其中有效的解

---

① 《国法办试点通知》有这样的表述:"在依法以行政复议机关名义作出行政复议决定的前提下,合理整合行政复议资源,积极探索集中收案、集中人力、集中办理行政复议案件的办法。"

② 张越:《行政复议法实施条例适用指南》,群众出版社 2007 年版,第 184—185 页。

③ 《汕头市人民政府行政复议委员会办案规程(试行)》(2010 年 11 月 1 日)。

④ 《鄂州市人民政府关于印发〈鄂州市相对集中行政复议权工作方案〉的通知》(鄂州政发〔2011〕13 号),2011 年 7 月 28 日。

决办法,《国法办试点通知》要求,各试点单位"要合理整合行政复议资源,积极探索集中收案、集中人力、集中办理行政复议案件的办法"。这就是行政复议委员会试点的复议体制集中。复议体制集中是试点工作中的重要创新点。根据统计数据,截至2013年底,全国21个试点省份中,有17个省份开展了相对集中行政复议权的试点,相对集中行政复议权的试点单位达到351家,占全部试点单位的80%以上。①

集中收案就是政府行政复议委员会集中接收并审查原来依法可以向政府职能部门申请复议的行政案件;集中人力就是各职能部门的行政复议工作人员向政府行政复议委员会集中;集中办案就是政府行政复议委员会集中调查或是集中审理和议决集中受理的行政案件。集中收案和集中办案实际上是对职能部门的行政复议职能及相应行政复议权项的集中,笔者称之为行政复议权集中。集中人力实际上就是行政复议委员会的集中设置及行政复议人员的集中配置,笔者称之为行政复议组织集中。由于行政复议职能和权力被集中后,职能部门不再需要相应的机构和人员来履行相应的复议工作职责,因此,行政复议权集中是行政复议组织集中的前提。

同时需要特别指出的是,根据《国法办试点通知》明确要求,被政府行政复议委员会集中受理、调查和审理的职能部门复议案件必须以部门的名义作出行政复议决定,因此,政府行政复议委员会不能集中行使职能部门作出最终行政复议决定的"名义"权。否则将会实质性改变部门复议案件的法定管辖关系。

以下笔者将从行政复议权集中和行政复议组织集中两个方面来分别介绍典型试点单位的具体做法。

(二)行政复议权集中

在行政复议委员会试点实践工作中,政府行政复议委员会对职能部门行政复议权的集中具体涉及行政复议案件的受理审查、调查审理和议决等程序环节的行政复议权权项的集中。实践中具体包括以下三种情形。

---

① 方军:《行政复议委员会试点五年情况回顾》,《中国法律发展评论》2014年第2期。

1.集中受理、部分集中审理和分散决定

即政府行政复议委员会对本级政府所有职能部门管辖的行政复议案件实行集中受理,受理后部分转交政府职能部门,由其自行组织开展案件的调查、审理和议决。这里以江苏泰州市人民政府行政复议委员会为例来介绍这种模式的具体做法。《泰州市人民政府行政复议委员会试点工作实施方案》规定,泰州市行政复议案件受理中心统一受理以泰州市政府及有关职能部门为行政复议管辖机关的行政复议案件。复议案件受理后,法定行政复议机关为市公安局、劳保局的,由市政府法制局行政复议处负责转交该部门的行政复议机构审理;法定行政复议机关为其他市政府职能部门的,由市政府法制局行政复议处负责与职能部门协调,联合集中审理。由此可见,泰州市人民政府行政复议委员会只是集中了职能部门复议案件的受理审查权,没有全部集中所有职能部门的案件调查审理权,也没有集中行政复议决定权。

2.集中受理和审理、分散决定

即政府行政复议委员会集中受理以本级政府或职能部门为法定复议管辖机关的行政案件,集中受理后再进行集中调查和审理,集中审理并议决后再交由职能部门由其分别作出最终行政复议决定并送达当事人。这种模式是《国法办试点通知》所明确指示的试点模式,实践中采用这种处理模式的试点单位比较多,典型如黑龙江省①、郑州市②、中山市③、苏州市④等。下面以中山市人民政府行政复议委员会为例介绍其具体做法。

中山市政府行政复议委员会办理复议案件实行"统一受理、集中审查、分别决定"的运作方式。⑤ 统一受理,即是复议体制集中后,中山市的市直机关

---

① 黑龙江省人民政府法制办:《关于在省政府及部分市政府开展行政复议委员会试点工作的通知》(黑政法发[2008]66号)。

② 《郑州市人民政府关于开展行政复议委员会试点工作的通知》(郑政文[2009]283号)。

③ 根据《中山市开展行政复议委员会试点工作方案》(中府办[2009]58号)规定,中山市行政复议委员会审理行政复议案件实行"统一受理、集中审查、分别决定"的运作方式。

④ 《苏州市相对集中行政复议权试点工作方案》(苏府[2013]24号)规定,苏州市政府行政复议委员会对市政府各工作部门(公安机关除外)的行政复议案件实行集中收案、集中审理和分散决定。

⑤ 《中山市开展行政复议委员会试点工作方案》(中府办[2009]58号)。

不单独受理复议案件,改由中山市行政复议事务中心统一受理。集中审查,即中山市行政复议事务中心集中受理后即组成案件审查小组对案件进行调查和审理等,研究并制作《行政复议案件审查处理意见书》。① 分别决定,即是市政府及市直机关根据行政复议委员会的审查处理意见,分别对所属管辖案件以自己的名义作出最终行政复议决定。② 经行政复议委员会议决改变原行政行为而引起的行政诉讼,被告为市政府的,由行政复议事务中心出庭代理诉讼;被告为市直机关的,行政复议事务中心协助市直机关出庭应诉。

3.集中受理、集中审理和集中决定

即政府行政复议委员会对本级政府职能部门管辖的行政复议案件进行集中受理、集中审理并集中作出行政复议决定。目前,采用这种处理模式的试点单位也比较多,典型如厦门市③、济宁市④、黄冈市⑤、长春市⑥、东营市⑦等。这里以厦门市政府行政复议委员会为例来介绍这种类型的具体做法。

---

① 具体操作如下:(1)依法由市政府审查的行政复议案件,由行政复议委员会办公室统一安排人员审查,提出处理意见并拟定《行政复议决定书》,报行政复议委员会主任委员审批;(2)对市属部门作为法定行政复议机关的案件,由行政复议委员会办公室指定3名以上专职行政复议人员组成案件审查组对案件进行审查,形成《处理意见书》和《行政复议决定书》,报行政复议委员会办公室主任审核,由该案所属部门主要负责人签章;如市属部门对《处理意见书》有异议的,可在3个工作日内书面向行政复议委员会办公室提出,行政复议委员会办公室依据《中山市复议委员会案审会议事规则》组织召开案件审查会议进行议决。提出异议的市属部门可派人列席会议,阐述对案件的看法及事实理由。案件审议按照少数服从多数的原则作出处理意见,报复议委员会主任委员审批。委员会主任审批意见为最终审议结论,复议机关必须执行。

② 具体操作是:行政复议案件经行政复议委员会主任委员对《处理意见书》和《行政复议决定书》审批后,市属部门无异议以及经行政复议委员会会议议决的案件,案件所属部门的联系人在5个工作日内将该案的《处理意见书》和《行政复议决定书》呈本部门主要负责人签章后交还行政复议委员会办公室统一送达。

③ 《厦门市人民政府行政复议委员会试点工作实施方案》(厦府办[2011]11号)。

④ 《济宁市开展相对集中行政复议权工作实施方案》(济政办字[2011]27号)、《济宁市人民政府关于开展相对集中行政复议权工作的决定》(济政字[2011]41号)。

⑤ 《黄冈市相对集中行政复议权工作方案》规定,黄冈市行政复议委员会实行"三集中"模式:一是集中受理;二是集中审查;三是集中决定。

⑥ 吉林省政府法制办:《长春市开展行政复议委员会试点工作》,访问网址:http://www.chinalaw.gov.cn/article/xzfy/gzdt/201210/20121000376784.shtml,访问日期:2012年10月12日。

⑦ 山东省人民政府法制办公室:《山东省东营市政府成立行政复议委员会 市级行政复议职权由市政府集中行使》(2013年7月23日),访问网址:http://www.chinalaw.gov.cn/article/xzfy/。访问日期:2013年8月3日。

厦门市政府行政复议委员会实行统一受理、统一审查、统一决定的"三统一"的运行机制。① 统一受理,即厦门市政府所属部门不再受理所管辖的复议案件(公安局除外),改由市政府行政复议委员会办公室统一受理。统一审查,即委员会统一受理复议案件后,由办公室指定2名以上工作人员负责调查取证、核实依据;必要时,办公室应按有关规定举行复议听证。案件调查完结后,重大或疑难复杂的案件先由办公室提出初审意见,再由行政复议委员会案件审议会议进行审议并形成复议处理意见。统一决定,即行政复议委员会提出的复议处理意见报经市政府分管领导或其授权的市法制局主要负责人批准后,以市政府名义统一作出行政复议决定并送达当事人。

对于这种类型,这里需要说明的是:(1)集中职能部门作出行政复议决定的"名义"权的做法与试点通知的精神是不一致的,改变了法定复议管辖机关为职能部门的复议案件的实际管辖关系。(2)这种类型尽管是由政府复议委员会统一作出行政复议决定,但却是以政府的名义而不是以自己的名义作出的,因此,这与湖北鄂州市的做法是不同的。(3)有些试点单位说法不一样,但实质上是一样的。如吉林长春市政府行政复议委员会就将其做法概括为"五统一",即统一接待、统一受理、统一审理、统一签批和统一决定。② (4)行政复议委员会统一以政府的名义作出行政复议决定后,如果涉及该复议决定的强制执行,有些试点单位还规定由政府行政复议委员会集中执行。如,山东临沂市政府行政复议委员会就对市直部门复议案件实行集中受理、集中审查、集中决定和集中执行的运行模式。③

(三)行政复议组织集中

政府行政复议委员会对职能部门行政复议权进行部分或全部集中的上述几种类型中,对行政复议案件调查审理权的集中(或是进而集中了行政复议

---

① 《厦门市人民政府行政复议委员会试点工作实施方案》(厦府办〔2011〕11号)。

② 吉林省政府法制办:《长春市开展行政复议委员会试点工作》,访问网址:http://www.chinalaw.gov.cn/article/xzfy/gzdt/201210/20121000376784.shtml,访问日期:2012年10月12日。

③ 山东省人民政府法制办公室:《山东省临沂市政府行政复议委员会成立大会召开》,访问网址:http://www.chinalaw.gov.cn/article/xzfy/gzdt/201209/20120900376016.shtml,访问日期:2012年9月24日。

决定权)的做法尤其值得注意。因为,职能部门管辖行政复议案件被政府行政复议委员会集中审理或进而集中决定后,实际上职能部门就不再承担行政复议案件的调查审理并作出决定的基本复议职能。这样职能部门就不再需要设置或指定专门机构或复议人员来履行相应的行政复议职责,因此也就没有必要设置专司行政复议案件审理职能的行政复议委员会了。这种情况在实践中被称为行政复议委员会的集中设置,从政府行政复议委员会的角度,也可以看成是对政府对职能部门行政复议权集中的"宽度",而行政复议权项集中则可以看成是集中的"深度"。对此,实践中的做法也可以划分为以下三种类型。

1.集中部分职能部门

这种类型即是政府行政复议委员会只对所属的部分职能部门管辖的行政复议案件实施集中管辖,并不涉及所有的职能部门,集中的部门范围不全。从全国的总体情况来看,各试点单位尚未集中的部门主要是公安、国土、人力资源社会保障、工商等少数部门。[①] 采用这种做法的典型单位有黑龙江省[②]、厦门市[③]和郑州市[④]等。黑龙江省政府行政复议委员会成立运行后,除省政府所属的农垦和森工系统内发生的行政复议案件外,原属于省政府和所属职能部门及直属单位管辖的复议案件,都由省政府行政复议委员会办公室统一集中受理、集中调查和审理并分别法定行政复议机关作出行政复议决定。[⑤] 厦门市行政复议委员会没有集中审理公安机关管辖的复议案件。郑州市在开展行政复议委员会试点工作的第一步,也只是由市政府统一集中受理向市政府本级和市直部门提出的行政复议申请,并对向市国土资源等 10 个部门申请的

---

① 方军:《行政复议委员会试点五年情况回顾》,《中国法律发展评论》2014 年第 2 期。

② 黑龙江省人民政府法制办:《关于在省政府及部分市政府开展行政复议委员会试点工作的通知》(黑政法发[2008]66 号)。

③ 《厦门市人民政府行政复议委员会试点工作实施方案》(厦府办[2011]11 号)。

④ 《郑州市人民政府关于开展行政复议委员会试点工作的通知》(郑政文[2009]283 号)。

⑤ 黑龙江省人民政府法制办:《关于在省政府及部分市政府开展行政复议委员会试点工作的通知》(黑政法发[2008]66 号)。

行政复议案件实行集中审理、集中议决,分别决定。①

2.集中所有职能部门

这种类型即是政府行政复议委员会对所属的部分职能部门管辖的行政复议案件都实施集中审理或集中审理后集中决定,即集中的部门范围更全。根据截至 2013 年底的统计数据,全国 351 个实行集中试点单位中,有 304 个实行了全部集中,占到试点单位总数的 86.6%。② 典型试点单位有哈尔滨市、中山市、济宁市、黄山市和黄冈市等。如湖北黄冈市行政复议委员会实行集中受理、集中审理和集中决定的"三集中"模式,集中后,黄冈市直部门、省以下半垂直管理部门不再办理复议案件。③ 再如,安徽黄山市自 2013 年 1 月 1 日起,除国税、国安等全国垂直管理部门以外,所有市级部门的行政复议职权由市政府集中行使,市政府各部门(含省以下垂直管理部门)不再受理行政复议申请,如收到行政复议申请应及时转送市政府行政复议委员会办公室,仍继续受理并处理行政复议案件的,作出的行政复议决定无效。④

3.同时集中全国垂直部门

从以上两种类型的描述中,我们可以看到,目前大多数实行行政复议权体制集中的政府行政复议委员会都只是对法定行政复议机关为本级政府所属职能部门或省以下实行垂直领导的行政机关的行政复议案件集中受理后,实行集中审理或集中审理后进而集中作出行政复议决定,但并不涉及对国税、海关、人行、银监、保监、国安等实行全国垂直领导的行政机关管辖的行政复议案件。之所以如此,主要是因为《行政复议法》规定,对行政相对人不服实行全国垂直管理行政机关的行政行为申请行政复议的,行政复议机关为上一级主管机关,本级政府不享有管辖权。但湖北省鄂州市、江苏省海门市等少数试点单位则有所突破。如《鄂州市相对集中行政复议权工作方案》就明确规定,行

---

① 《郑州市人民政府关于开展行政复议委员会试点工作的通知》(郑政文[2009]283 号)。
② 方军:《行政复议委员会试点五年情况回顾》,《中国法律发展评论》2014 年第 2 期。
③ 黄冈市政府法制办:《湖北黄冈市相对集中行政复议权工作正式启动》(2012 年 5 月 23 日)。
④ 《黄山市开展行政复议委员会(相对集中行政复议权)试点工作实施方案》(黄政办秘[2012]97 号)。

政复议权相对集中后,市直部门、全国垂直、省以下半垂直管理机关不再单独受理行政复议案件。①《海门市相对集中行政复议权办法》第8条第二款就规定,"国税局的行政复议案件由市行政复议委员会办公室以国税局的名义受理,国税局不再受理"。

四、运行机制

尽管《行政复议法实施条例》对行政复议程序的改革基本实现了学界所主张的"司法化",但各地进行行政复议委员会试点时,遵照"政府主导、专业保障、社会参与"指导方针吸收了行政复议机关以外的人员参与案件审理,这使得试点行政复议委员会与传统行政复议委员会不仅在组织形式上有所差异,在内部工作机制方面也必然有所不同。为此《国法办试点通知》提出了明确的指导意见。② 该指导意见可以分解为以下四点:首先,完善行政复议运行机制必须有利于提高办案质量和效率,而且当质量和效率出现冲突时必须协调兼顾,不能顾此失彼;其次,在行政复议机关首长、行政复议委员会和行政复议委员会办公室三者之间要实行内部职能分工,并要保证程序协调;第三,应考虑案件的复杂难易程度、社会影响等因素,区别轻重缓急地适用不同的运行程序模式,不能所有案件都是一个处理程序模式;第四,不论采用哪种程序模式,所有行政复议案件都必须以行政复议机关的名义作出行政复议决定。在行政复议委员会试点工作中,绝大多数政府行政复议委员会都是根据该指导意见的要求办理案件。以下笔者从复议申请受理审查、案件事实调查、案件审理和议决、复议决定书制作与送达、行政应诉等几个环节介绍实践中的通行做法。

---

① 《鄂州市人民政府关于印发〈鄂州市相对集中行政复议权工作方案〉的通知》(鄂州政发〔2011〕13号),2011年7月28日。

② 该意见是:"要积极探索完善行政复议运行机制。要充分体现行政复议案件办理质量和效率的要求,区别轻重缓急,探索不同案件的不同运行模式。要明确行政复议委员会和行政复议委员会办公室的职责分工,在充分探索的基础上,明确哪些案件可以由行政复议委员会办公室直接审理并以行政复议机关名义作出行政复议决定;哪些行政复议案件需要由行政复议委员会办公室审查后提出初步处理意见,经行政复议委员会审议后以行政复议机关名义作出行政复议决定;哪些行政复议案件在行政复议委员会审议的基础上还需要行政复议机关首长批准或者经集体讨论后以行政复议机关名义作出行政复议决定。"参见《国法办试点通知》。

（一）复议申请受理审查

在行政复议委员会试点中，行政复议申请不论是由各法定复议机关分别受理，还是由政府行政复议委员会集中受理，大多数试点单位都在试点方案中确定由行政复议委员会办公室具体负责这项工作，有少部分试点单位在关于行政复议委员会办公室的职责规定中，没有明确规定其受理复议申请的职责任务。但行政复议委员会办公室受理行政复议申请的具体工作程序，则较少有试点单位有明确规定。据不完全统计，对此有明确规定的有黑龙江省、中山市、郑州市等试点单位。

对于行政复议委员会办公室受理复议申请的工作程序，这里以郑州市政府行政复议委员会为例。《郑州市集中受理审理行政复议案件暂行规定》要求，对当事人提出的行政复议申请，行政复议委员会办公室应指定办案人员进行初步审查。行政复议申请符合受理条件的，办案人员应填报《行政复议申请受理审批表》，逐级经市复议委员会办公室主任审核同意后，制定《行政复议申请受理通知书》和《行政复议答复通知书》，分别送达申请人、被申请人和复议第三人。①

至于行政复议委员会办公室内部对行政复议申请的受理审批程序，黑龙江省政府行政复议委员会有较为详细的规定。黑龙江省政府行政复议委员会对行政相对人提出的行政复议申请，由办公室指定 2 名承办人员对申请人提交的材料进行全面审查，提出拟处理意见。并由其中 1 名承办人员按照拟处理意见起草立案审查文书报处长审批，处长审批后报主管副主任审批，主管副主任审批后报主任审批，主任审批后报省政府主管领导审定。②

（二）案件事实调查

根据《行政复议法》第 3 条、《行政复议法实施条例》第 33、34 条规定，行政复议案件的事实调查由行政复议机构组织实施，行政复议机构调查案件时行政复议人员不得少于 2 人。在行政复议委员会试点实践中，多数试点单位

① 《郑州市集中受理审理行政复议案件暂行规定》（2010 年 1 月 1 日起施行），第 11—15 条。

② 《黑龙江省行政复议案件受理工作制度》（2010 年 6 月 14 日公布）。

都采用了案件调查职能与案件议决职能相分离的方式。案件调查职能由行政复议委员会办公室确定审查小组(或称审查合议庭、审理小组等)或复议工作人员承担,案件议决职能由行政复议委员会组成的案件审议会承担。

对于行政复议委员会办公室人员开展案件调查的普通程序,试点单位基本上都是按照《行政复议法实施条例》第四章规定的程序进行,笔者尚未发现有试点单位有更具体的规定。但大多数地方对办案人员采取听证方式审理案件的具体程序进行了规定,很多省市都出台了行政复议听证规则。①

此外,有的试点单位对调查小组的人员组成还作了进一步的明确。如,黑龙江省政府行政复议委员会就有规定,行政复议委员会办公室应组成审查合议庭对案件进行事实调查和审理,审查合议庭成员根据案件法定复议机关的不同而有所不同。对于以省政府为法定复议机关的复议案件,由 3 名行政复议委员会办公室人员组成审查合议庭审理;对于以省直机关为法定复议机关的复议案件,由 3 名或 5 名复议委员会办公室人员和省直机关专职复议人员组成审查合议庭审理。

(三)案件审理和议决

在行政复议委员会试点实践中,多数试点单位都采用了案件调查职能与案件议决职能相分离的方式,案件议决职能由行政复议委员会组成的案件审议会承担。案件审议会这种会议形式是由北京市政府行政复议委员会所创立,如今为大多数试点单位所参照。

北京市政府行政复议委员会案件审理会议主要负责对争议较大、专业性强、社会影响较大、法律关系复杂等重大疑难案件的审议和议决;②案件审议

---

① 需要说明的是,这里所指的行政复议听证,专门是指复议案件调查阶段的听证,与后面提到的行政复议委员会召开案件审议会开庭审议案件是有所区别的,后者属于复议案件议决阶段的听证。

② 《北京市人民政府行政复议委员会行政复议案件审理会议议事规则》第 3 条:"下列情形的行政复议案件,由复议委员会案审会审议:(一)事实、证据认定存在较大争议;(二)专业性较强、难度较大;(三)涉及公共利益;(四)社会影响较大;(五)法律关系复杂、法律适用存在重大分歧;(六)三分之一以上委员提出的由复议委员会案审会审议的某一类型的行政复议案件;(七)行政复议委员会主任委员、常务副主任委员或者副主任委员认为需要由复议委员会案审会审议的案件。"

会由行政复议委员会主任、常务副主任或者副主任根据案件审议需要决定召开并担任会议主持;案件审议会由 9 人组成,非常任委员不少于 4 人,非常任委员由委员会办公室根据审议案件和委员专长选定。① 行政复议委员会案件审议会审议的事项,先由市政府法制办研究提出《行政复议案件初审报告》,并于会议召开的 7 日前送达参会委员。参会委员在会议召开的 3 日前须对《行政复议案件初审报告》中待审议事项提交书面意见。案件审议会实行票决制,一人一票,原则上过半数同意则为表决通过。② 会议结束后,复议委员会办公室应根据《会议笔录》制作《行政复议案件审议报告》,载明参会委员对审议事项的意见,报案件审议会主持人签署。

各地在参照北京市政府行政复议委员会的做法时,在以下几个方面也有所差异:一是案件审理会议的最低人数有所不同。如,厦门市政府行政复议委员会规定的是 5 人以上单数,③河南驻马店市行政复议委员会规定的是 7 人以上单数,江苏海门市则要求每次参加案件议决会议的委员应当超过委员会全体成员数量的 2/3。④ 二是参加案件审理会的外部委员比例不同。如北京市、驻马店市试点单位均没有明确要求必须超过半数,大连市则明确规定外部委员应超过半数。⑤ 三是有的试点单位对复议委员的纪律作了详细规定。如厦门市就要求复议委员在复议工作中应当履行忠于职守、保守秘密等义务,并不得以委员身份从事营利性活动;⑥复议委员参加案件审议会议应当根据规定主动

---

① 《北京市人民政府行政复议委员会行政复议案件审理会议议事规则》第 4、5 条。
② 表决没有过半数通过的结果时,由复议委员会案审会主持人根据实际表决情况确定倾向性的审议意见。
③ 《厦门市人民政府行政复议委员会案件审议规则》。
④ 《海门市人民政府行政复议委员会试点工作实施方案》(2009 年 4 月 2 日)。
⑤ 《大连市行政复议委员会议事规则》第 7 条。
⑥ 《厦门市人民政府行政复议委员会组织规程》第 11 条:"行政复议委员会委员应当履行下列义务:(一)忠于职守,以事实为根据、以法律为准绳,依法办理行政复议案件,维护行政复议委员会的形象和声誉;(二)遵守保密制度,不得泄露案件审议、合议情况或相关情况,不得泄露案件涉及的国家秘密、工作秘密、商业秘密和个人隐私;(三)不得以行政复议委员会委员身份从事营利性活动;(四)依法应当履行的其他义务。"

或应当事人申请回避,①不得有私自会见当事人或接受证据、馈赠等情形。②

（四）复议决定书制作与送达

行政复议决定书是由行政复议委员会办公室制作还是由法定复议机关制作,以及复议决定书制作后由谁向复议当事人送达,试点实践中有所区别。具体有以下几种情况:(1)政府行政复议委员会集中了职能部门行政复议决定权的,多数情况是由政府行政复议委员会办公室以政府的名义制作复议决定书并送达复议当事人,如福建厦门市等;少数情况是由政府行政复议委员会办公室以政府行政复议委员会的名义制作复议决定书并送达复议当事人,如湖北鄂州市。(2)政府行政复议委员会未集中职能部门行政复议决定权的,或者是由政府行政复议委员会办公室直接制作行政复议决定书,送职能部门加盖印章后,交还复议委员会办公室统一送达复议当事人,如中山市、黑龙江省等;或者由职能部门制作行政复议决定书并直接送达复议当事人,如黑河市、牡丹江市等。

这里以黑龙江省行政复议委员会为例介绍其具体做法。根据规定,对于以黑龙江省政府为法定复议机关的案件,复议委员会审结案件后,主审人员应在5日内制作结案审批文书和行政复议结案文书,依次报复议委员会办公室主任和行政复议委员会副主任或者主任审批,加盖省政府印章后送达当事人。对于以省直机关为法定复议机关的案件,行政复议委员会审结案件后,主审人员应在5日内制作结案审批文书、案件审查处理意见书和行政复议结案文书,依次报复议委员会办公室主任和复议委员会副主任或者主任审批,复议审查

---

①　《厦门市人民政府行政复议委员会案件审议规则》第7条:"参加行政复议委员会案件审议会议的委员,有下列情形之一的,应当主动申请回避:(1)是案件当事人或者当事人、代理人的近亲属;(2)担任过案件的代理人,或者为案件当事人推荐、介绍过代理人;(3)为案件当事人提供过咨询,或与当事人、代理人讨论过案件;(4)与案件当事人或者其代理人在同一单位工作或者曾在同一单位工作且离职不满两年;(5)担任案件当事人法律顾问或者曾担任案件当事人法律顾问离任未满两年;(6)与案件有其他利害关系,可能影响对案件公正审理的。"

②　《厦门市人民政府行政复议委员会案件审议规则》第8条:"参加行政复议委员会案件审议会议的委员,不得私自会见案件当事人、代理人,不得私自接受其提供的证据材料;不得以任何直接或者间接方式同案件当事人、代理人讨论有关案件情况,接受其请客、馈赠或其他利益。"

处理意见书由行政复议委员会办公室加盖印章后连同行政复议结案文书移送省直机关,省直机关应在接到文书后的 3 日内在行政复议结案文书上加盖印章并报送行政复议委员会办公室,由行政复议委员会办公室依法送达当事人。① 省直机关不得以任何理由拖延或者拒绝作出行政复议决定。②

(五)复议后被起诉的应诉安排

原《行政诉讼法》(1990)第 25 条第二款规定,经行政复议的行政案件,复议机关改变原具体行政行为的,行政复议机关为被告。在行政复议委员会试点工作中,在实行复议体制集中的情况下,行政复议委员会议决的行政复议决定改变原具体行政行为,在后续行政诉讼的被告确定主要包括两种情况:如果政府行政复议委员会集中了职能部门的行政复议决定权,则由政府做被告,政府行政复议委员会办公室指定复议人员作为代理人参加行政诉讼(即试点单位总结为"统一应诉"),如厦门市。如果未集中职能部门的复议决定权,则由职能部门做被告,诉讼代理人的确定又分两种情况:一种(常见情况)是由职能部门自己指派工作人员代理参加诉讼;另一种(少数情况)是由政府行政复议委员会办公室和职能部门共同指定(或各自分别指定)工作人员代理参加诉讼。如黑龙江省政府行政复议委员会就属于后一种情况,对于行政复议委员会议决的行政复议决定改变原具体行政行为,在后续行政诉讼中被告的确定导致黑龙江省政府或省直机关在案件复议后的行政诉讼中当被告的,法定复议机关为省政府的案件,由省政府行政复议委员会办公室指定二人作为委托代理人参加行政诉讼;法定复议机关为省直机关的,由省政府行政复议委员会办公室和法定行政复议机关各指定一人作为委托代理人参加行政诉讼。③

(六)行政复议委员会的全体会议

在行政复议委员会试点工作中,不少试点单位参照北京市行政复议委员会的做法,规定了行政复议委员会全体会议制度。据不完全统计,厦门市、中

---

① 《黑龙江省人民政府行政复议委员会暂行工作规则》第 12 条。
② 黑龙江省人民政府法制办:《关于在省政府及部分市政府开展行政复议委员会试点工作的通知》(黑政法发[2008]66 号)。
③ 《黑龙江省人民政府行政复议委员会暂行工作规则》第 23 条。

山市、苏州市、上海市、内江市等试点单位都参照实行了这种会议制度。北京和江苏等地方还专门出台了行政复议委员会全体会议议事规则。这些试点单位的全体会议制度与北京市政府行政复议委员会的全体会议制度大同小异，在此以北京市为例来介绍这种会议制度。

北京市政府行政复议委员会全体会议负责研究制定和修改行政复议委员会的相关工作制度①、听取和审议行政复议委员会年度工作报告以及研究决定北京市行政复议工作中的重大事项。根据规定，北京市政府行政复议委员会每年至少应召开一次全体会议，行政复议委员会主任或者常务副主任可以依职权或依委员会三分之一以上委员提议召开临时全体会议，原则上全体会议须有三分之二以上成员出席方可召开，参会委员过半数通过方可议决事项，参会委员一人一票，表决结果当场宣布。②

第三节 行政复议委员会试点的公信力评析

行政复议委员会试点工作实施后，部分学者适时地进行了分析评价。在肯定性评价方面，有学者完全认同《国法办试点通知》对行政复议委员会设置的指导意见，但主张应当通过修改《行政复议法》来促进行政复议委员会体制的规范化和法治化。③ 也有学者专门对行政复议委员会聘任的外部委员参与机制和案件审议会制度给予了高度评价。④ 在否定性评价方面，有学者认为行政复议委员会设置法律依据不足，与现行复议机构设置体制冲突，存在限制复议申请人的选择权、运行程序不规范、与行政诉讼衔接不协调等问题。⑤ 还

---

① 包括制定和修改《行政复议委员会工作规则》《全体会议议事规则》《行政复议案件审理会议议事规则》《行政复议委员会委员守则》等行政复议委员会相关工作制度。

② 《北京市人民政府行政复议委员会全体会议议事规则》第3—9条。

③ 沈福俊：《行政复议委员会体制的实践与制度构建》，《政治与法律》2011年第9期。

④ 金国坤：《行政复议委员会：行政复议困局的突破口》，《国家行政学院学报》2009年第6期。

⑤ 黄学贤：《关于行政复议委员会的冷思考》，《南京社会科学》2012年第11期；吴志红、蔡鹏：《浅议我国行政复议委员会制度改革的困境与出路》，《西南政法大学学报》2010年第6期。

有学者认为,对行政复议委员会的履职监督和权益保障也不到位。① 也有学者认为,行政复议委员会设置和运行存在地位不独立、人员组成随意、听证程序不统一等问题,严重影响其公信力。② 应该说,尽管评价不尽统一,也没有一个评价是全面的,但总体上的评价是这种做法尽管法律依据不足,但却提升了行政复议的公信力,而且不少学者大多以试点单位的复议受案量上升、复议纠错率上升、复议后起诉率下降、试点后信访量下降等方面的数据来证实这种做法是值得肯定的。③ 这可以说是行政复议公信力在部分试点单位得到了一定程度的提升。那么,这些行政复议委员会设置试点中有哪些做法是赢得公众信任的关键要素呢? 其他试点单位又存在哪些问题而使试点工作未能彰显成效、甚至未能有效推进呢? 以下笔者从行政复议公信力生成的条件要求角度,尝试对地方行政复议委员会的性质定位、独立性保障、专业性保障和外部委员参与等方面进行简要评析。

一、行政复议委员会的性质定位

行政复议权应配置给专门设置的行政机构独立完整地行使,这是行政复议自主力生成的关键性条件,也是保障和提升行政复议判断力、接纳力和约束力的重要条件之一。在行政复议委员会试点实践中,对于行政复议委员会的机构性质,《国法办试点通知》的指导意见很明确,那就是行政复议委员会仍然只是行政复议机关设置的专门复议机构,而不是行政复议机关。

尽管行政复议委员会不是完全独立的行政复议机关,但部分试点单位的行政复议委员会却实质性享有了独立开展行政复议工作的权力和地位,所在的行政复议机关在作出行政复议决定时,不能否定行政复议委员会的议决意

---

① 唐璨:《我国行政复议委员会试点的创新与问题》,《国家行政学院学报》2012 年第 1 期。
② 崔红、唐丽斐:《对我国行政复议委员会改革的思考——以行政复议司法化为视角》,《沈阳师范大学学报》(社会科学版)2011 年第 6 期。
③ 金国坤:《行政复议委员会:行政复议困局的突破口》,《国家行政学院学报》2009 年第 6 期;沈福俊:《行政复议委员会体制的实践与制度构建》,《政治与法律》2011 年第 9 期;郜风涛:《行政复议法教程》,中国法制出版社 2011 年版,第 360—362 页;唐璨:《我国行政复议委员会试点的创新与问题》,《国家行政学院学报》2012 年第 1 期;方军:《行政复议委员会试点五年情况回顾》,《中国法律发展评论》2014 年第 2 期。

见,行政复议委员会的议决意见得到了实质性的尊重和执行。而由于行政复议委员会能够较独立地审理和议决行政案件,便可以不受干预地纠正违法或不当具体行政行为,因此提高了行政复议决定的纠错率;可以依法公正地满足复议申请人的合法合理诉求,因此提高了行政复议申请人的胜诉率。这一点也就成为试点行政复议委员会赢得当地民众信任的重要因素,是值得肯定的方面。

但是,由于《国法办试点通知》的指导意见必须与《行政复议法》的规定保持一致,囿于《行政复议法》的规定,行政复议委员会作为复议机构的性质定位还是存在以下两个方面的问题。

首先,行政复议委员会作为专门复议机构,组织上对行政复议机关的依附性并没有改变,在部分试点单位难以真正独立地开展工作。由于行政复议委员会不论是分散设置于职能部门还是完全集中或相对集中设置于地方政府,其办公场所、设施设备等仍然由所属政府或职能部门提供,办公经费由所属政府或职能部门预算和拨付,人员编制也纳入所属政府或职能部门统一管理。在这种情况下,行政复议委员会开展各项工作就离不开各级政府或职能部门领导和有关方面的强力支持,离不开所属政府或职能部门在机构、人员、经费等各方面的保障。行政复议委员会在人、财、物等方面都受制于所属政府或职能部门,则其办案独立性也就缺少最基本保障,完全取决于所属政府或职能部门领导的态度。而在实践中,一些地方政府或职能部门领导对行政复议委员会试点工作不了解、不重视、支持力度也不够,从而使试点工作未能真正地、有效地开展。[①] 针对领导不重视、不支持的问题,在南京座谈会上,国务院法制办领导就建议,各试点单位要紧紧围绕本地党委、政府的工作中心,积极宣传开展行政复议委员会试点工作对促进本地科学发展、社会和谐稳定的重要意义和作用,以赢得领导和有关方面的重视、理解和支持。[②] 很明显,将试点工作的推进完全寄托于领导的重视、理解和支持,行政复议委员会的办案独立性

---

　① 邰风涛:《行政复议法教程》,中国法制出版社 2011 年版,第 362 页。
　② 邰风涛:《总结经验、明确方向,推进行政复议委员会试点工作再上新台阶——在行政复议委员会试点工作座谈会上的讲话》,2011 年 11 月 24 日。

是难以得到持续保障的。行政复议公信力依赖于行政复议的独立性,而行政复议的独立性则必须建立在行政复议委员会的独立性上。据此,只有修改《行政复议法》,确立行政复议委员会的独立地位,特别是要在机构、编制、经费等方面通过立法予以充分保障,才能使行政复议委员会的办案独立性真正得到落实。

其次,行政复议委员会不具有作出行政复议决定的权力,如果集中审理和议决部门复议案件,则会造成权力与责任的不统一。如前所述,行政复议委员会作为行政复议机构,以自己的名义作出行政复议决定的做法是不合法的。在行政复议委员会只能以行政复议机关的名义作出行政复议决定的情况下,如果政府行政复议委员会相对集中或完全集中受理、审理和议决了职能部门管辖的行政复议案件,则可能产生的问题是:(1)如果职能部门作出行政复议决定时完全遵从政府行政复议委员会的议决意见,那么,一旦因该行政复议决定被起诉,法定的适格被告是职能部门,这就形成了部门复议权被集中而应诉责任不被集中的情况,这也就是难免很多职能部门抱怨"夺了我们的权,却要我们承担责任",从而导致行政复议委员会与职能部门之间就应诉责任承担问题推诿扯皮。① (2)如果职能部门作出行政复议决定时不必遵从政府行政复议委员会的议决意见,可以根据自己的意志作出复议决定,那么,政府行政复议委员会就只是一个议事咨询机构,没有实现实质"议决"功能,②这就又会产生"议者不决,决者不议"的问题。③ 显然,后一种情况是更加不合理的。那么,既要解决行政复议机构分散设置带来的诸多问题,又能走出完全集中或相对集中设置产生的上述两难困境,唯一出路就是修改《行政复议法》的规定。一是取消或是部分取消职能部门的复议管辖权,对行政复议案件实行相对集中管辖;二是赋予行政复议委员会以自己的名义作出行政复议决定的权力,并在复议后被诉的行政案件中由其负责应诉。

---

① 郜风涛:《行政复议法教程》,中国法制出版社 2011 年版,第 362 页。
② 郜风涛:《行政复议法教程》,中国法制出版社 2011 年版,第 362 页。
③ 王莉:《行政复议功能研究——以走出实效性困局为目标》,社会科学文献出版社 2013年版,第 228 页。

由此看来,既然行政复议委员会独立行使复议权有利于提升复议公信力,而现行复议委员会作为行政复议机关的内设复议机构的试点做法又会产生上述两个方面的问题,那么,我们就有必要进一步加大改革力度。一方面确立行政复议委员会的独立地位并在机构、编制、经费等方面予以立法保障,另一方面赋予行政复议委员会以自己的名义作出行政复议决定的权力。如果是这样,行政复议委员会实质上就成为行政复议机关而不再仅仅是行政复议机构了,而这就必须要修改行政复议法来实现这种改革目标了。由此看来,从提升与保障行政复议公信力这一终极目标考虑,最佳的方案是将行政复议委员会设置为独立的行政复议机关。

二、行政复议委员会的办案独立性

行政复议公信力生成所依赖的重要条件之一是行政复议权的独立性和完整性,行政复议权的独立性实际上是行政复议活动中行政复议人员能够独立自主地进行判断。在行政复议委员会试点实践中,有些试点单位在获得政府领导和有关方面支持的情况下,行政复议委员会的运作机制设计也很好地保证了行政复议人员办案的独立性。如前所述"集中受理和审理、分散决定"和"集中受理、集中审理和集中决定"模式下,作出行政复议决定的权力实际上仍然是由行政复议委员会行使的,而行政复议委员会的票决制也在一定程度上尊重了复议委员的独立意志。这部分提高了行政复议裁决公正性,从所举例的试点单位的改革成效来看,行政复议公信力都有一定幅度的提升。

从行政复议委员会的权力与地位角度看,如果行政复议委员会设置时不能保证其享有和行使行政复议权的完整性,即不能赋予行政复议委员会具有行政复议机关的完整权限,那么,至少应当保证行政复议委员会是实质性独立的行政复议机构,而且行政复议委员会的内部管理也应当保证复议办案人员的独立性。在此方面,不少行政复议委员会试点单位的试点做法还是暴露出以下两个方面的问题。

一是行政复议委员会领导的设置问题。根据《国法办试点通知》的指导意见,政府行政复议委员会的主任委员原则上应当由本级政府领导担任,副主任委员由本级政府法制机构负责人担任。对于这样的制度安排,我们应当辩证地看：一方面，由政府分管领导担任行政复议委员会主任，这实际上提升了行政复议委员会的地位，成为超脱于政府职能部门之上的政府机构，这有利于增强行政复议委员会整体独立性和权威性，这是优点；另一方面，行政复议委员会主任由政府分管领导兼任而不是专任，在当前各级政府领导也都事务缠身的情况下，就意味着主任委员不会有更多的精力和时间来认真研究处理案件，这是不足；再一方面，政府分管领导担任行政复议委员会主任在增强外部独立性和权威性的同时，也会对内形成更强的控制力，如果政府分管领导在行政复议工作中不充分尊重参与办案人员的独立性，利用自己的领导权威影响普通办案委员的裁决，反而会影响到行政复议人员的独立判断，这是缺点。因此，如果行政复议委员会的内部办案程序的"行政化"严重，那么长官意志就容易影响行政复议裁决的公正性。由此看来，由政府领导担任行政复议委员会主任的做法，有利有弊，但这种取决于领导个性的机制，似乎弊端更不容易得到控制和避免。因此，行政复议委员会主任实行专任制，且主任委员对复议人员的管理也尊重其独立意志，即强调行政复议人员个人在办案中的独立性，这似乎才是更为科学稳妥的做法，才不至于因领导的改变而改变。

二是行政复议委员会办公室设置的体制问题。根据《国法办试点通知》的指导意见，行政复议委员会下设办公室，与行政复议机构合署办公。这样的制度安排也意味着，行政复议委员会办公室依附设在政府的法制机构内，并不是独立设置的行政机构。行政复议委员会办公室不独立设置并配备足够的工作人员，而是与政府法制机构合署办公并由一般行政工作人员兼任，同样会存在机构业务不专一、人员非专职化等问题。据此，尽管实践中有些试点单位通过增加事业编制、抽调职能部门法制工作人员的做法来充实行政复议委员会的办案力量，但"行政复议委员会制度在具体实施过程中力量配备与工作任务不相适应的矛盾非常突出"。① 行政复议委员会办公室不独立设置并配备足够的工作人员，将严重影响案件的处理质量，最终就会影响到行政复议委员会案件审理会议的审议效率和质量。据此，行政复议委员会办公室也应当独

---

① 邰风涛：《行政复议法教程》，中国法制出版社 2011 年版，第 363 页。

立设置并配备充足的工作人员。

综上两点,要通过赋予行政复议委员会的独立性来提升复议公信力,必须保证行政复议委员会的实质独立和复议办案人员的独立意志,这就要求其主任委员最好是专职专任,组织内部的业务管理也应当重视复议办案人员的独立性,其下设办公机构也应当独立专门设置,并配置充足的行政复议工作人员。这样的做法实际上与行政复议委员会定位为独立的行政复议机关的改革方案是完全契合的。因此,为保障行政复议委员会独立性,也必须修改《行政复议法》,规定行政复议委员会主任原则上实行专职专任、复议人员依法独立办案,并对行政复议委员会的内部机构设置、人员配置和财政经费予以明确保障。

三、行政复议委员会的办案专业性

《国法办试点通知》对行政复议委员会工作机制的指导意见是,从提高办案质量和效率的角度,根据案件的复杂难易程度、社会影响等因素,区别轻重缓急地在复议机关首长、复议委员会和复议委员会办公室三者之间实行内部职能分工。

由于行政复议活动是行政复议人员对具体行政行为实施合法性和合理性审查与判断的专业性活动,行政复议人员较高的专业素质是行政复议公信力生成的重要条件之一,英国、韩国和我国台湾地区行政复议人员实行专业分组是复议活动专业保障的重要途径,是其复议公信力的重要生成基础。对此,从行政复议案件处理的专业性需要角度,当前行政复议委员会试点工作中有以下两个值得进一步探讨和改进的问题。

首先是行政复议工作人员和行政复议委员会委员的专业素质问题。根据《国法办试点通知》对行政复议委员会运行机制的规划设想,对于重大复杂案件的办理,要经过三个程序阶段:(1)办公室的受理审查和案件事实调查;(2)复议委员会审理和议决形成初步处理意见;(3)复议机关首长集体讨论作出复议决定。这样的话,即便我们对行政复议机关首长的素质不加质疑,但行政复议委员会办公室的工作人员和复议委员需要对被申请具体行政行为的事实认定问题、法律适用问题以及自由裁量权的合理性问题进行调查、审理和判断,这就对他们的业务素质提出了要求。而且,从办案流程上看,行政复议办公室工作人员的业务素质尤其重要,因为他们对案件事实问题、法律适用问题和行政裁量权合理性问题的初步调查和判断将直接影响到复议委员会的进一步审理和议决。但遗憾的是,《国法办试点通知》对复议工作人员的业务素质问题只字未提,对复议委员中的外部委员也只用了"专业人士""专家学者"等概括性词汇。在实践中,各试点单位并没有过多考虑其业务素质问题,为缓解因行政复议委员会集中设置导致案件数量激增所带来的办案压力,大都是借调被集中职能部门的原有复议工作人员或另行招收事业编制人员来应急。对于外部委员,各试点单位对其素质的考量角度也不甚科学。因此,复议工作人员和复议委员的业务素质问题是复议试点工作中尚未被重视但却十分重要的问题。

其次是行政复议工作人员和复议委员会委员的专业分组问题。这个问题产生的前提是行政复议委员会集中设置并集中受理和审理部门管辖的复议案件。如果政府职能部门的复议案件不被集中受理和审理,那么,设置于各职能部门的复议机构也就能够很好地应对部门行政复议案件审理所需要的专业知识、技能和经验问题。但是,如前所述,尽管只有极个别试点单位集中受理和审理中央垂直管理部门管辖的专业性很强的案件,但绝大部分试点单位对所属职能部门的复议案件采取了相对集中或完全集中的受理、审理和议决。那么,行政复议委员会办公室在进行案件调查、复议委员进行案件审理和议决时,就都会面临专业行政领域的专业知识、技能和经验问题,如交通、税务、公安、社会保障等专业性较强的领域。术业有专攻,如果要求所有复议工作人员和复议委员都具备各行政领域的专业知识、技能和经验,这无疑是难以做到的。因此,实践中那种通过召开行政复议委员会全体会议来审理和议决复议案件的做法是不值得提倡的,必然会产生以下问题:一是全体委员都参加案件审理和议决,到会率难以保障;二是参加人员过多将难以形成一致议决意见,会影响议决效率;三是复议委员会并不都是这个领域的专家,外行参加实际上是充当"橡皮图章"。据此,笔者认为,最好的办法就是借鉴英国、韩国和我国台湾地区的做法,将复议工作人员和复议委员根据其业务专长分成若干小组,每小组相对固定办理某类专业案件。对此,济宁市政府行政复议委员会已经有初步的探索;①北京市案件审议会实行了根据审议案件和委员专长来确定参加委员的做法;②黑龙江省政府复议委员会审理职能部门管辖复议案件时采用了吸收职能部门人员参加审查合议庭的做法。③ 这些做法值得进一步整合改进后全面推广。

由此可见,行政复议委员会试点工作中对于办案专业性问题的考虑和保障是不够的,而专业性是行政复议公信力生成的重要基础。因此,我国在将行政复议委员会设置制度化建设过程中,必须进一步研究考虑对行政复议工作人员和复议委员进行专业分组,其中外部委员可以考虑建立有固定分组的专家库。

四、行政复议委员会的外部委员参与

行政复议委员会设置的一大亮点就是聘请了社会人士参加案件的审理和议决。这种做法是借鉴韩国和我国台湾地区的经验,得到了学术界的高度认同,对行政复议公信力提升的效果显著。④ 有学者还亲身体验了其超脱的地位和中立公正的立场。⑤ 可以说,外部委员参加复议案件的审理和议决,对于复议公信力生成的重要性已经无需质疑。但在行政复议委员会试点实践中,也存在两个值得研究改进的问题。

一是社会委员所占的比例问题。这里的社会委员是指人大代表、政协委员、专家学者、律师、社团负责人、工会成员等不具有行政公务员身份的社会人士。与此相对应的是机关委员,是指来自行政机关、法院、检察院、人大、政协、

---

① 济宁市人民政府法制办公室:《济宁市行政复议委员会工作纪实》(2011年12月9日),载:http://www.chinalaw.gov.cn/article/xzfy/gzdt/201111/20111100353287.shtml。访问日期:2011年12月13日。

② 《北京市人民政府行政复议委员会行政复议案件审理会议议事规则》第4、5条。

③ 具体操作是:省政府为法定复议机关的案件由3名复议委员会办公室人员组成审查合议庭审理,省直机关为法定复议机关的案件由3名或5名复议委员会办公室人员和省直机关专职复议人员组成审查合议庭审理。参见《黑龙江省人民政府行政复议委员会暂行工作规则》第9条。

④ 沈福俊:《行政复议委员会体制的实践与制度构建》,《政治与法律》2011年第9期。

⑤ 金国坤:《行政复议委员会:行政复议困局的突破口》,《国家行政学院学报》2009年第6期。

政法委等国家机关的委员。显然,由于机关委员和社会委员所从事的工作及其在国家权力结构体系中的角色差异,他们考虑问题的出发点必然也有所差异。相对而言,社会委员顾虑较少,更容易从案件本身的事实真相和法律规定出发考虑问题,公正性更强。这里的比例也包括两个方面:一是社会委员在行政复议委员会全体成员中所占比例;二是试点单位在采用案件审议会工作机制情况下,社会委员在案件审议会中所占的比例。显然,对于行政复议委员会工作决策而言,前一项比例很重要;对于案件个案审理而言,后一项比例很重要;而影响行政复议决定质量和公正性的,是社会委员在案件审议会中的比例,但社会委员在委员会中的比例会影响到案件审议会中的比例。从前表4-2反映的数据来看,那种复议委员中绝大多数是机关委员的行政复议委员会,实际上就是"政府工作部门首长联席会"的另一种变身。如果出席案件审议会的委员都是各职能部门领导,社会委员只是点缀、陪衬,这样的行政复议委员会也难以摆脱"官官相护"的形象。因此,通过制定法统一规定行政复议委员会中社会委员占有较高比例是十分必要的,而且最重要的是应当规定参加案件审议的社会委员不应少于二分之一。

二是外部委员的素质问题。这里的外部委员包括除行政复议机关办案人员以外的上述官方委员和社会委员,也即是兼职委员。设置行政复议委员会并聘任外部委员参加行政复议活动,外部委员所参与的活动是案件审理和议决活动,是一项专业性极强的工作。如果外部委员要实质性参与案件的审理和议决,就需要外部委员具备一定的专业知识、技能和经验,尤其是某一行政领域的专业知识、技能和经验。而且,还应当具有参加复议案件审理的时间和空间条件。由此看来,外部委员参加行政复议委员会,重点是需要外部委员提供专业知识、技能和经验方面的实质性贡献,而不是看重他所能提供的"身份"贡献。据此,那种仅仅看重其领导职务或人大代表、政协委员、领军人物、知名人士等身份而聘任为兼职委员的做法,或者像上海市那样,将路途遥远的外地著名法学家聘为兼职委员的做法,其实质就是为了"作秀"。试想,如果复议当事人发现参与案件审理的专家其实在本案所涉及专业领域就是一个外行,或者复议当事人所希望的真正专家却始终没有时间和精力参加案件审理,这样的外部委员设置也就难以提升行政复议公信力。因此,通过制定法统一规定行政复议委员会外部委员的任职资格也是十分必要的。

综合上述两个方面,如果要让外部委员参与成为提升行政复议委员会公信力的真正亮点,外部委员中非官方的社会委员应当在案件审理会议中占有较高比例,而且不能仅仅是让外部委员留下空名,必须让其以专业知识、技能和经验为案件的公正、科学处理作出实质性贡献。以上这两个方面都必须通过制定法予以规定和落实。

第五章 公信力导向下的复议主体制度重构

前文关于行政复议公信力生成机制与行政复议主体制度关系的逻辑推演、关于域外行政复议主体制度与复议公信力关系的经验考察以及关于国内行政复议委员会设置试点对复议公信力提升的关系原理分析都充分证明,行政复议公信力的塑造最主要的方面要依赖于行政复议权的集中专门配置、行政复议机构独立、行政复议人员专业等基本品质,而且外部委员参与复议也有利于提升行政复议公信力。据此,针对我国行政复议机关、行政复议机构和行政复议人员现行制度设计及实践运行中存在的制约复议公信力生成的诸多缺陷和问题,我们应当以促进行政复议公信力提升为基本目标导向,对我国复议主体制度进行系统的改造重构。

第一节 行政复议主体制度重构的基本定位

目标是行动的指南,在探讨我国行政复议主体制度改革的具体方案之前,应当对改革的基本目标有明确的定位。那么,我国行政复议主体制度改革需要达到什么样的整体标准? 在此标准要求之下应设置哪种模式才是最佳选择? 在最佳模式之下如何确定行政复议主体在公权力组织体系中的关系地位? 等等,都是应当首先明确的问题。

一、行政复议主体制度重构的标准

第二章的分析表明当前我国行政复议主体设置不集中、不独立、不完整和不专业等问题制约了复议公信力的生成;第三章揭示的英美和东亚地区经验以及第四章分析的国内行政复议委员会试点也都表明,行政复议权集中专门配置、行政复议机构相对独立以及行政复议人员专业素质高等有利于提升行政复议公信力。因此,要提升我国行政复议公信力,必须改革我国行政复议主体设置存在的制度缺陷,按照集中、独立、专业三大标准确定行政复议机关、设置行政复议机构和配置行政复议人员。

（一）行政复议主体设置应相对集中

追求组织集中是域外行政复议主体设置的基本特色之一。尽管法国和德国等欧洲大陆国家行政复议机构统一化进程前景尚不明朗,但英美国家以及东亚地区的行政复议主体设置的统一化进程却代表着一种世界性的趋势。英国正是因为早期行政裁判所的设置混乱,才促成了弗兰克斯委员会和里盖特委员会的系统调查研究和改革报告。特别是里盖特委员会的调查报告——《使用者的裁判所:统一的体系,统一的服务》的公布,直接促成了英国统一的两级裁判所体系在 2008 年底的正式诞生。在美国,"行政法法官集中使用制度自身的发展就证明了其存在和发展的合理性,没有哪个采用集中使用制度的州退回到原来的模式,而且大多数采用集中使用制度的州通过立法或者与行政机关签订协议扩大了管辖权,各州也通过行政法法官集中使用制度达到了巩固裁决制度的目的。一旦建立统一的行政法法官办公室,其实践就会证明其影响甚佳、广受欢迎"。① 韩国中央及地方的行政复议委员会都实行高度统一设置体制,这在中央层面的改革过程体现明显。我国台湾地区的诉愿审议委员会设置,根据《诉愿法》第 4 条的统一管辖要求,不论是在地方县市,还是在中央各主管院,不仅都实现了统一设置,而且还根据《诉愿法》第 52 条的规定,统一了设置标准、组织规程及审议规则等。

---

① James F.Flanagan, "An Update on Developments in Central Panels and ALJ Final Order Authority", *Indian Law Review* (2005).转引自王静:《美国行政法法官制度研究》,博士学位论文,中国政法大学,2007 年,第 119 页。

行政复议职能是一项由行政机关根据立法规定履行的受理并解决行政争议的同类或类似行政职能。根据韦伯关于"分类化"的权力分立与集中思想原理,"集权(集中)第一,分权(分散)第二,这是一个带有普遍性的原理"。①行政复议职能作为可以也应当集中化的行政纠纷裁决职能,只有让行政复议机关集中地享有和行使行政复议权,才足以让其方便、快捷并廉价地解决行政争议。这不仅是行政复议优于其他解纷方式的立身之本,更是行政复议纠纷解决职能的本质要求。如果行政复议机关复议机构设置分散,行政复议职能便难以在集中统一的标准下运行,而行政复议制度带给民众的"差别待遇"只会使民众对于制度本身产生信任危机。因此,行政复议主体应该避免过于分散设置,以利于有效实现行政复议职能。

行政复议组织集中有利于保障行政复议独立,也有利于行政复议人员的职业化发展。行政复议主体的地位独立与组织集中是互为前提的。当前我国行政复议机关的分散性以及行政复议机构设置的附属性共同决定了行政复议机构的从属地位,而从属性的复议机构因缺少主体地位也就难以实现组织集中。行政复议主体的集中设置,由于实现了行政复议的人力、物力和财力的集中,能够为行政复议主体的独立地位提供组织保障。行政复议主体的集中设置还有利于行政复议人员的职业化发展,有利于增强其专业能力。专业知识的获得在于长期的继续学习。在行政复议机构集中独立设置、成员职业稳定的情况下,处理行政纠纷的专业知识、技能和经验更容易得到积累。行政复议人员之间也可以通过集中化形成的职业交流平台进行经验总结和交流,从而促进行政复议业务能力的整体提高。

另一方面,特殊行政管理领域复议工作的专业性也要求行政复议主体并非必须完全集中设置,相反,在这些专业性较强的行政领域,行政复议主体的完全集中设置反而还难以适应办理案件的专业性需要。如果行政复议主体设置要做到形式上的绝对集中,那么,在行政复议机关内设置专门机构对专业性较强的案件实行分类审理,则更有利于行政复议决定实质公正的达成,有利于

① 转引自孙万胜:《司法权的法理之维》,法律出版社 2002 年版,第 56—57 页。

提升行政复议公信力。因此,行政复议组织机构的集中设置与行政案件解决的专业需求之间必须进行综合考量,完全集中如同完全分散一样都不是科学的选择,最佳的选择应当是相对集中,或者说是在集中的基础上又有专业化的合理分组。

行政复议主体设置集中,首先,要求行政复议职能应集中于某些行政层级的某个或某几个机构。据此,笔者赞同部分学者的主张,可以在国务院、省级政府、地市级政府及区县级政府下集中设置专门的行政复议机关。其次,行政复议主体必须常设且固定、内部机构齐全、组织制度完善、复议人员专职化并保持队伍稳定。当前,行政复议主体设置分散,行政复议人员任职条件不明,导致行政复议从业队伍很不稳定,复议工作人员经常在行政机关内部频繁调整,或长期被抽调,严重影响到行政复议人员队伍的稳定,不利于保障办案质量。行政复议主体常设且队伍稳定,有利于行政复议活动的集中开展,也有利于行政复议人员的专业化建设。再次,应处理好集中与分散的关系。虽然将行政复议职能集中于一个或几个机构是原则性要求,但针对专利、商标、海关、金融、税务等专业性较强的行政管理领域,考虑建立专业性行政复议委员会也是可以的。如果要建立统一的行政复议委员会,那么借鉴英国行政裁判所分庭或韩国行政审判委员会下设小委员会或分委员会的做法,在行政复议委员会内部设置专门委员会也是可行的选择。

（二）行政复议主体地位应相对独立

行政复议主体独立也是域外典型国家行政复议主体所具有的共同品质。英国行政裁判所经过新世纪以来的系统化改革,从最初由政府各部门设置的附属性机构演变为完全独立于各部的纠纷裁决机构,裁判所的人事任免和成员的薪金报酬不再受到政府部门的控制。随着《裁判所、法院和调查法》规定司法独立原则适用于裁判所,行政裁判所已经成为一种名副其实的独立裁判机构。在美国,《联邦行政程序法》的规定已经使得行政法法官充分享有独立裁决权,行政法法官在行政程序中可以客观、中立、独立地对事实作出判断,尽管如此,无论是在《联邦行政程序法》制定之前,还是之后的几十年间,倡导行政法法官彻底独立、建立行政法法院或建立行政法法官集中使用制度的呼声此起彼伏,甚至多次成为国会议员和重要行政官员的实际行动。[①] 韩国在行政审判委员会的独立性问题上改革力度更大、走得更远,《行政审判法》(2012)已经规定行政审判委员会有权以自己的名义独立作出裁决。[②] 此外,德国部分行政机关设置的法律委员会(咨询委员会)、日本的国税不服裁判所及公害等调整委员会等专门行政复议机构都具有相当的独立性。

地位独立是角色中立的组织保障,角色中立是裁决公正的心理基础,裁决公正是赢得公众信任的品质保障。基于对"自己不做自己案件法官"这一普适性法治原则的认同和坚持,我国《加入 WTO 议定书》第 2 条第 4 款第(1)项已经明确承诺,对行政行为的裁判或复审机构"应是公正的,并独立于被授权进行行政执行的机关,且不应对审查事项的结果有任何实质利害关系"。WTO 议定书之所以要求我们承诺,是因为行政复议主体必须保持地位上的相对独立,才能在行政复议活动中秉持中立立场主持案件审理并作出公正的复议裁决,行政复议制度也只有以中立的立场和公正的裁决才能赢得公众的信任。由此可见,行政复议主体制度改革时,确保其地位独立不仅是我国真正落实 WTO 规则的必然要求,也是我国行政复议制度要赢得公众信任和信心的必然选择。行政复议主体的地位独立意味着,行政复议机关应有独立的编制和经费,行政复议人员在办案件时独立判断而不受非法干预,行政复议行为过程和结论应当得到应有的尊重并免受责任追究。

行政复议主体独立是体现行政复议程序司法属性、实现制度设置目的的基本要求。行政复议作为解决行政争议的行政司法制度,行政复议主体的角色中立是其作出公正裁决的基础。而行政复议机关、复议机构及复议人员在办公经费、人事管理、任职待遇受制于其他机关的情况下,很难秉持客观中立的立场作出行政复议决定。行政复议主体独立也是实现行政复议权利救济目的的必然要求。行政复议主体只有充分独立,毫无顾虑地支持行政复议申请人合法正当的维权诉求,行政复议救济权利的核心目的才能实现。同时,行政

---

① 王静:《美国行政法法官制度研究》,博士学位论文,中国政法大学,2007 年,第 110—112 页。

② 邵风涛:《行政复议法教程》,中国法制出版社 2011 年版,第 35—36 页。

复议主体只有充分享有独立裁决权,才能毫无顾虑地纠正违法或不当的行政行为,大胆提出复议建议或意见,从而实现对行政的有效监督;而违法或不当行政行为得到实际的纠正,行政相对人的合法权益才能得到有效保护,行政纠纷也才能彻底化解。因此,行政复议主体独立是行政复议发挥内部监督、权利救济和化解纠纷等功能,实现行政复议制度设置目的的最基本要求。

当然,行政复议主体独立并不是完全脱离行政系统。美国、韩国和我国台湾地区的行政复议主体尽管地位独立,但美国行政法法官、韩国行政审判委员会以及台湾地区诉愿审议委员会,在组织关系上也都属于行政系统。因此,我们并不主张建立完全脱离于行政系统的行政复议机关,而是主张在行政系统内建立相对独立的行政复议机关。具体构想是:一是行政复议机关具有独立的经费预算。行政复议机关实行独立预算和决算,行政复议机关对预算的财政经费自主支配使用。二是行政复议机关有独立的编制。行政复议工作人员单列行政编制,由各级政府人事部门专门管理,行政复议委员由行政复议机关提名、同级人大常委会定期任命。三是行政复议人员享有任职保障。行政复议人员处理案件只依据法律和事实证据,不因在案件裁判中的意见影响其业绩考评或受到任何形式的责任追究,除非有故意违法或重大过失,不受免职、停职、处分、减薪或非自愿的岗位调动。四是行政复议机关须接受司法的合理监督。根据我国《行政诉讼法》第 26 条的规定,行政复议决定不论是维持还是变更原行政行为,在经复议行政案件的行政诉讼程序中复议机关都要作为被告参与应诉,行政复议决定都要接受法院司法审查。笔者认为,尽管这项措施有利于督促行政复议机关及其办案人员依法复议和裁决,但是行政复议机关作为纠纷裁判机关与法院具有相似的角色,行政复议人员也如同法官一样,除非有如同法官作出了错误裁判而应当被追责的相类似情形,行政复议办案人员不应当被无限追责。

（三）行政复议主体设置应专业化

行政复议主体设置的专业考虑是世界各国行政复议制度建构时的重要考量因素,配置专业的高素质复议人员也是各国的共性要求。英国早期的行政裁判所都是根据议会立法设置的专门解决某类行政纠纷的专业裁判机构,专业性得到充分的保障。英国统一裁判所体系建立后,为考虑各类行政案件解决的专业性需要,在初级裁判所和上诉裁判所中都设置有各种裁判分庭。裁判所分庭的设置充分保证了各类专业行政案件解决的现实需要,裁判人员在分庭的任职也是以其专业特长为依据的。在美国,部分学者和官员反对行政法法官集中统一设置的重要理由之一就是"行政法法官联合会将降低在某一特定行政机关裁决案件的行政法法官的专业性",而"把所有的行政法法官(可能还有行政法官)转变为通才型法官将使行政裁决制度流失专家而增加很多成本"。① 在德国,原行政机关或其上级行政机关内部并没有特别设立处理复议业务的机构,而是由原专业的案件承办人员来处理复议业务而不是由委员会来承担行政复议工作,本身也是出于专业性的考虑。韩国行政复议委员会下的专业委员会或分委员会等小委员会的设置,也是考虑办案专业性的需要。由此看来,我国在集中设置独立的行政复议机关时,也应借鉴这些国家和地区的经验,充分考虑行政纠纷解决的专业需要。

解决行政纠纷时专业知识和经验丰富是行政复议制度相对于行政诉讼制度的优势之一,行政复议制度以其专业、效率、灵活和经济的优势弥补着以司法方式解决行政纠纷的各种痼疾,成为行政复议制度得以独立存在的前提和基础。行政纠纷解决对专业知识和经验的依赖主要源于行政管理本身的专业性和经验性。韦伯认为,使官僚制行政变得尤其理性的是它从根本上以知识进行支配,而这里的知识包括专业知识和实践经验。② 行政纠纷解决的专业性需求意味着:首先,我们在重构行政复议主体制度时,应当保证行政复议主体的业务应当单一,专门履行行政复议职能;其次,行政复议人员的选任应当满足行政纠纷解决的专门知识和经验需要,并实现行政复议人员的职业化。

但是,行政复议主体设置时对专业问题考虑并不意味着对法律知识和经验的忽视,相反,行政复议活动作为一种依法律裁判纠纷的活动,更应当强调

① 王静:《美国行政法法官制度研究》,博士学位论文,中国政法大学,2007年,第112—113页。

② [德]马克斯·韦伯:《经济与社会》,阎克文译,上海世纪出版集团、上海人民出版社2010年版,第332页。

行政复议人员的法律知识和经验。因此,行政复议主体设置的专业性保障应当包括以下几点要求:首先,要实现行政复议职能的专门化、单一化,设置专门的行政复议机关专门履行行政复议职责。其次,行政复议人员应当有专门的任职资格要求。行政复议人员任职资格的设定应当同时从行政管理知识和法律知识两个角度考虑,在行政管理知识方面强调其从事专业管理工作的年限和经历,在法律知识方面强调需要通过国家法律职业资格考试。再次,考虑到行政管理领域内的行业分工和知识差异,行政复议机构内部可设置若干专业组(裁判庭)对不同行政领域的复议案件进行大致的区分审理,通过专业分组使行政复议人员积累处理某方向行政纠纷的专门知识和经验,训练形成业务专长。

二、行政复议主体制度重构的模式选择

按照上述我国行政复议主体设置的标准要求,我国行政复议主体制度改革的目标模式是相对集中设置独立、专业的行政复议机关。但针对学术界提出的各种构想方案所呈现出来的以下几个层次的争议,这里有必要予以进一步明确。

(一)行政法院还是行政复议委员会

在行政复议主体设置的组织形式上,学术界提出了两种设置模式,即行政法院模式和行政复议委员会模式。行政法院改革模式持论者主张将现行行政复议与行政诉讼两种制度合并,取消专门行政复议机构和人民法院行政审判庭的设置,将二者现有的职能和人员合并组建为独立的专门行政法院。[①] 行政复议委员会模式持论者则主张,行政复议机关应组建行政复议委员会处理行政复议事项,专门履行行政复议案件的受理、调查、审理和裁决职能,行政复议委员会成员由行政公务人员及聘请的社会公正人士、专家学者和法律界人士担任。从新中国行政救济制度的发展来看,将普通法院的行政审判职能分离出来设立独立行政法院的主张在行政诉讼法颁布之前就已有之,而且至今仍是不少行政法学者的主张。但据笔者所掌握的资料来看,主张将行政复议

---

① 王学政:《论我国行政诉讼和行政复议制度之创新》,《中国法学》2001年第4期。

制度与行政诉讼制度合并来设置行政法院制度的学者却是极少数,多数学者所主张的是在行政复议制度与行政诉讼制度并行设立的体制下建立专门履行行政审判职能的行政法院。

主张将行政复议机构与法院行政审判庭合并建立行政法院的这种模式不论是对行政复议制度还是对行政诉讼制度来讲,都是改革幅度最大的变革,而对于行政复议制度来讲则是"自我毁灭式"改革,即行政复议制度被行政诉讼制度完全兼并吸收。笔者不赞同这种改革模式,理由是:首先,构建多元化的纠纷解决制度体系是应对我国当前行政纠纷复杂多样态势的必然选择,[①]这种改革模式与行政纠纷解决途径的多元化需求背道而驰;其次,在当今世界各国多元化行政纠纷解决的制度体系中,行政复议制度都发挥着行政纠纷解决主渠道的作用,[②]这种改革模式脱离国际趋势;再次,行政复议制度之所以在世界各国以不同的制度形式普遍存在并发挥重要作用,是因为该制度具备专业、高效、经济等行政诉讼制度无法比拟的制度优势,而这种改革模式无异于因噎废食;最后,中央系列文件已经明确要求完善复议制度以发挥行政复议作为行政纠纷解决主渠道作用,这种改革模式不符合中央的政策导向。因此,在行政复议制度与行政诉讼制度并行体制下,设立行政复议委员会专门履行行政复议职能是更好的制度选择。

(二)行政复议委员会是否脱离行政系统

在主张建立行政复议委员会的改革模式中,绝大多数学者主张行政复议委员会在组织关系上隶属于政府或政府工作部门。在行政复议委员会设置实践中,所有的行政复议委员会也都是设置在行政复议机关之下。但个别学者却提出了另一种设置方案,主张"中央和地方行政复议委员会由同级人大常委会设立,行政复议委员会对人大常委会负责并接受人大常委会的监督,不再隶属于任何行政机关,更不与政府工作部门合署办公"。[③] 这就产生了行政复

---

① 郜风涛:《行政复议法教程》,中国法制出版社 2011 年版,第 340 页。
② 贺奇兵:《多元与主导:行政纠纷解决的国际经验与启示》,《理论与改革》2012 年第 3 期。
③ 张弘:《行政复议机构独立设置之我见》,《行政论坛》2004 年第 6 期。相似观点参见张胜利:《完善行政复议法基本问题研究》,中国政法大学出版社 2011 年版,第 174—175 页。

议委员会是隶属于行政系统还是隶属于人大系统的问题,涉及行政复议委员会的机构性质问题。由于该学者提出这一方案的出发点是为了保障行政复议委员会的独立性,笔者认为这种方案的价值取向是值得肯定的。

但在笔者看来,这种改革方案可能会面临体制上的困难并产生新问题。首先,如果行政复议委员会成为全国或地方人大常委会设置的专门机构,实际上便成为与"一府两院"并列的国家机构。由于这一改革涉及国家权力体制的结构性变动,则必然牵涉到宪法修改问题,这在短期内是不太可行的方案。其次,按照这种方案设置的行政复议委员会,实际上就是一个专门解决行政纠纷的国家机构,有与人民法院的行政纠纷解决职能相重合之嫌。再次,按照这种方案设置的行政复议委员会由于完全割裂了与行政机关之间的关系,行政复议委员会在复议人员选配以及案件审理专业性知识上难以获得行政系统的支持,行政复议委员会的专业优势将被削弱,而且可能会面临着类似当前行政机关对法院行政裁判执行不力的危险。因此,笔者认为在行政系统内设置行政复议委员会是更为现实可行但却十分紧迫的改革方案,有利于保证和发挥行政复议的制度优势。

(三)行政复议委员会是否为机关法人

尽管在行政系统内设置行政复议委员会是大多数学者认为最为可行的方向,但在行政复议委员会的设置形式上还是存在较大的意见分歧。多数学者主张在享有行政复议案件管辖权的各级政府或其工作部门之下设置相对独立的行政复议委员会。但有学者提出将行政复议委员会设置为政府的一个职能部门,专门行使各级政府及其工作部门的行政复议职能,并赋予其独立主体地位和法律人格,使其能以自己的名义受理、审理和裁判行政复议案件。[1] 也有学者提出设置直接隶属于国务院的行政复议委员会,省以下实行垂直管理的行政复议委员会体制。[2] 还有学者主张,"在国务院设立行政复议总署,下设

---

[1] 石佑启、王成明:《论我国行政复议管辖体制的缺陷及其重构》,《环球法律评论》2004年春季号;孟鸿志、王欢:《我国行政复议制度的功能定位与重构——基于法律文本的分析》,《法学论坛》2008年第3期。

[2] 周婉玲:《我国行政复议组织与程序的改革》,《法学研究》2004年第2期。

各级复议机构,复议机构与同级行政机关之间没有隶属关系,复议机构内设置行政复议委员会具体承担行政复议的职能"。① 上述四种方案中,后三种与第一种方案存在本质上的区别,即都是将行政复议委员会设置为具有机关法人资格的行政复议机关,而不是行政机关的内设复议机构;而后三种方案的差异则在于行政复议委员会是由同级政府领导还是中央垂直或省以下垂直领导。

那么,行政复议委员会是否应该设置为独立的机关法人? 在笔者看来,这还涉及行政复议管辖体制的改革问题。因为,如果行政复议委员会设置为独立机关法人,即对行政复议案件享有完全管辖权,那么各级政府及其职能部门则不再行使复议管辖权;而如果行政复议委员会仅仅是作为政府或其职能部门的内设复议机构,那么就不会涉及行政复议管辖体制的改变问题。对于行政复议案件的管辖体制问题,目前学术界的主流观点是取消政府职能部门的复议管辖权,由本级政府或者专设的复议委员会对行政复议案件实行相对集中管辖。由此看来,将行政复议委员会设置为独立的机关法人正是行政复议管辖制度与行政复议主体制度进行综合配套改革时的较优方案。

据此,笔者认为,从改革的最终目标上讲,赋予行政复议委员会机关法人地位,实行独立的经费预算和编制管理,对于其独立履行行政复议职能是有积极意义的,即有利于提升行政复议的公信力。但这样的改革是要设置一个独立的行政机关,还涉及复议管辖体制的配套改革问题,改革步子比较大,一步完成改革可能存在困难。而且如果制度设计不当,配套改革没有跟上,运行效果不佳,则会使其面临被边缘化的危险。尤其是行政复议管辖体制集中牵涉到地方利益与部门利益的重大调整,改革难度将会很大。因此,如果一步到位的改革遇有较大困难,可以适用渐进式推进改革的思路,首先是推进行政复议管辖体制集中,即由地方政府集中管辖本地方行政复议案件,而行政复议委员会目前只作为各级政府下设的内设行政复议机构,与政府办、法制办等组织形式类似,但应当具有更强的独立性。待条件成熟时,再将行政复议委员会设置为独立的机关法人。这实际上就是参考借鉴韩国行政审判委员会改革的成功

---

① 莫初明:《论我国行政复议机构的法律独立性》,《行政与法》2008 年第 1 期。

之路。

（四）行政复议委员会是分散还是集中设置

如果行政复议委员会目前只适合定位为内设行政复议机构，那么还涉及是集中设置还是分散设置的问题。在学术界也存在分散设置与集中设置等不同意见。分散设置论者主张以现行行政复议法所确立的复议案件"条块结合"的管辖体制为基础，在承担行政复议职能的各级人民政府及其工作部门分别设置行政复议委员会。[①] 而集中设置论者主张，政府工作部门不单独设置行政复议委员会，而是由政府统一设置的行政复议委员会对政府工作部门的行政复议案件实行相对集中受理、调查、审理并作出初步裁决，部门复议机关则根据复议委员会的裁决作出最终行政复议决定并送达当事人。在当前我国行政复议委员会试点设置实践中，上述两种设置形式都有试点，而且形成了三种模式：完全分散设置、完全集中设置和相对集中设置。完全集中和相对集中的差异在于，政府统一设置的行政复议委员会是对所有职能部门的行政复议权实行集中还是只集中部分职能部门的行政复议权。

笔者认为，行政复议委员会有必要相对集中设置，这样至少有以下几个优点：一是有利于精简机构。如果严格实行一级政府只设置一个行政复议委员会，那么，根据目前我国的行政区划，地方政府行政复议委员会将减少至 3 千余个，大约只是现有行政复议机构数的 1/6。二是有利于行政复议资源的优化配置。统一行政复议委员会的设置对部门复议案件的集中，能有效解决分散设置情况下"有的部门有人无案办、有的部门有案无人办"的问题，实现行政复议资源的优化整合。三是有利于增强行政复议委员会的独立性。统一设置的行政复议委员会割裂了与部门机关之间的组织隶属关系，能够在一定程度上消减部门机关在办案件时的不中立对复议公信力造成的不利影响，而具有一定人员规模的行政复议委员会更能具备保持独立意志的组织基础。四是有利于行政复议委员会的专业能力建设。统一行政复议委员会的设置集中了本地方所有参与行政复议工作的人员，有利于实现行政复议人员的专职化并

---

① 刘飞：《行政复议体制改革的模式及路径探析》，《前沿》2007 年第 9 期。

稳定行政复议人员队伍,有利于对复议工作人员开展统一的业务培训和交流,促进其办案能力的整体提升。

综上所述,行政复议主体制度改革要实现集中、独立、专业等目标,最能保证行政复议制度独立而有价值地存在并促进行政复议公信力提升的行政复议主体设置形式是行政复议委员会,其在组织体制上隶属于行政系统。那种由人大常委会设置,完全脱离于行政系统的改革主张是不现实的。在这样的前提下,如果行政复议主体制度改革是与行政复议管辖体制集中改革配套整体推进,那么行政复议委员会设置为具有独立法人地位的行政复议机关比设置为行政机关内设行政复议机构更有利于推进行政复议独立,提升行政复议公信力。但如果采用逐步推进改革的策略,也可以先行定位为内设行政复议机构。如果将行政复议委员会定位为行政复议机构,那么,一级政府只设置一个相对独立的行政复议委员会,集中承担本级政府及其职能部门行政复议工作职责,则是一种必要的选择。因此,行政复议主体制度改革的最佳目标模式是在各级政府之下集中设置具有独立法人地位的行政复议委员会,而最为紧迫且现实的选择是在各级政府之内设置相对独立的行政复议委员会。

三、行政复议主体制度重构的组织关系定位

根据我国行政复议主体制度改革的上述模式定位,为充分保障各级行政复议委员会的独立性、专业性,行政复议委员会与本级政府之间、上下级行政复议委员会之间以及与法院之间的关系也应作恰当的安排。

(一)行政复议委员会与同级政府之间的关系

按照前述构想,行政复议委员会的最终改革目标是设置为具有独立法人地位的行政复议机关,而渐进式改革的初级目标是集中设置为各级政府内的行政复议机构。在行政复议委员会仅仅设置为各级政府内的行政复议机构情况下,行政复议委员会的机构性质就类似于各级政府办公厅(室)、法制办公室,但应享有实质性的独立地位。因此,最终目标模式与初级目标模式除在经费和编制管理方面有一定差异之外,其他方面都应当坚持保障行政复议委员会的实质独立地位。全国行政复议委员会具体分为四级,国务院下设全国最高行政复议委员会,地方分别在县级、地市级和省级行政区

划内对应设置。

如果行政复议委员会属于政府的内设行政复议机构,县级以上政府作为本级行政复议委员会的领导机关,对本级行政复议委员会负有领导的职责,主要包括:(1)各级政府要把增强行政复议委员会的独立性和专业性、提升其解决行政纠纷的能力作为促进政府职能转变的重要内容;(2)各级政府要将行政复议工作摆到政府工作的重要位置,加强行政复议工作的规范化建设,积极稳妥地加以推进;(3)各级政府要建立健全行政复议委员会履行行政复议职责的责任制,并纳入各级政府的考核体系,依据职能权限加强对行政复议工作的考核监督;(4)各级政府要加强复议工作宣传,引导群众通过行政复议渠道理性地表达利益诉求,积极参加案件审理以保障自己的合法权益。而各级行政复议委员会作为具体办理行政复议案件的行政机构,在办理行政复议案件时,不具有独立对外行使行政复议权力的法人资格,而是以政府的名义对外行使权力、履行义务和承担法律后果。但行政复议作为一种行政纠纷解决机制,其办案程序的司法属性决定了行政复议委员会在进行案件受理、调查取证、案件审议以及作出复议裁决和提出复议建议书或意见书时,应当相对独立的权力。政府在作出行政复议决定时原则上应当采纳行政复议委员会的裁决意见,行政复议委员会对案件应享有实质性的复议裁决权,而政府作为行政复议机关只是行使名义上的行政复议决定权。

同时,县级以上政府作为本级行政复议委员会的领导机关,对其办理行政复议事项负有支持和保障责任。各级政府支持本级行政复议委员会依法办理行政复议事项,是履行政府行政复议职能的重要体现,这种支持和保障责任具体是:(1)各级政府分管行政复议工作首长应当充分掌握行政复议委员会的工作情况,及时研究解决行政复议工作中遇到的困难和问题;(2)排除有关方面对行政复议委员会办理案件的非法干预,保证其依法、独立、公正处理案件;(3)采取有效措施加强行政复议委员会的机构和队伍建设,促进行政复议委员会办案能力的提升;(4)为行政复议委员会开展工作创造良好的工作条件和工作环境;等等。在保障责任方面,各级政府应当为本级行政复议委员会的人、财、物等方面提供保障。在人员保障方面,各级政府应当依照有关规定配备、充实、调剂专职和兼职行政复议人员,定期组织行政复议人员参加业务培训和学习深造,不断提升行政复议委员会的办案软实力;在财力保障方面,各级政府应当为行政复议委员会提供必要的办公场所、办公设施设备和办公经费,依法落实行政复议人员的办案津贴等,从而不断改善行政复议委员会的办案条件和环境。

(二)上下级行政复议委员会之间的关系

在上下级行政复议委员会之间的组织关系问题上,如果行政复议委员会属于政府的内设行政复议机构,那么就与同级政府是领导与被领导的关系,这种组织关系决定了上下级行政复议委员会之间的基本关系很大程度上受制于上下级政府之间的关系。由于政府行政复议委员会并不属于一级政府的职能部门,因而上下级政府行政复议委员会之间也就不存在领导与被领导的关系。也就是说,行政复议委员会与同级政府的其他职能部门不同,不实行双重领导。上下级行政复议委员会不存在领导与被领导关系,但并不意味着不产生任何关系。由于上下级政府之间存在领导与监督关系,因此上下级行政复议委员会之间也必然会因落实上下级政府之间领导与监督关系而产生关系,这种关系主要就是业务指导关系。如果行政复议委员会是本级政府下设的具有独立法人地位的行政复议机关,那么,上下级行政复议委员会之间就可以直接确立业务指导关系。

上下级行政复议委员会之间的业务指导关系具有以下六个方面的内容:第一,上级行政复议委员会处于主导地位。上下级行政复议委员会分别隶属于上下级政府的组织体制决定了在上下级行政复议委员会之间的关系上,上级行政复议委员会在其中始终处于主导地位。第二,上级行政复议委员会主要负责业务指导。行政复议是一项法律性、技术性很强的工作,上级行政复议委员会对下级行政复议委员会的指导应当专注于行政复议事项,而不应涉及下级行政复议委员会与复议无关其他事务,如内部行政事务。第三,上级行政复议委员会不宜进行个案指导。上下级行政复议委员会对行政复议工作的业务指导,主要是通过制定规范性文件、确定标准等方式进行抽象性的指导,而不宜进行个案指导,特别是不能通过个案指导来不当干涉下级行政复议委员会的独立办案。即便是下级行政复议委员会请求上级行政复议委员会提供具体的技术指导,上级行政复议委员会也不宜直接介入个案审理。第四,上级行政复议委员会可以实施多种形式的指导。上级行政复议委员会以什么方式及程序实施指导,没有必要而且在事实上也难以作出整齐划一的规定。实践中的做法也是多种多样的,如业务培训、工作评查、复议稽查、文书评比、不予受理审查、复议决定备案、档案制作规定、专家咨询座谈会、典型案例研讨会等。① 第五,上级行政复议委员会指导效力的多样性。上级行政复议委员会作出的指导行为,如果是制定的要求下级行政复议委员会统一遵守的规范性文件及其相应的考查评比,则下级行政复议委员会必须依法遵照执行;而如果是一些非正式的业务培训、案件交流会,则对下级行政复议委员会不产生约束力。第六,上级行政复议委员会指导行为的不可救济性。上级行政复议委员会作出指导行为后,下级行政复议委员会因为执行该行为而产生了不利后果时,不可提起行政诉讼或者行政复议。

（三）行政复议委员会在行政诉讼中与法院的关系

基于行政复议制度与行政诉讼制度二元并存的基本关系定位,如果行政复议委员会是同级政府内设行政复议机构,行政复议委员会与法院之间的关系主要就是政府作为行政复议机关与法院之间的关系,而这其中无非就是经复议的行政案件在随后的行政诉讼程序中由政府当被告、行政复议委员会代表政府应诉的问题。如果行政复议委员会是政府下设的行政复议机关,也就是行政复议委员会在行政诉讼中当被告的问题。

新《行政诉讼法》第 26 条规定:"经复议的案件,复议机关决定维持原行政行为的,作出原行政行为的行政机关和复议机关是共同被告;复议机关改变原行政行为的,复议机关是被告。复议机关在法定期限内未作出复议决定,公民、法人或者其他组织起诉原行政行为的,作出原行政行为的行政机关是被告;起诉复议机关不作为的,复议机关是被告。"这与《行政诉讼法》第 25 条和《行政诉讼法若干问题解释》第 22 条规定相比,增加了复议决定维持情况下

---

① 钱焰青:《上下级行政复议机构业务指导关系探讨》,《法治论丛》2007 年第 2 期。

复议机关作共同被告的情形。在实践中,行政复议机关不作为当被告的情形主要有两种情况:(1)在行政复议前置情况下,行政复议机关作出不予受理裁决,申请人无法对原具体行政行为提起行政诉讼,便对不予受理裁决起诉行政复议机关;(2)行政复议为选择程序,但由于申请人申请行政复议,行政复议机关作出不予受理裁决后,申请人再对原具体行政行为提起诉讼,但已超过起诉期限,只好对不予受理裁决起诉行政复议机关。①

《行政诉讼法》第 26 条之所以增加规定复议维持决定情形下,行政复议机关为共同被告,主要是因为原来仅仅规定行政复议机关作出变更决定时才当被告,这在实践中产生了比较严重的现实问题。从常理上讲,行政复议机关首长并不乐于在行政诉讼中当被告。而且行政复议机关作为被告一旦败诉,其主要负责人的仕途往往受阻,甚至还会株连整个机关成员的利益。这样,从"趋利避害"的规则上看,行政复议机关就更愿意选择维持这个"利"而不愿意选择改变这个"害"。② 在行政复议工作实践中,也有地方坦诚:"行政复议法关于'复议机关改变原具体行政行为的,复议机关是被告'的规定,无疑让行政复议机关不自然地选择维持具体行政行为以趋利避害,使行政复议维持率居高不下。"③原《行政诉讼法》第 25 条在实践中出现的上述问题,在《行政诉讼法》修订过程中被提出来,并最终得到了采纳。④

由于行政复议机关在行政复议中更多选择复议维持,行政复议在实践中常常被认为就是"官官相护",行政复议机关也被公众戏称为"维持会"。行政复议决定的高维持率使违法或不当的行政行为不能在行政复议阶段得到有效的纠正,行政复议监督功能难以有效发挥;行政复议申请人的合法权益不能通过行政复议得到有效的救济,行政复议制度的救济功能难以实现;行政复议维

---

① 蔡小雪:《行政复议与行政诉讼的衔接》,中国法制出版社 2003 年版,第 39 页。
② 应松年:《行政诉讼法学》,中国政法大学出版社 2007 年版,第 122 页。
③ 福建省人民政府法制办公室:《关于 2012 年上半年行政复议案件趋势分析报告》,访问网址:http://www.chinalaw.gov.cn/article/xzfy/gzdt/201207/20120700370236.shtml,访问日期:2012 年 10 月 26 日。
④ 江必新:《中华人民共和国行政诉讼法理解适用与实务指南》,中国法制出版社 2015 年版,第 131 页。

持率过高也势必影响行政复议制度纠纷解决功能的实现,进而影响到行政复议诉讼减负功能的发挥。近年来,随着行政纠纷的大量爆发,由于行政复议维持率过高而未能发挥其权利救济、内部监督和纠纷解决功能,导致民众不愿意选择复议,不相信复议,也不服从复议,在行政诉讼解决行政纠纷机制不畅通而且能力有限的情况下,民众便大量寻求信访救济,这给我国社会稳定和执政党的执政地位带来了巨大的冲击。

　　鉴于以上问题的存在,新《行政诉讼法》便规定复议决定维持的情况下,行政复议机关也应当与原行政行为机关共同当被告,这样规定的目的实际上是进一步完善了法院对行政复议机关的监督机制,即行政复议机关不论是作为还是不作为,作出的行政复议决定不论是改变还是维持,都要当被告。这样的规定有利于促使行政复议机关依法、及时地纠正违法或不当行政行为,认真对待复议申请人的合法诉求并及时予以救济,有利于彻底化解行政争议。这样的规定既有利于减轻法院在行政诉讼中的负担,又为公民权利救济提供畅通的复议救济渠道,具有重要的现实意义。

　　既然行政复议机关无论如何都要当被告,那么行政复议机关不论是与原行政行为机关共同当被告还是单独做被告,我们都应当正确看待行政诉讼被告身份。长期以来,很多行政机关不愿意当行政诉讼被告,并非完全是因为作为被告人在面子上过不去的问题,最主要的还是因为当被告时,案件一旦败诉就会被追究责任而影响到机关领导和相关人员的仕途,而且在随后的各种考核中单位还会因此受到负面影响,最终影响到被告机关的整体利益。因此,行政复议机关不愿意当被告的最主要原因还是实务中对于行政机关当被告败诉后的考核机制不科学。正如当前在法院系统内不完善的错案追究制度和法官考核制度一样,[①]如果我们不正确认识到行政机关在行政复议活动中的纠纷裁决行为与普通行政执法行为的本质区别,而如同考核普通行政执法人员一样对行政复议人员进行工作考核,或是如同追究行政执法错误责任一样去追

---

　　① 　魏胜强:《错案追究何去何从——关于我国法官责任追究制度的思考》,《法学》2012 年第 9 期;叶建平:《法官考核机制有待完善》,《人民法院报》2007 年 2 月 14 日。

究行政复议机关的错误复议裁决责任,都不利于保障行政复议人员的积极性、公正性和办案独立性。因此,法院通过行政诉讼程序对行政复议机关及其人员的司法监督问题,我们应当更加重视并借鉴学界对法官的错案追究制度和考核评价体制的批评和建议,为行政复议机关和复议办案人员独立、公正、积极办案建立科学的制度保障。①

第二节 行政复议委员会的设计

我国行政复议机构改革的最佳模式是在各级政府之下集中设置具有独立法人地位的行政复议委员会,当前最为现实而紧迫的选择是在各级政府之内集中设置相对独立的行政复议委员会。那么,各级行政复议委员会该如何设置呢? 现代行政组织理论认为,行政机构的组织建设应当与其所承担的行政任务相适应。② 据此,笔者根据"机构与任务相适应"的行政组织建构原理,对我国各级行政复议委员会的组织体制、人员选任与管理以及运行程序机制具体设想如下。

一、行政复议委员会的组织体制

行政复议委员会的组织体制涉及行政复议委员会的职能预设、内部机构设置、职位设置以及编制确定等方面。根据"机构与任务相适应"的行政组织建构原理,行政复议委员会的科学组建也应当是根据其所承担的复议工作职能来确定其机构设置和人员编制。因此,行政复议委员会的机构设置及其人员编制的确定必须建立在对其职能的科学认识之上。

（一）行政复议委员会的职能确定

各级行政复议委员会作为解决行政纠纷的裁判机构,必然以审理行政复议案件为其最基本的工作任务。根据行政复议案件从受理到最后执行整个过

---

① 魏胜强:《错案追究何去何从——关于我国法官责任追究制度的思考》,《法学》2012 年第 9 期。

② ［德］施密特·阿斯曼:《秩序理念下的行政法体系建构》,林明锵等译,北京大学出版社 2012 年版,第 233 页。

程中的基本阶段,行政复议委员会所承担的核心业务职能可以分解为立案审查职能、案件调查职能、案件审议职能、案件议决职能以及行政复议决定的执行监督职能等内容。立案审查职能即行政复议委员会对行政相对人提出的复议申请进行审查,判断其申请是否符合法定条件并作出相应处理的职能;案件调查职能即行政复议委员会受理复议申请后,组织人员对争议案件事实进行证据调查和核实的职能;案件审议职能即行政复议委员会在前期复议调查的基础上,以书面或开庭方式对当事人所提供的事实证据和法律依据进行审议的职能,这一职能也包括对具体行政行为所依据的行政规范性文件进行合法性审查的职能;案件议决职能即行政复议委员会在案件审议及初步判断的基础上,对复议当事人的复议主张进行综合判断并给定判断理由的职能;复议决定执行监督职能即行政复议委员会对行政复议决定为当事人所确定的义务,在当事人不自动履行的情况下,通过法定手段使相应义务得到实现的职能。各级行政复议委员会作为专门办理行政复议案件的行政组织,这些职能是任何一个行政复议委员会都不可缺少的。

　　行政复议委员会除了必然具有上述核心业务职能之外,根据新《行政诉讼法》的规定,在经行政复议行政案件的行政诉讼程序中,不论行政复议机关是否作为,也不论行政复议决定是维持还是变更,都要当被告。而制定法规定行政复议机关当被告,除了有利于监督行政复议机关在行政复议活动中有所积极作为外,让行政复议机关出庭应诉也有助于法院查清案件事实。因此,基于这样的考虑,行政复议委员会作为行政案件的操盘手,在行政复议机关当被告时,由行政复议委员会出庭应诉也是贯彻落实上述立法意旨的最合理选择。行政复议委员会承担出庭应诉任务也应是当然之理,也是其重要的基本职能之一。

　　行政复议委员会除了必然具有上述基本职能之外,为保证其充分履行复议调查审理及行政应诉等基本职能,还必须具有一些辅助性职能。行政复议委员会的辅助性职能包括但不限于:(1)庭审辅助职能。包括复议审议准备、审议记录、复议翻译、卷宗归档等。(2)复议通讯职能。包括复议文书收发、复议情报传达、复议事项通知、复议信息公告、复议工作宣传等。(3)复议业务研究职能。包括复议信息统计、复议案例编撰、复议工作研讨、域外复议资料编译等。(4)复议指导和监督职能。包括对下级行政复议委员会的业务指导、业务考评、受理监督、审理监督等。(5)政府法制顾问职能。即行政复议委员会通过行政复议案件办理,对行政复议中发现的具有共性的问题向有关机关提出复议建议或意见,定期提交行政复议工作情况分析报告,为领导提供综合性、预警性、前瞻性之信息,或是通过行政复议工作的规范化制度建设,为上下级行政复议工作提供制度建设建议等。(6)机关组织管理职能,包括财务、人事、党务、信息管理和后勤保障等方面的工作,这是作为一个行政组织所必然具有的基础性工作。但要说明的是,上述辅助性职能并不是各级行政复议委员会必须全部都有的职能,上下级行政复议委员会的辅助性职能是有所差异的,如县级行政复议委员会就不存在复议业务指导与监督职能等,而域外行政复议资料编译等职能则更多由国务院行政复议委员会承担。

(二)行政复议委员会的内设机构

为保证行政复议委员会上述各项职能的有效实现,行政复议委员会内应当设置相应的机构来与其职能相对应,但这种对应不是机械式的一一对应。一方面,为实现机构精简,提高复议效率,应当考虑将部分相关职能合并由一个机构行使。因为过度的分工不仅会导致机构臃肿,还会带来工作协调上的低效率。另一方面,为保障复议案件办理的公正、专业需要,也需要考虑将部分职能分开由不同的机构来行使。因为,适度的职能分离,有利于实现权力制衡,避免权力专断和滥用。因此,一种比较科学的设置方案是行政复议委员会采取复合型的组织结构,即行政复议委员会由案件调查机构、审议裁决机构和行政办公机构三部分构成。复议调查机构可命名为行政复议委员案件调查组,由一定数量的专职复议工作人员组成,主要负责行政复议案件的立案审查、证据调查、主持复议调解、复议决定执行以及复议后行政应诉职能等。复议审议裁决机构可命名为案件审议庭,由行政复议委员会的专职或兼职复议委员组成,兼职复议委员可以是依法聘任的政府机关人员、专家学者、执业律师、人大代表或政协委员等。复议审议裁决机构为非常设机构,只是在行政复议案件个案审理时,才组成适当规模的行政复议庭主持行政复议听审、调解、合议并形成裁决意见。行政办公机构可命名为复议委员会办公室,主要负责行政复议委员会之日常工作,如书记、录入、送达、接待、会计、统计、档案、人事和后勤保障等辅助性工作。

上述三类机构是各级行政复议委员会应当设置的基本科室单元,但各地方、各级政府根据行政复议工作的实际需要,也可以进行适当的机构调整。例如,由于地市级以上行政复议委员会还承担了复议业务指导、复议工作研讨组织以及复议督察监督等职能,因此,还有必要成立专门机构(如指导督察室)来负责此项工作。又如,对于复议案件数量不多的县级行政复议委员会,可以考虑只设置一个综合性的行政复议委员会办公室,合并行使上述案件调查机构和行政办公机构的职能。此外,对于那些复议案件比较多的行政领域,为保证案件调查和审理的专业性需要,可以在复议调查机构和审议裁决机构中考虑设置相应的分支机构。根据对 2010 年行政复议案件涉及领域的情况统计(见表5-1),可以考虑在公安、土地管理和劳动社保等领域设置专业复议庭,其他方面则设置综合复议庭就可以了。

表 5-1　2010 年全国行政复议案件涉及领域情况统计表①

行政管理领域	公安	土地管理	劳动社保	房屋拆迁	城市规划	林业	工商
件数	26569	17364	13263	7216	3952	3853	2609
百分比%	28.55	18.66	14.25	7.75	4.25	4.14	2.80

当然,行政复议委员会审议裁决机构与案件调查机构的职责分工也应当考虑效率的需要。在行政复议办案实践中,由于行政复议案件存在繁简差异,审议裁决机构与案件调查机构在审理权限上实现繁简分流也是必要的。据此,《国法办试点通知》从提高办案质量和效率的角度,根据案件的复杂难易程度、社会影响大小、轻重缓急等因素,区别地在复议机关首长、复议委员会和

---

① 该表数据来源于《中国法律年鉴》2011 年。

复议委员会办公室三者之间实行案件分流是值得部分肯定的。为保证行政复议委员会的相对独立性,笔者不赞成将行政复议委员会的裁决意见报请政府首长批准或集体讨论后决定的做法,但根据行政复议案件的简繁程序,在审议裁决机构与案件调查机构之间进行适当的分工还是比较可行的,符合行政复议的效率要求。

(三)行政复议委员会的职位设置

根据行政复议委员会的职能及机构设置,行政复议委员会的职位可以设置主任和副主任、委员(专职或兼职)、调查专员、督察指导员和行政秘书等职位。

1.行政复议委员会的主任和副主任

行政复议委员会主任最好实行专职专任。但如果行政复议委员会设置为政府的内设复议机构,也可以由政府分管法制工作的领导兼任。行政复议委员会副主任一般实行专职;如果行政复议委员会设置为政府的内设复议机构,也可以专兼职结合;但如果主任实行兼任的情况下,应当至少有一名专职副主任。行政复议委员会主任和副主任为各级行政复议委员会的领导职位,主任负责复议委员会的全面工作,副主任协助主任开展工作。

2.行政复议委员会的复议委员

行政复议委员会的复议委员可以实行兼职形式,也可以实行专职与兼职相结合的形式。应当保证外部兼职委员占有较高的比例,如至少不能低于二分之一,而且县级行政复议委员会除复议委员会主任和副主任外,一般不考虑另外设置专职委员。行政复议委员会委员在行政复议案件中,参加行政复议庭专司行政复议案件的听审和议决之职。

3.行政复议委员会的调查专员

行政复议委员会调查专员在行政复议案件中,根据行政复议委员会主任或副主任的指派,负责行政复议案件审议裁决前的立案审查、证据调查、草拟复议议决意见书等工作以及行政复议案件被诉后的出庭应诉工作。行政复议委员会调查专员实行专职任职形式,纳入行政公务员序列,但需要实行专门的人事管理。

4.行政复议委员会的督察指导员

由于县级(不包括县级)以上行政复议委员会还承担了行政复议业务研究、指导、培训以及监督职能,因此需要设置专职复议督察指导员,专司行政复议业务研究、指导、培训和督察工作。行政复议委员会督察指导员也专职纳入行政公务员序列,但需要实行专门的人事管理。

5.行政复议委员会的行政秘书

行政复议委员会行政秘书专司行政复议委员会的办公室工作,如会计、机要、党务、人事、宣传等,也专职纳入行政公务员序列,如果不参与复议业务工作,可以不实行专门的人事管理。

(四)行政复议委员会的编制规划

各级行政复议委员会下属各机构的编制规模,案件调查机构和审议裁决机构的编制定额需要根据其业务量以及行政复议审议庭配置规模来科学确定。行政复议委员会业务量的主要考查指标是行政复议案件的数量,由于县级以上(不包括县级)行政复议委员会还要承担复议业务研究、指导、培训以及监督职能,因而还应当为其督察指导机构确定专门的编制。而行政办公机构的编制定额尽管与行政复议案件的办理量有一定的关系,但关系不是很大,更重要的是与行政复议委员会的级别有关系,但这对编制数额的影响差异不会很大。

各级行政复议委员会受理复议案件的数量是由行政复议管辖关系所确定的。如果行政复议委员会只在全国四级政府集中设置,那么,行政复议案件的管辖关系就变为:(1)国务院行政复议委员会为最高行政复议机构,受理并办理以国务院、国务院部门和省级人民政府为被申请人的行政复议案件;(2)省级、地市级和县级行政复议委员会受理并办理以本级政府各职能部门、下级人民政府以及垂直、半垂直管理机关和单位在本地方的分支机构为被申请人的行政复议案件。按照上述新的行政复议案件管辖体制,我们可以行政复议被申请人的统计数据来概算出各级行政复议委员会的受案量。全国2006年至2010年五年间全国行政复议案件被申请人情况统计见表5-2。

表 5-2　全国 2006—2010 年行政复议被申请人情况统计表① （单位:件）

年份	总数	乡镇政府	县政府部门	县级政府	市政府部门	市级政府	省政府部门	省部级机关	其他
2006	91667	6436	41386	9694	19484	1619	3553	1165	8330
2007	85587	4484	36527	11452	20940	2246	3154	818	5966
2008	78002	4356	35043	8977	21318	1583	2751	1250	2724
2009	77877	4908	36029	8498	17919	2328	3299	1406	3490
2010	93055	5852	36315	10286	21617	4175	2754	3111	8945
平均	85237	5207	37060	9781	20256	2390	3102	1550	5891

　　这样,县级行政复议委员会管辖以乡镇政府和县政府部门为被申请人的案件年平均案件总数是 42267 件,地市级行政复议委员会管辖以县级政府和市级政府部门为被申请人的案件年平均总数是 30037 件,省级行政复议委员会管辖以地市级政府和省级政府职能部门为被申请人的案件年平均总数是 5492 件,国务院行政复议委员会受理以国务院、国务院各部门、省级政府为被申请人的案件年平均有 1550 件。而根据百度统计数据,至 2011 年底,全国共有 34 个省级行政区(包括港澳台),332 个地级行政区划单位,2853 个县级行政区划单位,其中,省以下行政区划单位统计不包括港澳台地区。② 这样,按照前五年的受案平均数据大致概算,新设立的全国四级行政复议委员会的复议案件受理量见表 5-3。

表 5-3　新设四级政府行政复议委员会受案量估算表

	县级政府行政复议委员会	地市级政府行政复议委员会	省级政府行政复议委员会	国务院政府行政复议委员会
前五年复议案件年平均总数	42267	30037	5492	1550
全国行政区划单位数	2853	332	31	1
平均受理案件数	15	90	177	1550

---

① 　该表数据来源于《中国法律年鉴》2007—2011 年公布数据。

② 　http://baike.baidu.com/view/787783.htm。访问日期:2013 年 2 月 5 日。

当然,上述数据还应当考虑下列因素予以校正:一是如果将表5-2中"其他"类数据加以考虑,各级行政复议委员会受理行政复议案件的年平均数量将略有增加。二是四个直辖市中以区县为复议被申请人的行政复议案件直接由直辖市行政复议委员会管辖,因此,地市级行政复议委员会的年平均受案数比上述概算数据略低一些,而省级行政复议委员会的平均数量略高一些。三是行政复议委员会设置改革后,行政复议案件的数量会有较大幅度增长。因为从我国当前各地行政复议委员会设置试点来看,各地都有增长,只是增长幅度不太一致,如厦门市增长35%,而山东济宁市增长了4倍。四是由于各地方经济社会发展的不平衡,东部地区的行政复议案件数量会更多,而西部偏远地区的行政复议案件相对要少一些。综合上述因素进行大致估算,县级行政复议委员会的年平均受案量约为40件左右,地市级行政复议委员会的年平均受案量约为200件左右,省级行政复议委员会的年平均受案量约为400件左右,而国务院行政复议委员会的年平均受案量估计会达到3000件左右。

需要说明的是,上述估计数据与本文第四章介绍的部分试点单位的实际数据要低一些,出现这种情况的原因在于:首先,这些试点单位都是经济较发达的地方,复议案件数量自然更高;其次,当前各地实行复议管辖相对集中的试点单位是将行政相对人以下一级政府职能部门为被申请人向上一级政府职能部门申请复议的案件相对集中到了上一级政府行政复议委员会,而根据上述的统计模式,这些数据应当算到下一级行政复议委员会的数据当中,因此这些试点单位的复议案件统计数据自然要高很多。这也是笔者不采用这些试点单位的现有统计数据的原因。

另外,考虑新《行政诉讼法》规定了行政复议维持决定情况下复议机关也要当共同被告,而从近年来行政复议维持、驳回复议申请或复议请求与变更复议决定的数量比(表5-4)可以看出,行政复议维持或复议驳回的总数平均每年是复议变更的100倍以上,尽管不太可能所有的复议维持或复议驳回案件都会被起诉,但从常理上讲,复议维持或复议驳回案件中相当于复议申请人完全败诉,而复议变更则是部分败诉(根据禁止不利变更原则,复议变更主要是对复议申请人有利的变更),因此复议变更被起诉的可能性比复议维持或复议驳回被起诉的可能性要小。据此,可以预见,新《行政诉讼法》实施后,行政复议机关在复议被维持或驳回的案件中当被告的行政案件数量会成倍甚至几十倍地增加,因此,出庭应诉将是行政复议委员会的一项繁重的任务。

表5-4　行政复议决定维持和驳回与复议决定变更比例表①

年份	2007	2008	2009	2010	2011	2012	2013	平均
审结案件总数	72747	66479	64668	77606	84387	91974	106491	80622
复议维持	44044	41027	40234	45615	49941	53032	59465	47623
复议驳回	1177	1918	2360	3755	5097	5056	8132	3928
复议变更	1130	509	413	377	454	348	217	493
维持+驳回与变更之比	40:1	84:1	103:1	130:1	121:1	167:1	311:1	105:1

按照这样的行政复议案件数量估计,对于各级行政复议委员会委员数量的规模,笔者认为,首先考虑将县级行政复议委员会的复议审议裁决庭合议人数考虑为5—11人,并估计每名委员每年平均可以参加12次审议会。其次考虑行政复议委员会调查人员每年办理30—50件行政案件的调查审理,并且每件案件至少由2名人员参与调查。同时,所有经复议的行政案件被起诉的概率按50%计算。那么,我们可以将各级行政复议委员会的编制大致确定如表5-5。其中,由于兼职行政复议委员不占行政编制,可以根据实际需要增加数量,而复议调查专员、复议监察指导员以及行政秘书实行行政编制,应当进行严格控制。

表5-5　各级政府行政复议委员会编制规划建议表

	兼职复议委员	调查专员(代理应诉)	督察指导员(专职委员)	行政秘书	行政编制总数
县级行政复议委员会	7—13	3—6	1—2	1—2	5—10
地市级行政复议委员会	11—20	5—10	2—3	2—4	9—17

---

① 该表数据来源于国务院法制办网站,访问网址:http://www.chinalaw.gov.cn/article/xzfy/wtjd/。访问日期:2015年7月29日。

	兼职复议委员	调查专员(代理应诉)	督察指导员(专职委员)	行政秘书	行政编制总数
省级行政复议委员会	17—30	7—12	3—5	3—5	13—22
国务院行政复议委员会	30—50	50—80	4—8	6—12	60—100

二、行政复议委员会的人员选任与管理

行政复议委员会工作人员的选任与管理将直接关系到行政复议委员会工作的开展和各项职能的实现。设置各级行政复议委员会时,必须考虑行政复议人员的任职条件、任免方式、任职保障、任职回避等基本问题。

（一）行政复议人员的任职条件

《行政复议法实施条例》第4条规定:"专职行政复议人员应当具备与履行行政复议职责相适应的品行、专业知识和业务能力,并取得相应资格。"这要求行政复议工作人员不仅要具备专业知识和技能,还应取得相应的资格。据此,笔者认为,行政复议委员会中的主任、副主任、委员、调查专员、督察指导员以及行政秘书应当分别按下列资格条件要求来选任。

1.行政复议委员会主任与副主任的任职条件

行政复议委员会主任和副主任作为领导职人员,应当具有较高的条件要求。参照韩国的做法,一般来讲,县级行政复议委员会的主任至少应当是具有6级以上职级的公务员,地市级以上行政复议委员会的主任应当对应地提高1级,这样就要求国务院行政复议委员会主任必须是3级以上职级的公务员。副主任作为副职,可以比照主任对应地低1级。

2.行政复议委员会复议委员的任职资格

对于行政复议委员会的兼职委员,可以考虑参照韩国行政审判委员的任职条件,规定至少应当具备下列资格条件:(1)取得律师资格后,有5年以上的实务经验;(2)高等院校中具有副高级以上职称或取得博士学位且有3年以上的工作经验;(3)行政机关中7级以上职级的公务员;(4)取得硕士学位后,具有在相关领域5年以上的工作经验;(5)从事行政复议工作5年以上,

且具有相关领域的知识和经验。如果县级以上(不包括县级)政府行政复议委员会实行了专职委员,则专职委员应当是本单位7级以上职级的公务员。而且行政复议委员会级别越高,应当对应提高任职资格条件。

3.行政复议委员会调查专员的任职条件

由于行政复议委员会调查专员专门负责案件的立案审查、证据调查、代理出庭应诉等事务性工作,因此应当是兼具法律和行政管理专业知识的人士,而特别应当强调具有法律专业知识,据此,应当考虑:(1)是已经通过国家司法资格考试的公务员;(2)具有3年以上行政执法工作经历。

4.行政复议委员会督察指导员的任职条件

由于行政复议委员会督察指导员专门负责对行政复议业务研究、指导、培训以及监督等工作,因此应当是兼具法律和行政管理专业知识的人士,而特别应当强调具有较高的理论水平和较丰富的实践经验。据此,应当考虑由一些多年从事行政复议工作且理论研究水平较高的公务员担任,在笔者看来,至少应当具有5年以上行政复议工作经验。

5.行政复议委员会行政秘书的任职条件

由于行政复议委员会行政秘书主要负责办公室日常工作,因此完全可以根据行政公务员的任职条件进行选任,除因工作需要而须有专业要求外,不必设置其他专门条件。

(二)行政复议人员的选任方式

根据笔者上述对行政复议委员会的职位设置及人员选任条件的设想,由于行政复议委员会的调查专员、督察指导员和行政秘书等职位纳入普通公务员实施编制管理,因此,这些人员可以直接由各级政府人事部门根据上述的条件要求进行考试选拔或是公开竞聘。但需要说明的是,鉴于当前我国行政复议机构设置分散,各级行政复议委员会集中设置后,原分散在各职能部门从事行政复议工作的人员,可以通过转岗方式集中到行政复议委员会中任职。但由于当前各部门行政复议工作人员素质参差不齐,因此在转岗过程中需要进行统一培训,考核合格后持证上岗。而对于行政复议委员会的主任、副主任和委员的选任,笔者设想如下。

1.行政复议委员会主任和副主任的选任

各级行政复议委员会的主任和副主任作为领导职位,如同各级政府各职能部门领导职一样,其人事任免权应当归同级人大常委会。具体说来,各级行政复议委员会的主任和副主任由本级政府首长从具备复议委员条件的人员中提名,由同级人大常委会任命。考虑行政复议委员会主任、副主任是同级政府组成人员,各级行政复议委员会主任与副主任的任期与政府其他职能部门首长的任期相同,而且可以连选连任。

2.行政复议委员会复议委员的选任

由于行政复议委员会的复议委员在行政复议案件处理中,通过参加复议听审和案件议决而享有实质性的复议裁决权,因此,为保障行政复议委员会办案的公正性和中立性,不论是专职委员还是兼职委员,都由行政复议委员会主任和副主任协商确定候选人名单,由分管行政复议工作的政府首长审核后提交同级人大常委会任命。为兼顾平衡地方利益和部门利益,复议委员(特别是专业复议委员会复议委员)候选人名单的确定应当考虑征询行政案件较多的上一级政府主管部门的意见。行政复议委员会委员的任期与主任、副主任的任期相同,也可以连选连任。

（三）行政复议委员会的人员管理

行政复议委员会的人员管理包括复议人员的权利义务设定、任职回避和任职保障等方面。这其中,由于行政复议委员会的调查专员、督察指导员和行政秘书等职位纳入普通公务员实施编制管理,因此,也可以适用一般行政公务员的权利义务规定、任职回避规定和任职保障规定。但对于行政复议委员会的复议委员,由于他们在行政复议案件听审和议决程序中相当于法官的角色,因此,可能参照适用我国《法官法》关于法官的权利义务规定、任职回避规定和任职保障规定。

具体说来,行政复议委员会复议委员享有以下权利:(1)履行行政复议职责应当具有的职权和工作条件;(2)依法复议案件不受行政机关、社会团体和个人的干涉;(3)非因法定事由、非经法定程序,不被免职、降职、辞退或者处分;(4)获得劳动报酬,享受保险、福利待遇;(5)人身、财产和住所安全受法律保护;(6)参加培训;(7)提出申诉或者控告;(8)辞职。同时,行政复议委员会委员应当履行下列义务:(1)严格遵守宪法和法律;(2)复议案件必须以事实为根据,以法律为准绳,秉公办案,不得徇私枉法;(3)依法保障复议参与人的复议权利;(4)维护国家利益、公共利益,维护自然人、法人和其他组织的合法权益;(5)清正廉明,忠于职守,遵守纪律,恪守职业道德;(6)保守国家秘密和复议工作秘密;(7)接受法律监督和人民群众监督。

行政复议委员会的复议委员在行政复议过程中能否从自己的专业判断出发,作出公正的裁判,很大程度上取决于法律对其职务行为的保障机制是否健全。对行政复议委员会的复议委员给予充分的任职保障有利于他们中立、公正地行使复议裁决权。据此,我们可以借鉴美国行政法官、英国行政裁判所成员和韩国行政审判委员会委员的做法,规定其任职保障,即:复议委员被依法任命以后,除非因为违法乱纪或者被法院认定为无民事行为能力人或限制民事行为能力人,或者依法律规定正常辞退以外,其他行政机关和个人无权对行政复议委员作出调职、免职、撤职的处理决定,本级政府分管行政复议工作的行政首长及行政复议委员会主任、副主任也无权单独作出调职、免职、撤职的处理决定;确实是由于不能胜任该工作或者确有其他法定原因需要调职、免职或撤职的,需经行政复议委员会主任、副主任签署意见,并经本级政府办公会议多数同意后,报请同级人大常委会批准。除此之外,复议委员还应当充分享有工作保障和薪俸保障,工作保障即行政复议委员会应为复议委员提供良好的工作条件以及职务安全保障,复议委员也不受违法不当的工件指派等;薪俸保障即行政复议委员在执行职务期间,有获得法定的工资、津补贴、保险金以及公务补偿等权利。

行政复议委员会的复议委员作为具体行使案件听审和议决人员,如其与案件存在某种利害关系时,可能会影响或妨碍公正的裁决。因此,为确保行政复议程序的公正,以及获得群众的信赖,有必要实行回避制度。具体说来,复议委员有下列情形之一的,应当自行回避,当事人有权用口头或书面方式申请他们回避:(1)复议委员是本案当事人或当事人、复议代理人的近亲属;(2)复议委员与本案有利害关系的;(3)复议委员曾担任本案的证人、鉴定人或曾参与作出被复议行政行为的;(4)复议委员与本案当事人、复议代理人有其他关系,可能影响对案件公正复议的。此外,复议委员接受当事人、复议代理人请客送礼,或者违反规定会见当事人、复议代理人的,当事人有权要求他们回避。行政复议委员的回避不论是自行回避还是依申请回避,都由行政复议委员会主任决定。行政复议委员会主任决定予以回避的,复议委员即应退出复议程序,如应回避而未回避,则属于复议程序的重大明显违法,构成撤销行政复议决定的理由。行政复议委员会主任决定不予回避的,应当说明理由并以书面方式告知回避申请人。

另外,由于行政复议委员会的非常任委员由行政复议委员会以外的其他人士担任,这些人员来自各行各业,尽管具有较为丰富的专业知识和实践经验,但是对于行政复议业务及法律知识则可能参差不齐,因此对他们开展业务培训是必要的。对于培训的内容,笔者以为,对于一些实体法上的专业问题没有必要开展过多,我们不可能也没有必要通过行政复议业务培训将他们都训练成法律问题的专家。事实上,吸收他们参加复议审议和议决,也并不是要他们利用法律方面的知识来审理案件,而是要利用他们在专业方面的知识和经验来判断案件的事实问题。因此,对这些委员的业务培训,应当将重点放在行政复议程序规则方面,而其中最重要的是复议证据规则和庭审议事规则,当然复议工作纪律也是需要强调的。

三、行政复议委员会的内部工作机制

王名扬先生曾深刻指出:"一个健全的法律,如果使用武断专横的程序去执行,不可能发生良好的效果。一个不良的法律,如果用一个健全的程序去执行,可以限制或削弱法律的不良效果。"①因此,各级行政复议委员会按照前述规划组建之后如何运行,即依据什么样程序机制来开展行政复议工作? 这是值得进一步探讨的事情。事实上,我国各地方在行政复议委员会试点工作中已经有了很多有益的探索,典型国家也有各自不同的做法,我们应当充分研究借鉴。行政复议的程序包括申请、受理、审理、决定四个基本环节。由于申请

---

① 王名扬:《美国行政法》(上),中国法制出版社 1995 年版,第 41 页。

环节是行政相对人实施的程序,而且实行行政复议委员会制度后,复议审理环节要实行调查职能与议决职能分离的原则,因此,以下笔者分复议受理、复议调查和复议议决三个阶段来探讨行政复议委员会的工作机制。

(一)案件受理审查

行政复议遵循不告不理,复议申请是行政复议程序的起点。行政复议委员会如何对待和处理单位或个人提起的复议申请,对于行政复议制度功能和目的的实现起着关键性的作用,对畅通行政复议渠道、发挥行政复议作为纠纷解决主渠道的作用也是十分关键的。所以,接收复议申请并对申请进行审查,决定是否受理,是行政复议委员会的重要工作。行政复议委员会的复议受理工作主要有三个内容:一是接收单位或个人的复议申请;二是对行政复议申请进行审查;三是作出是否予以受理的决定并通知。

在接收复议申请这个环节上,笔者认为,我国地方一些单位探索建立的复议受理与信访接待相衔接的程序机制值得改进后推广,这项机制有利于有效引导群众合法有序地表达利益诉求。改进后的操作程序是,认为具体行政行为违法或不当侵害其合法权益的单位或个人当场表达复议诉求或信访诉求时,行政复议委员会主任都应当指派1名调查专员负责接待,并初步判断。如果当事人的诉求属于行政复议的受案范围且该案不存在其他必经前置救济程序,该案又尚未经过行政复议程序,那么可以告知当事人向有管辖权的行政复议委员会申请复议;如果不能同时满足上述三个条件,那么,告知当事人通过其他合法途径寻求权利救济。如果满足上述三个条件,且该案属于本级行政复议委员会的管辖范围,则可以接收当事人的复议申请。如果当事人没有复议申请书且书写复议申请书有困难的,接待人员可以制作笔录并由当事人签字。但接待人员不论以何种方式接收当事人的复议申请,应当签发收件回执。特殊情况下,如果因案情复杂而接待人员难以当天决定是否接收复议申请的,笔者认为也应当先接收申请,这对于稳定当事人的情绪很有好处。

这里需要说明的是,由于一定时期内我国群众信访的数量很大,实行行政复议与行政信访相衔接的程序机制必然会导致各级行政复议委员会接待信访的数量也会相当大,从前述部分各试点单位介绍的统计数据来看,行政复议委员会接待信访的数量是复议立案数量的两倍以上。各级行政复议委员会要在复议受理阶段接待并处理一些信访事项,需要占用大量的人力,因此,对于信访接待量比较大的地方,行政复议委员会可以考虑设置专门的复议受理机构,并安排一定数量工作人员负责复议和信访接待及立案审查。通过这种实现立案审查与案件办理相分离的措施,具体办案人员不必在接待申请人和来访上投入更多的时间,可以集中精力用在案件的审理上,提高行政复议案件办理效率。

行政复议委员会调查专员接收复议申请后,该案即进入受理审查程序。在这一程序阶段,受指派承担接待任务的调查专员应当对复议申请是否符合条件进行实质审查。受理行政复议申请的必要条件包括:(1)复议申请人与被申请行政行为有利害关系;(2)有符合规定的复议被申请人;(3)有具体的行政复议请求和理由;(4)属于行政复议的受案范围;(5)属于本级政府复议委员会管辖;(6)申请未超过复议时效;(7)该案没有其他必经前置救济程序;(8)该案未进入行政诉讼程序且未经行政诉讼处理;等等。① 如果因为复议申请人某些手续欠缺而无法对上述条件进行审查的,调查专员可以一次性告知并要求复议申请人在规定时间内补齐所有欠缺手续。经审查,如果申请人的复议申请上述条件都满足,则调查专员应当在立案审查意见表上签署同意立案的意见;如果调查专员审查认为复议申请人的复议申请不能同时满足上述条件,则应当在立案审查意见表上签署不予立案的意见,并具体说明不应予以立案的理由;如果案件比较复杂,调查专员在规定期限内不能确定是否应予以立案的,则应当及时向主任请示处理。

为保证复议申请得到充分的研究考虑,笔者将调查专员是否予以立案意见的研究审批程序设计如下:(1)如果调查专员签署准予立案的意见,则应当呈报主任审批,主任也同意立案受理的,应当签署同意立案意见并指定2名调查专员开展案件调查,该案进入复议调查阶段;(2)如果调查专员同意立案而主任不同意立案,则主任应当召开案件研讨会,集体讨论决定是否予以立案,

---

① 这八项条件与《中华人民共和国行政复议法实施条例》第28条的规定略有差异。

在案件研讨会上,主任应当说明不予立案的具体理由;(3)如果调查专员签署不予立案的意见,不论主任是否同意该意见,都应当召开案件研讨会,由调查专员具体说明不予立案的理由,集体讨论不予立案的这些理由是否成立;(4)如果调查专员不能判断是否应予以立案,主任接到汇报后,也应当召开案件研讨会,集体研究是否应当予以立案,如果不应当立案的,集体研究并确定不予立案的具体理由。设计上述程序的意义在于,经过上述立案研讨程序后,行政复议委员会作出的不予受理复议申请决定,理由应当很充分,容易为复议申请人所接受。

经过上述立案研究程序后,如果行政复议委员会同意立案的,则在规定期限内制作立案通知书并送达行政复议申请人,制作复议应诉通知书并送达行政复议被申请人;如果不同意立案的,应当制作不予立案通知书。为保障后续复议程序的顺利进行,并规范复议当事人在复议程序中的行为,复议立案通知书和复议应诉通知书中应当载明下列内容:(1)承办本案的调查专员姓名及联系方式;(2)当事人在复议调查程序阶段的权利和义务;(3)当事人申请调查专员回避的期限及申请方式;(4)本案的举证责任分配及举证的时间要求;(5)被申请具体行政行为是否停止执行及其理由;(6)其他应当告知的事项。不予复议立案通知书中应当详细载明不予立案的具体理由,同时应当告知复议申请人请求再救济的途径和期限。

(二)案件事实调查

《行政复议法实施条例》第 32 条规定要求,审理行政复议案件应当由 2 名以上行政复议人员参加。第 34 条规定要求行政复议人员向有关组织和人员调查取证时,不得少于 2 人。由于行政复议委员会实行案件调查职能与案件审议职能相分离的原则,在案件审议职能由案件审议庭承担的情况下,案件调查职能原则上由 2 名调查专员负责。具体的做法是,行政复议委员会主任决定受理复议申请时,应当同时指定 2 名调查专员具体负责案件的证据调查和案情研究,在向复议当事人送达的复议受理通知书和复议应诉通知书中也应当载明案件调查专员的基本情况,以便于当事人查证该调查专员是否具有应当回避的情形。但如果案情比较重大、复杂,也可以考虑指定 2 名以上的调查专员调查处理案件。

案件调查专员确定后，调查专员应当在规定的时间内主持复议申请书、复议答辩书和案件证据的送达和交换程序。在完成相关文书材料的收寄工作后，复议调查专员应当将案卷立卷，并同时阅卷研究案件。调查专员在研究案件过程中，对于案件事实问题，在必要的情况下，可以采取下列调查方式：（1）实地调查核实证据；（2）安排证据鉴定；（3）主持现场勘验；（4）征询专家意见；等等。如果调查专员根据双方提供的证据材料难以查清案件事实真相，或者发现双方证据不一致而又难辨真伪时，可以传唤当事人双方到场进行询问和证据对质，也可以依法责令当事人补充提交相关证据，但应当避免单方面接触当事人一方。

复议调查专员在开展案件事实调查的同时，应当对相关的法律问题进行研究，以便在案件事实调查完成后对案件提出相应的法律处理意见。但调查专员在拟定案件初步处理意见之前，应根据《行政复议法实施条例》第40条规定的情形，主持双方当事人自愿进行复议调解。在复议调解过程中，调查专员可以向当事人说明其对相关证据事实的初步调查结论以及对该案的初步处理意见。这样的说明至少有两个好处，一是有利于当事人认清自己的错误以便于在调解中作出让步，二是有利于进一步听取当事人对调查专员初步调查结论的辩论意见。经调解，当事人如果达成和解并签订了和解协议，且该协议不违反法律规定，不损害第三人利益、国家或社会公共利益的，调查专员即可根据和解协议制作《行政复议调解书》。《行政复议调解书》由当事人签收后生效，复议程序终结；当事人拒绝签字的，调查专员应当及时起草案件调查报告及初步处理意见。

如果双方当事人调解不成，或者不愿意调解，调查专员应当制作《复议案件调查报告》。《复议案件调查报告》应当提出对案件的初步处理意见并呈报复议委员会主任。复议委员会主任签署审批意见时，如果同意调查专员的报告内容和复议处理意见，则应当签发同意提交复议庭审议的意见；如果不同意调查专员报告内容或复议处理意见，则应当提交案件研讨会集体讨论。案件研讨会上，调查专员应当说明作出该案件调查报告和复议处理意见的事实根据和法律依据。案件研讨会讨论同意调查专员报告内容和处理意见的,复议委员会主任应当签发同意提交案件审议会审议的意见;不同意调查专员报告内容或处理意见的,主任应当责令调查专员重新拟定复议处理意见,必要时还可以责令调查专员进一步开展案件调查,或是另行指定调查专员重新开展案件调查。如果因案件重新调查而需要延长复议期限的,调查专员应当履行相应的延期申请和审批手续。

如果在案件研讨会上,参会人员对案件事实认定的意见存在较大分歧,或者复议委员会主任认为案件复杂重大,或者当事人对调查专员的调查结论意见很大要求听证的,复议委员会主任应当根据当事人的申请或依职权举行复议听证会。听证会由复议委员会主任或其委托的副主任主持,案件当事人亲自或委托代理人参加。听证会上,调查专员应当宣读案件调查报告,并说明案件拟处理意见及其理由。当事人及其代理人可以对相关证据材料进行对质辩论,也可以对案件处理意见发表意见。在符合规定的情况下,复议听证会可以接纳当事人提出的新证据。复议听证会应当制作听证笔录,并由当事人签字确认。复议听证会结束后,调查专员应当根据听证笔录重新制作《案件调查报告》,并提交复议委员会主任审批或提交案件研讨会讨论。

(三)审理和议决

经复议委员会主任审批同意提交案件审议会议决的案件,复议委员会主任应当指定复议委员参加案件的审理和议决。复议案件审议庭由复议委员会主任指定的复议委员组成,复议委员会主任或其指定的副主任作为审议成员,要亲自担任审议长主持案件审议会议。根据案件审理的需要,复议案件审议会人数为3名以上的单数。为提高复议审理和议决的效率,案件审议会的参会人员也不宜过多,原则上不宜超过7人。为保证案件的公正审理,参加案件审议会的人员应当考虑借鉴韩国和我国台湾地区的做法,规定半数以上成员应当为民间委员。复议委员会主任在具体确定民间委员人选时,可以随机确定;但如果案件审理涉及较强的专业性,则应当尽量指定相关领域的专家学者参加;而如果复议委员会已经分类建立了复议委员库,则最好随机确定。复议委员会主任在组建案件审议庭时,应当考虑借鉴韩国的做法,同时确定一名复议委员担任某一个或某一类案件的主审委员。[①]　主审委员相当于我国人民法院合议庭中的主审法官,在复议案件审议庭开庭审议时,对所负责主审的案件向复议审议庭作审议报告,讲解案件所涉及的专业知识,并在案件审议庭合议时作主要发言。

由于案件审议庭成员多数是兼职民间委员,为保证案件审议庭能按时顺利开庭审理和议决,复议委员会主任应当同时指定本案调查专员作为庭审书记员,负责庭前准备、庭审记录、文书收发和通知公告工作。当然,文书收发和通知公告工作可以由行政秘书协助开展。庭前准备的首要工作就是确定开庭日期及地点。开庭日期和地点确定后,应及时通知并落实复议委员的参审事宜,对于不能参加庭审的复议委员应当及时调整。复议委员参审事宜落实后,应当至少提前5天向所有参审复议委员发送《复议申请书》《复议答辩书》和《案件调查报告》,并向主审委员发送所有案卷材料。由于提交案件审议庭的案件之前已经经过证据核实调查或听证,因此,案件审议会会议不必公开进行,也不再通知当事人及其代理人参加。但复议书记员应当至少提前5天向当事人及其代理人告知复议审议庭组成人员情况,以便于当事人行使回避请求权。

行政复议案件审议庭审理和议决案件的基本程序是:首先,由该案主审委员报告案件基本情况、所涉专业问题并提出审查处理意见。然后,由审议长询问其他委员对该案的审查和处理意见。如果其他委员与主审委员的处理意见基本一致,则可以形成表决意见;如果其他委员与主审委员的处理意见差异较大,可以进一步讨论形成表决意见。每个案件处理表决意见由本案的所有参审人员投票表决,一人一票,过半数通过。如果不能形成过半数,则应当进一步讨论议决,直到形成过半数处理意见。如果经反复讨论仍然不能在本次案件审议会上形成过半数处理意见,则审议长应当宣布将该案退回调查程序,由原调查专员或重新指定的调查专员重新调查研究案件,待下次案件审议会召开时再行审理议决。

---

① 青锋、方军、张越:《韩国行政复议制度》,中国法制出版社2005年版,第142页。

为提高行政复议委员会的案件议决效率,复议委员会可以确定每周、每两周或每个月的固定某一天集中召开一次案件审议会,每次案件审议会议可以集中审理若干个案件。每次案件审议会审理的案件,可以根据案件难易程度或专业进行分组。由于每个案件的案件审议委员可能不完全一致,在对案件进行集中开庭并分组审议和议决时,审议长应当注意监督和提醒哪些复议委员对该案享有表决权。如果因需要议决的案件太多而需要分组开庭复议,则应当协调好复议委员参加会议的次序及时间,便于复议委员充分参与案件讨论和议决。当然,复议委员会主任在确定每次案件审议会的参审人员时,也应当提前考虑到这些因素,避免同一个复议委员需要同时参加不同组别不同案件审理和议决的情形出现。最好是一次案件审议会就是一个案件审议庭,所有委员对本次所有议决案件都进行审查、评议和议决。

行政复议案件的复议审议庭对案件形成表决意见的,该案调查专员(也是复议书记员)应当根据表决意见制作行政复议议决书。行政复议议决书相当于法院的判决书,是对案件事实和法律问题的全面处理意见。如果行政复议委员会只是政府内设行政复议机构,则行政复议议决书经复议委员会主任签署意见后呈报同级政府分管领导签署后,即成为案件的最终处理意见。行政复议调查专员应当根据案件的最终处理意见制作行政复议决定书送达当事人。由于复议委员会主任亲自参与案件的审议和表决,因此在签署意见时只作形式上的审查,不能对处理意见作任何实质性的改变。为保障行政复议委员会独立行使复议权,政府分管领导在签署时,也应当尊重行政复议委员会的意见,不能改变行政复议委员会的处理意见,也不宜行使否决权。如果行政复议委员会为政府下设的独立行政复议机关,则由行政复议委员会主任签署后,调查专员即可制作行政复议决定书送达当事人。

(四)会议制度

根据笔者所构思的行政复议委员会办理复议案件的程序,行政复议委员会在复议受理、复议调查和复议议决三个程序阶段中,涉及案件研讨会、复议听证会和案件审议会等会议形式。对于这些会议的组织形式,除上述已经对案件审议会进行了构想式介绍外,由于对案件研讨会和复议听证会只进行了简单勾勒,这里有必要对未尽事宜作些补充说明,以便于指导实践操作。此外,对于行政复议委员会设置试点工作中出现的复议委员会全体会议形式,这里也展开进一步的讨论。

1.案件研讨会

在笔者所构思的行政复议委员会办理复议案件的三个程序阶段中,下列事项属于案件研讨会集体讨论研究的事项:(1)对行政复议申请是否受理存在争议的;(2)对行政复议申请作出不予受理决定的;(3)复议委员会主任不同意案件调查专员的调查报告内容或复议处理意见的。因此,案件研讨会正如其名称所指称的那样,是专门研究讨论案件是否受理及其初步处理意见的会议。案件研讨会原则上每周应当召开一次,案件量不大的复议委员会也可以两周或三周开一次。如果没有上述事项需要研讨,而案件调查专员需要就其正在调查研究的案件征询处理意见,也可以请示复议委员会主任召集研讨。此外,复议研究监督员也可以将其督察研究的案件提交案件研讨会研讨处理意见。

案件研讨会的上述职能决定了参会人员应当是行政复议委员会主任、副主任、调查专员和督察指导员,如果复议委员会设置有专职委员的话,也包括在内。但复议委员会的调查专员并不是全体参加,参加会议的调查专员应当是办案经验相对丰富、有较高理论水平、综合素质较高的调查专员。除因法定事由应当回避的成员外,案件研讨会的参会成员应相对固定。案件研讨会由行政复议委员会主任主持,主任不能参加会议时,由其指定的副主任主持会议。案件研讨会上,各案件调查专员应当根据前述程序要求汇报相关工作,由其他参会人员有针对性地提出相关处理建议。案件研讨会涉及需要表决的事项时,原则上也应当实行少数服从多数的原则。

2.复议听证会

对于下列事项,案件调查专员应当请示复议委员会主任主持召开复议听证会:(1)案件研讨会参会人员对案件事实认定意见存在较大分歧的;(2)复议委员会主任认为案件重大、复杂的;(3)当事人对调查专员的调查结论意见很大要求听证的。复议听证会由复议委员会主任根据当事人的申请或依职权决定举行。复议听证会由复议委员会主任或其指定的副主任主持,当事人亲自参加或委托代理人参加,案件涉及的证人也应依传唤出庭。如果听证事项涉及较强的专业性问题,可以邀请相关专家出庭提供专业知识支持。

行政复议委员会决定召开复议听证会的,至少应当提前5天将会议情况通知当事人及其代理人,通知事项包括:(1)听证时间及地点;(2)听证主持人及其基本情况;(3)案件调查报告摘要(应包括拟作出的处理意见);等等。除涉及国家秘密、商业秘密或个人隐私外,行政复议听证会应当公开举行,听证公告应当在听证会正式举行前3天张贴公告。复议听证会听证程序设计如下:(1)听证主持人宣布听证会开始,核对听证参加人身份,听证记录员宣布听证会纪律;(2)案件调查专员介绍基本案情、宣读案件调查报告,并说明案件拟处理意见及其理由;(3)当事人及其代理人对相关证据材料进行质证并对案件处理意见发表辩论意见;(4)当事人作最后陈述;(5)主持人宣布听证会结束,当事人在听证笔录上签字。听证会结束后调查专员应当根据听证笔录研究制作《案件调查报告》并提交复议委员会主任审批或提交案件研讨会讨论。

3.复议委员全体会议

对于行政复议委员会设置试点工作中出现的复议委员会全体会议形式,实践中这种会议并非是由行政复议委员会全体工作人员参加的会议,而是由全体复议委员参加的会议。也就是说,笔者所设想的行政复议委员会的成员中,行政秘书、调查专员、督察指导员不参加这种会议。这种会议在实践中主要包括:(1)研究制定复议审议会的议事规则;(2)研究制定和修改行政复议委员会相关工作制度;(3)行政复议委员会年度工作报告;(4)其他需要审议的事项。

由于行政复议委员会的复议委员大多数是由民间委员组成,其参加案件审理主要是增加案件审议的独立性、公正性和专业性,其中专业性是最重要的考量因素。而行政复议委员会的相关工作制度以及案件审议会的议事规则等,属于行政复议委员会的办案程序类的专业化制度建设,由他们来研究制定显然不如由行政复议委员会的案件研讨会来研究制定专业。而且,在条件成熟的时候,全国可以研究明确规定或提出指导性意见。而至于行政复议委员会年度工作报告,这种属于行政事务性的工作,如果由行政复议委员会指定督察指导员或行政秘书研究起草,在案件研讨会上广泛征求意见,最后由行政复议委员会主任定夺,应该说更符合这类事务的处理规律。因此,笔者认为,改革复议委员全体会议的职能,将复议委员全体会议作为业务培训或经验交流的平台,倒是比较有实际意义、值得推广的做法。

参 考 文 献

一、中文著作

1.王名扬:《法国行政法》,中国政法大学出版社 1988 年版。

2.国务院法制局:《行政复议条例释义》,中国法制出版社 1991 年版。

3.王名扬:《外国行政诉讼制度》,人民法院出版社 1991 年版。

4.丁乐超、国修海:《行政复议指南与应诉技巧》,山东大学出版社 1992 年版。

5.胡建淼:《十国行政法——比较研究》,中国政法大学出版社 1993 年版。

6.王名扬:《美国行政法》(上、下),中国法制出版社 1995 年版。

7.杨解君、温晋锋:《行政救济法——基本内容及评析》,南京大学出版社 1997 年版。

8.刘恒:《行政救济制度研究》,法律出版社 1998 年版。

9.乔晓阳:《中华人民共和国行政复议法实务全书》(上下),中国言实出版社 1999 年版。

10.宋雅芳:《行政复议法通论》,法律出版社 1999 年版。

11.皮纯协:《行政复议法论》,中国法制出版社 1999 年版。

12.赵威、方军、吉雅杰:《行政复议法起草问题及条文解释》,中国人民大学出版社 1999 年版。

13.曹康泰:《中华人民共和国行政复议法释义》,中国法制出版社 1999 年版。

14.江必新、李江:《行政复议法释评——兼与行政复议条例之比较》,中国人民公安大学出版社 1999 年版。

15.马怀德:《中华人民共和国行政复议法释解》,中国法制出版社 1999 年版。

16.应松年、刘莘:《中华人民共和国行政复议法讲话》,中国方正出版社 1999 年版。

17.李震山:《行政法导论》,(台北)三民书局 1999 年版。

18.林莉红:《中国行政救济理论与实务》,武汉大学出版社 2000 年版。

19.崔卓兰:《行政复议法学》,吉林大学出版社 2001 年版。

20.姚西科:《发达国家行政复议制度》,时事出版社 2001 年版。

21.方军:《行政复议法律制度实施问题解答》,中国物价出版社 2001 年版。

22.应松年、袁曙宏:《走向法治政府——依法行政理论研究与实证调查》,法律出版社
2001 年版。

23.应松年、薛刚凌:《行政组织法研究》,法律出版社 2002 年版。

24.杨小君:《我国行政复议制度研究》,法律出版社 2002 年版。

25.孙万胜:《司法权的法理之维》,法律出版社 2002 年版。

26.卓泽渊:《法理学》,法律出版社 2002 年版。

27.张自强、郭介恒:《诉愿法释义与实务》,(台北)瑞兴图书股份有限公司 2002 年版。

28.蔡小雪:《行政复议与行政诉讼的衔接》,中国法制出版社 2003 年版。

29.马怀德:《行政诉讼原理》,法律出版社 2003 年版。

30.杨伟东:《行政行为司法审查强度研究》,中国人民大学出版社 2003 年版。

31.汤德宗:《行政程序法论》,(台北)元照出版有限公司 2003 年版。

32.蓝志勇:《行政官僚与现代社会》,中山大学出版社 2003 年版。

33.马怀德:《司法改革与行政诉讼制度的完善》,中国政法大学出版社 2004 年版。

34.贺日开:《司法权威的宪政分析》,人民法院出版社 2004 年版。

35.应松年:《当代中国行政法》,中国方正出版社 2004 年版。

36.张越:《英国行政法》,中国政法大学出版社 2004 年版。

37.杨海坤、章志远:《行政法学基本论》,中国政法大学出版社 2004 年版。

38.袁明圣、罗文燕:《行政救济法原理》,中国政法大学出版社 2004 年版。

39.袁曙宏:《全面推进依法行政实施纲要读本》,法律出版社 2004 年版。

40.宋雅芳:《行政救济法学》,郑州大学出版社 2004 年版。

41.毕可志:《论行政救济》,北京大学出版社 2005 年版。

42.应松年、刘莘:《中华人民共和国行政复议法讲话》,北京大学出版社 2005 年版。

43.周汉华:《行政复议司法化:理论、实践与改革》,北京大学出版社 2005 年版。

44.青锋、方军、张越:《韩国行政复议制度》,中国法制出版社 2005 年版。

45.应松年:《行政法与行政诉讼法》,法律出版社 2005 年版。

46.应松年:《当代中国行政法》,中国方正出版社 2005 年版。

47.薛刚凌:《行政体制改革研究》,北京大学出版社 2006 年版。

48.薛刚凌:《外国及港澳台行政诉讼制度》,北京大学出版社 2006 年版。

49.关保英:《行政法制史教程》,中国政法大学出版社 2006 年版。

50.周叶中、韩大元主编:《宪法》,法律出版社 2006 年版。

51.张越:《行政复议法学》,中国法制出版社 2007 年版。

52.石佑启、杨勇萍:《行政复议法新论》,北京大学出版社 2007 年版。

53.张越:《行政复议法实施条例适用指南》,群众出版社 2007 年版。

54.曹康泰:《中华人民共和国行政复议法实施条例》,中国法制出版社 2007 年版。

55.本书编写组:《〈中华人民共和国行政复议法实施条例〉释义》,人民出版社 2007

年版。

56.应松年:《行政诉讼法学》,中国政法大学出版社 2007 年版。

57.蔡志方:《行政救济法新论》,(台北)元照出版有限公司 2007 年版。

58.范愉:《纠纷解决的理论与实践》,清华大学出版社 2007 年版。

59.胡建淼:《行政诉讼法修改研究》,浙江大学出版社 2007 年版。

60.徐昕:《迈向社会和谐的纠纷解决》,中国检察出版社 2008 年版。

61.贺荣:《行政纠纷解决机制研究》,中国人民大学出版社 2008 年版。

62.马怀德:《行政诉讼制度的发展历程》,北京大学出版社 2009 年版。

63.刘飞:《德国公法权利救济制度》,北京大学出版社 2009 年版。

64.翁岳生:《行政法》(上下册),中国法制出版社 2009 年版。

65.韩春晖:《现代公法救济机制的整合——以统一公法学为研究进路》,北京大学出版社 2009 年版。

66.汪庆华、应星:《中国基层行政争议解决机制的经验研究》,上海三联书店 2010 年版。

67.王学辉:《群发性事件防范机制研究》,科学出版社 2010 年版。

68.郜风涛:《行政复议法教程》,中国法制出版社 2011 年版。

69.张胜利:《完善行政复议法基本问题研究》,中国政法大学出版社 2011 年版。

70.吴庚:《行政争讼法论》,(台北)元照出版有限公司 2011 年版。

71.李惠宗:《行政法要义》,(台北)元照出版有限公司 2011 年版。

72.陈清秀:《行政诉讼法》,(台北)元照出版有限公司 2011 年版。

73.台湾地区"行政院"诉愿审议委员会:《诉愿制度回顾与展望》,(台)"行政院"秘书处 2011 年版。

74.姜明安:《行政法与行政诉讼法》(第五版),北京大学出版社、高等教育出版社 2012 年版。

75.樊华辉:《行政复议制度新论》,法律出版社 2012 年版。

76.黄启辉:《行政救济构造研究——以司法权与行政权之关系为路径》,武汉大学出版社 2012 年版。

77.吴家庆:《中国共产党公信力建设研究》,人民出版社 2013 年版。

78.王莉:《行政复议功能研究——以走出实效性困局为目标》,社会科学文献出版社 2013 年版。

79.江必新:《中华人民共和国行政诉讼法理解适用与实务指南》,中国法制出版社 2015 年版。

80.江必新:《新行政诉讼法专题讲座》,中国法制出版社 2015 年版。

二、外文译著

81.[法]孟德斯鸠:《论法的精神》(上册),张雁深译,商务印书馆 1959 年版。

82. [古希腊]亚里士多德:《政治学》,吴寿彭译,商务印书馆 1965 年版。

83. [美]施瓦茨:《行政法》,徐炳译,群众出版社 1986 年版。

84. [美]马丁·P.戈尔丁:《法律哲学》,齐海滨译,生活·读书·新知三联书店 1987 年版。

85. [法]莫里斯·迪韦尔热:《政治社会学——政治学要素》,杨祖功、王大东译,华夏出版社 1987 年版。

86. [美]赫伯特·西蒙:《管理行为——管理组织决策过程的研究》,杨砾等译,北京经济学院出版社 1988 年版。

87. [美]E.A.霍贝尔:《初民的法律——法的动态比较研究》,周勇译,中国社会科学出版社 1993 年版。

88. [美]哈罗德·J.伯尔曼:《法律与革命——西方法律传统的形成》,贺卫方译,中国大百科全书出版社 1993 年版。

89. [美]诺内特、塞尔兹尼克:《转变中的法律与社会》,张志铭译,中国政法大学出版社 1994 年版。

90. [美]弗里德曼:《法律制度》,李琼英、林欣译,中国政法大学出版社 1994 年版。

91. [日]室井力:《日本现代行政法》,吴微译,中国政法大学出版社 1995 年版。

92. [法]迪尔凯姆:《社会学方法的准则》,狄玉明译,商务印书馆 1995 年版。

93. [英]A.J.M.米尔恩:《人的权利与人的多样性——人权哲学》,夏勇、张志铭译,中国大百科全书出版社 1995 年版。

94. [奥]凯尔森:《法与国家的一般理论》,沈宗灵译,中国大百科全书出版社 1996 年版。

95. [英]詹宁斯:《法与宪法》,龚祥瑞、候健译,生活·读书·新知三联书店 1997 年版。

96. [英]威廉·韦德:《行政法》,徐炳等译,中国大百科全书出版社 1997 年版。

97. [英]维尔:《宪政与分权》,苏力译,生活·读书·新知三联书店 1997 年版。

98. [英]丹宁勋爵:《法律的正当程序》,李克强等译,法律出版社 1999 年版。

99. [日]盐野宏:《行政法》,杨建顺译,法律出版社 1999 年版。

100. [德]哈特穆特·毛雷尔:《行政法学总论》,高家伟译,法律出版社 2000 年版。

101. [法]埃米尔·涂尔干:《社会分工论》,渠东译,生活·读书·新知三联书店 2000 年版。

102. [法]夏尔·德巴什:《行政科学》,葛智强、施雪华译,上海译文出版社 2000 年版。

103. [美]史蒂文·J.伯顿:《法律和法律推导理论》,张志铭、解兴权译,中国政法大学出版社 2000 年版。

104. [瑞典]本特·维斯兰德尔:《瑞典的议会监察专员》,程洁译,清华大学出版社 2001 年版。

105. [德]汉斯·J.沃尔夫、奥托·巴霍夫、罗尔夫·施托贝尔:《行政法》(1—3 卷),高家伟译,商务印书馆 2002 年版。

106.[法]古斯塔夫·佩泽尔:《法国行政法》,廖坤明、周洁译,国家行政学院出版社 2002 年版。

107.[美]本杰明·N.卡多佐:《法律的成长、法律科学的悖论》,董炯、彭冰译,中国法制出版社 2002 年版。

108.[德]奥托·迈耶:《德国行政法》,刘飞译,商务印书馆 2002 年版。

109.[德]费里德赫尔穆·胡芬:《行政诉讼法》(第五版),莫光华译,刘飞校,法律出版社 2003 年版。

110.[美]E.博登海默:《法理学——法律哲学与法律方法》,邓正来译,中国政法大学出版社 2004 年版。

111.[英]卡罗尔·哈洛、理查德·罗林斯:《法律与行政》(上、下),杨伟东等译,商务印书馆 2004 年版。

112.[英]彼得·斯坦、约翰·香德:《西方社会的法律价值》,王献平译,中国法制出版社 2004 年版。

113.[美]史蒂芬·霍尔姆斯、凯斯·R.桑斯坦:《权利的成本——为什么自由依赖于税》,毕竟悦译,北京大学出版社 2004 年版。

114.[德]尼克拉斯·卢曼:《信任:一个社会复杂性的简化机制》,上海人民出版社 2005 年版。

115.[日]美浓部达吉:《行政裁判法》,邓定人译,郑取点校,中国政法大学出版社 2005 年版。

116.[英]特伦斯·丹提斯、阿兰·佩兹:《宪制中的行政机关:结构、自治与内部控制》,刘刚、江菁、轲翀译,高等教育出版社 2006 年版。

117.[英]L.赖维乐·布朗、[英]约翰·S.贝尔、[法]让—米歇尔·加朗伯特(协助):《法国行政法》,高秦伟、王楷译,中国人民大学出版社 2006 年版。

118.[英]彼得·莱兰、戈登·安东尼:《英国行政法教科书》(第五版),杨伟东译,北京大学出版社 2007 年版。

119.[美]罗纳德·德沃金:《认真对待权利》,信春鹰、吴玉章译,上海三联书店 2008 年版。

120.[美]罗伯特:《罗伯特议事规则》,袁天鹏、孙涤译,格致出版社、上海人民出版社 2008 年版。

121.[法]让·里韦罗、让·瓦利纳:《法国行政法》,商务印书馆 2008 年版。

122.[韩]金东熙:《行政法》(ⅠⅡ),赵峰译,中国人民大学出版社 2008 年版。

123.[日]盐野宏:《行政救济法》,杨建顺译,北京大学出版社 2008 年版。

124.[日]南博方:《行政法》(第六版),中国人民大学出版社 2009 年版。

125.[美]基斯·威廷顿:《司法至上的政治基础——美国历史上的总统、最高法院及宪政领导权》,牛悦译,北京大学出版社 2010 年版。

126.［德］马克斯·韦伯:《经济与社会》,阎克文译,上海世纪出版集团、上海人民出版社 2010 年版。

127.［德］施密特·阿斯曼:《秩序理念下的行政法体系建构》,林明锵等译,北京大学出版社 2012 年版。

三、期刊论文

128.谈增良:《建议设立"行政复议委员会"》,《法学》1992 年第 8 期。

129.黄曙海:《行政复议制度的实施情况及思考》,《行政法学研究》1993 年第 1 期。

130.宗宜道:《行政复议管辖宜以"块块"为主》,《中国行政管理》1994 年第 9 期。

131.冯玉庭、徐祝:《行政复议管辖再探》,《现代法学》1994 年第 2 期。

132.董振兴:《〈行政复议条例〉关于案件管辖的规定亟待修改》,《行政法学研究》1994 年第 3 期。

133.彭俊、蒋义:《对复议管辖主体确定的几点认识》,《行政法学研究》1996 年第 2 期。

134.彭书清:《关于建立统一行政复议机关的思考》,《行政法学研究》1997 年第 2 期。

135.孙笑侠:《司法权的本质是判断权——司法权与行政权的十大区别》,《法学》1998 年第 8 期。

136.蔡尚义:《行政复议的官官相护现象及其防治对策》,《行政与法》1999 年第 3 期。

137.林莉红:《行政救济基本理论问题研究》,《中国法学》1999 年第 1 期。

138.林莉红:《论行政救济的原则》,《法制与社会发展》1999 年第 4 期。

139.张春生、童卫东:《我国行政复议制度的发展和完善》,《中国法学》1999 年第 4 期。

140.姜勇:《行政复议管辖新旧规定对比分析》,《江西社会科学》1999 年第 11 期。

141.杨景宇:《关于〈中华人民共和国行政复议法(草案)〉的说明》,载赵威、方军、吉雅杰:《行政复议法起草问题及条文解释》,中国人民大学出版社 1999 年版。

142.青峰:《简析行政复议机关及其工作机构(上)》,《中国工商管理研究》1999 年第 10 期。

143.青峰:《简析行政复议机关及其工作机构(下)》,《中国工商管理研究》1999 年第 11 期。

144.恽汉明:《行政复议"条""块"管辖之我见》,《行政法学研究》2000 年第 4 期。

145.刘善春、刘雪梅:《行政司法主体制度之比较研究》,《行政法学研究》2001 年第 4 期。

146.王学政:《论我国行政诉讼和行政复议制度之创新》,《中国法学》2001 年第 4 期。

147.莫湘益:《维护民权:行政复议的立法精髓》,《行政论坛》2000 年第 1 期。

148.［日］尹龙泽:《韩国的行政审判法——解说与全译》(上),吕艳滨译,《行政法学研究》2002 年第 4 期。

149.青锋、张越:《当前行政复议工作存在的问题》,《行政法学研究》2002 年第 3 期。

150.应松年:《完善我国的行政救济制度》,《江海学刊》2003 年第 1 期。

151.王成明、田婷婷:《关于设置统一的行政复议委员会的思考》,《安徽警官职业学院学报》2003 年第 5A 期。

152.韦宝平、范晶波:《行政复议管辖若干问题刍议》,《南京师大学报》(社会科学版) 2003 年第 6 期。

153.张恒山:《人民司法权的历史检视》,《金凌法律评论》2004 春季卷。

154.宋华琳:《英国的行政裁判所制度》,《华东政法学院学报》2004 年第 5 期。

155.石佑启、王成明:《论我国行政复议管辖体制的缺陷及其重构》,《环球法律评论》2004 年春季号。

156.方军:《论中国行政复议的观念更新和制度重构》,《环球法律评论》2004 年春季号。

157.吕艳滨:《日本、韩国的行政复议制度——行政复议司法化的若干实例》,《环球法律评论》2004 年春季号。

158.刘恒、陆艳:《我国行政复议条条管辖制度之缺陷分析》,《法学研究》2004 年第 2 期。

159.周婉玲:《我国行政复议组织与程序的改革》,《法学研究》2004 年第 2 期。

160.李洪雷:《行政复议制度改革应处理好四组关系》,《法学研究》2004 年第 2 期。

161.黄红星:《对我国行政复议体制的两点反思》,《法学研究》2004 年第 2 期。

162.杜宝国、陈欢欢:《我国现行行政复议体制的缺陷分析》,《法学研究》2004 年第 2 期。

163.郑志耿、储厚冰:《我国行政复议制度缺失分析与完善思考》,《法学研究》2004 年第 2 期。

164.朱新力:《行政复议应向司法化逼近》,《法学研究》2004 年第 2 期。

165.张弘:《行政复议机构独立设置之我见》,《行政论坛》2004 年第 6 期。

166.张小平:《日本的税务行政复议制度及其借鉴》,《税务研究》2004 年第 10 期。

167.林莉红:《行政诉讼法修改定位——精细化与完善化》,《河南省政法管理干部学院学报》2004 年第 6 期。

168.顾建亚:《我国行政复议机构的困境和出路》,《东北大学学报》(社会科学版)2005 年第 2 期。

169.周汉华:《行政复议制度司法化改革及其作用》,《国家行政学院学报》2005 年第 2 期。

170.杨小君:《对行政复议书面审查方式的异议》,《法律科学》(西北政法学院学报) 2005 年第 4 期。

171.关玫:《司法公信力初论——概念、类型与特征》,《法制与社会发展》2005 年第 4 期。

172.郑成良,张英霞:《论司法公信力》,《上海交通大学学报(哲学社会科学版)》2005 年第 5 期。

173.湛中乐:《论行政复议法的修改与完善》,《工商行政管理》2005 年第 7 期。

174.青锋:《中国行政复议制度的发展、现状和展望》,《法治论丛》(上海政法学院学报)2006 年第 1 期。

175.周永坤:《信访潮与中国纠纷解决机制的路径选择》,《暨南学报》(哲学社会科学版)2006 年第 1 期。

176.蔡仕鹏:《法社会学视野下的行政纠纷解决机制》,《中国法学》2006 年第 3 期。

177.于慎鸿:《影响司法公信力的因素分析》,《河南师范大学学报(哲学社会科学版)》2006 年第 4 期。

178.叶玉秋、李燕山:《论司法公信力之塑造——兼论人民陪审员制度的价值预设与实现》,《浙江工商大学学报》2006 年第 4 期。

179.柏杨:《"权利救济"与"内部监督"的复合——行政复议制度的功能分析》,《行政法学研究》2007 年第 1 期。

180.钱焰青:《上下级行政复议机构业务指导关系探讨》,《法治论丛》2007 年第 2 期。

181.刘刚、刘助建:《论我国行政复议机构的重构》,《广东交通职业技术学院学报》2007 年第 3 期。

182.应松年:《构建行政纠纷解决制度体系》,《国家行政学院学报》2007 年第 3 期。

183.华建敏:《加强行政复议工作,促进法治政府建设》,《中国行政管理》2007 年第 3 期。

184.郑成良:《法治公信力与司法公信力》,《法学研究》2007 年第 4 期。

185.刘飞:《行政复议体制改革的模式及路径探析》,《前沿》2007 年第 9 期。

186.章志远:《行政复议困境的解决之道》,《长春市委党校学报》2008 年第 1 期。

187.莫初明:《论我国行政复议机构的法律独立性》,《行政与法》2008 年第 1 期。

188.杨伟东:《行政程序的构建、运作与行政诉讼外的救济机制——第十届海峡两岸与第八届东亚行政法学学术研讨会综述》,《行政法学研究》2008 年第 3 期。

189.孟鸿志、王欢:《我国行政复议制度的功能定位与重构——基于法律文本的分析》,《法学论坛》2008 年第 3 期。

190.杨桦:《省以下垂直领导机关的行政复议管辖权评析》,《湖北警官学院学报》2008 年第 6 期。

191.湛中乐、苏宇:《论我国信访制度的功能定位》,《国家行政学院学报》2009 年第 3 期。

192.缪文升:《一元亦或多元:行政纠纷解决机制的徘徊与抉择》,《内蒙古社会科学(汉文版)》2009 年第 3 期。

193.郑磊、沈开举:《英国行政裁判所的最新改革及其启示》,《行政法学研究》2009 年第 3 期。

194.石启龙:《论我国信访制度的权利救济功能》,《时代法学》2009 年第 3 期。

195.赵远:《简析行政复议机关的被告地位问题》,《河北法学》2009 年第 4 期。

196.沈德咏:《关于公信立院的几点思考》,《人民法院报》2009 年 9 月 8 日第 1 版。

197.金国坤:《行政复议委员会:行政复议困局的突破口》,《国家行政学院学报》2009 年第 6 期。

198.赵宁:《论我国行政复议机构的独立性和专业化》,《甘肃联合大学学报》(社会科学版)2009 年第 6 期。

199.田巍:《论行政复议机关的独立性——兼与英国行政裁判所制度比较》,《内蒙古农业大学学报》(社会科学版)2009 年第 6 期。

200.曹胜亮、刘权:《和谐社会视野下行政复议机构的构建与完善——以设立统一的行政复议委员会为视角》,《法学杂志》2009 年第 7 期。

201.吴志红、蔡鹏:《浅议我国行政复议委员会制度改革的困境与出路》,《西南政法大学学报》2010 年第 6 期。

202.马怀德:《〈行政诉讼法〉存在的问题及修改建议》,《法学论坛》2010 年第 9 期。

203.童之伟:《信访体制在中国宪法框架中的合理定位》,《现代法学》2011 年第 1 期。

204.方军:《我国行政复议组织改革刍议》,《法学论坛》2011 年第 5 期。

205.章剑生:《行政复议立法目的之重述——基于行政复议立法史所作的考察》,《法学论坛》2011 年第 5 期。

206.崔红、唐丽斐:《对我国行政复议委员会改革的思考——以行政复议司法化为视角》,《沈阳师范大学学报》(社会科学版)2011 年第 6 期。

207.李秋高:《行政复议机构公信力问题研究》,《求索》2011 第 7 期。

208.沈福俊:《行政复议委员会体制的实践与制度构建》,《政治与法律》2011 年第 9 期。

209.王周户:《行政复议的功能应当是解决行政纠纷》,《行政管理改革》2011 年第 9 期。

210.唐璨:《我国行政复议委员会试点的创新与问题》,《国家行政学院学报》2012 年第 1 期。

211.刘莘:《行政复议改革之重——关于复议机构的重构》,《行政法学研究》2012 年第 2 期。

212.贺奇兵:《多元与主导:行政纠纷解决的国际经验与启示》,《理论与改革》2012 年第 3 期。

213.孙峰、杨帆:《论行政复议委员会的改革路径》,《理论月刊》2012 年第 5 期。

214.张文显、孙妍:《中国特色社会主义司法理论体系初论》,《法制与社会发展》2012 年第 6 期。

215.魏胜强:《错案追究何去何从——关于我国法官责任追究制度的思考》,《法学》2012 年第 9 期。

216.黄学贤:《关于行政复议委员会的冷思考》,《南京社会科学》2012 年第 11 期。

217.公丕祥:《概念与机制:司法公信的价值分析》,《法律适用》2012 年第 11 期。

218.李延超:《我国行政复议委员会制的理论研究》,《黑龙江省政法管理干部学院学报》2013 年第 1 期。

219.王青斌:《论我国行政复议委员会制度之完善》,《行政法学研究》2013 年第 2 期。

220.钱大军:《司法公信力应当如何建构》,《社会科学战线》2013 年第 3 期。

221.方军:《行政复议委员会试点五年情况回顾》,《中国法律发展评论》2014 年第 2 期。

222.张胜利:《完善我国行政复议工作人员制度的思考——以美国联邦行政法法官制度为例》,《行政与法》2014 年第 4 期。

223.张玉洁:《错案追究终身制的发展难题——制度缺陷、逆向刺激与实用主任重构》,《北方法学》2014 年第 5 期。

四、硕、博论文

224.蔡文斌:《行政诉讼先行程序研究》,博士学位论文,中国政法大学,2001 年。

225.陈晓娟:《英国行政裁判所制度研究》,硕士学位论文,山东大学,2004 年。

226.朱翠屏:《英国行政裁判所制度研究》,硕士学位论文,复旦大学,2005 年。

227.关玫:《司法公信力研究》,博士学位论文,吉林大学,2005 年。

228.刘东升:《行政复议制度重构》,博士学位论文,中国政法大学,2006 年。

229.王静:《美国行政法法官制度研究》,博士学位论文,中国政法大学,2007 年。

230.石友梅:《符号空间复杂信任心理研究》,博士学位论文,吉林大学,2007 年。

231.郑威:《英国行政裁判所制度研究》,硕士学位论文,西南政法大学,2010 年。

232.冯冬渊:《英国行政裁判所研究》,硕士学位论文,中国政法大学,2010 年。

233.国鹏:《完善行政复议委员会制度研究》,硕士学位论文,山东大学,2011 年。

五、网络文献

234.胡锦涛:《在中共中央举办的省部级主要领导干部提高构建社会主义和谐社会能力专题研讨班开班式上的讲话》(2005 年 2 月 19 日),访问网址:http://news.xinhuanet.com/newscenter/2005-06/26/content_3138887.htm。访问日期:2010 年 11 月 2 日。

235.《中共中央关于构建社会主义和谐社会若干重大问题的决定》(2006 年 10 月 18 日),访问网址:http://news.xinhuanet.com/politics/2006-10/18/content_5218639.htm。访问日期:2010 年 11 月 2 日。

236.郜风涛:《坚定信心,狠抓落实,不断推动行政复议委员会试点工作取得实效——在行政复议委员会试点工作情况交流会上的讲话》,载河南省政府法制网,http://www.hnfzw.gov.cn/news/20104/201042010364367.shtml。访问日期:2011 年 10 月 5 日。

237.郜风涛:《创新行政复议体制机制推动行政复议委员会试点工作深入开展——在行政复议委员会试点工作现场会上的讲话》,载国务院法制办网站,http://www.chinalaw.gov.cn/article/xzfy/wjjjh/ldjh/201008/20100800260075.shtml。访问日期:2010 年 11 月

30 日。

238.[法]达米安·布莱兹:《法国行政调解专员制度及其改革》,法治政府网,http://law.china.cn/features/2011-04/30/content_4170008.htm。访问日期:2011 年 10 月 8 日。

239.郜风涛:《认真贯彻胡锦涛总书记重要讲话精神 把行政复议打造成为化解行政争议的主渠道——在 2011 年行政复议年度工作会议上的讲话》(2012 年 1 月 4 日),http://www.chinalaw.gov.cn/article/xzfy/wjjjh/ldjh/201201/20120100359445.shtml。访问日期:2012 年 1 月 9 日。

六、外文文献

240.R.E.Wraith and P.G.Hutchesson, *Administrative Tribunals*, Royal Institute of Public Administration, 1973.

241.David H.Rosenbloom, Deborah D.Goldman, *Public Administration: understanding management, politics and law in the public sector*, 3rd ed, McGraw-Hill, Inc., 1993.

242.W.Micharl Gillette, "Administrative Law Judges, Judicial Independence, and Judicial Review: Qui Custodiet Ipsos Custodes?" 20 *J.Nat'l Admin.L.Judges*, 1995.

243.Leggatt, "Tribunals for Users: One System, One Service", Department for Constitutional Affairs, 2002.

244.Ronnie A.Yoder, "The Role of the Administrative Law Judge", 22 *J.Nat'l A.Admin.L.Judges*, Fall 2002.

245.Jeffrey M.Senger, *Federal Dispute Resolution*, Jossey-Bss, 2003.

246.P.P.Craig, *Administrative Law*, Sweet & Maxwell, 2003.

247.Department of Constitutional Affairs. "Transforming Public Services: Complaints, Redress and Tribunals", 2004.

248.Constitutional Reform Act 2005.

249.Tribunals, Courts and Enforcement Act 2007, http://www.legislation.gov.uk/ukpga/2007/15/contents.

250.Administrative Justice and Tribunals Council(Listed Tribunals)Order 2007.

251.The Tribunal Procedure(Upper Tribunal)Rules 2008.

后　记

　　本专著是在我博士论文的基础上修改而成。2013年底博士论文答辩以后,我决定将论文放一段时间不立即出版,一来想冷静思考一下论文评阅和答辩中被提出的问题,看是否有必要按照相关意见进行修改;二来是想继续跟踪我国行政复议委员会试点工作出现的新情况,看文中提出的对策建议能否应对这些新问题。一年多来,新《行政诉讼法》已经颁布实施,《行政复议法》的修订也不会是很久远的事情,现在觉得有必要在社会各界研究修改《行政复议法》之际,将一些成熟的想法公布出来。同时,经过一年多来对相关问题的思考和实务发展的观察,觉得论文的核心观点和建议基本回应了现实问题,也觉得有必要接受更多同行专家的批评指正。

　　现在呈现在大家面前的这本专著在基础理论与制度改革建议方面的核心观点与博士论文一致,在文字方面的改动主要是将原来未论证到位的地方增加了一些分析,同时校正了一些遣词造句方面的错误。由于新《行政诉讼法》第26条增加规定了行政复议机关当被告的情形,原文中主张行政复议机关不宜作被告(这也是外评意见认为值得斟酌的地方),现在进行了相应的修正。本次修改还增加参考了2013年以来的新研究文献资料,特别是新增了2013年以后的一些统计数据以及对这些新数据的分析。

　　博士论文的写作和博士学业的完成都离不开诸多亲朋师友的帮助,这里将原《致谢》附载如下,以再表谢忱:

致　谢

　　学位论文写作实在艰辛,烦扰了太多的亲友。久久未能完稿,实在愧对你们的关心和帮助。行文至此,应该作一个迟来的感谢,没有华丽的辞藻,但谢意发自内心。

感谢导师唐忠民教授。博士入学伊始,恩师在学习、工作和生活方面对我关爱有加。恩师如慈父般的关心、理解、支持和帮助,我终身难忘。恩师对政治法律问题的独到见解,常常让我茅塞顿开。学位论文写作中的诸多疑难困惑,都仰赖恩师指点迷津。

感谢汪太贤教授、谭宗泽教授、王学辉教授、肖唐镖教授、曾哲教授、程燎原教授、陈伯礼教授,你们对本论文提出的宝贵意见和建议,使我得以避免一些不必要的疏漏和错误。特别感谢我的硕士生导师王学辉教授对本论文给予的精到指点。

感谢文正邦教授、刘艺教授、杨明成副教授、陆伟明副教授、孙兵副教授、温泽彬副教授、梁洪霞博士等,感谢你们对我博士学习和论文写作的无私帮助。感谢宪法与行政法专业的同窗学友,你们的骄人学业是我坚持学习、思考和写作的榜样力量。特别感谢邓华平博士、方颉琳博士和好友胥全文对本论文写作的帮助。

感谢重庆市政府法制办蒋宏处长、北碚区政府法制办赵芹主任,是你们为我创造了千载难逢的条件和机会,使我能够得以掌握全国各地行政复议委员会试点工作的第一手资料,没有你们的帮助,本论文将难以顺利完成。

感谢西南大学法学院在任及卸任领导和同事,是你们对我工作上的理解、支持和帮助,我才能得以顺利完成学业。特别感谢新民院长和晓阳书记对我因博士学习和论文写作而未能全身心投入工作的理解和支持。

感谢我的家人,是你们对我生活上的悉心照顾,才使我得以全身心地投入博士学习和论文写作。女儿诗诗从牙牙学语的婴儿成长为机灵乖巧的学童,离不开你们的细心照顾和悉心调教。

感谢其他未能一一道出但在博士学习期间给予我关心和帮助的亲朋好友!

贺奇兵
2013 年 9 月 7 日

　　本专著的出版得益于人民出版社编辑李媛媛女士的厚爱,得益于西南大学法学院领导和学术委员会的大力支持,得益于博士论文外评专家和答辩委员的批评和匡谬,得益于台湾"国立"中正大学法学院提供的访学机会让我有时间来修改成稿。谢谢你们!

　　但因博士毕业后教学与学习任务依然繁重,一直没有更充裕的时间来思考和修改,加之本人才疏学浅,文中的浅见和谬误定还不少,惠请同仁专家多批评指正。

贺奇兵

2015 年 7 月 29 日于"国立"中正大学法学院

责任编辑:李媛媛

封面设计:石笑梦

责任校对:白　玥

图书在版编目(CIP)数据

行政复议公信力塑造研究:以复议主体制度改革为重心/贺奇兵 著.

　─北京:人民出版社,2015.12

ISBN 978－7－01－015494－7

Ⅰ.①行…　Ⅱ.①贺…　Ⅲ.①行政复议-研究-中国　Ⅳ.①D925.304

中国版本图书馆 CIP 数据核字(2015)第 269964 号

行政复议公信力塑造研究

XINGZHENG FUYI GONGXINLI SUZAO YANJIU

──以复议主体制度改革为重心

贺奇兵　著

人民出版社 出版发行

(100706　北京市东城区隆福寺街 99 号)

环球印刷(北京)有限公司印刷　新华书店经销

2015 年 12 月第 1 版　2015 年 12 月北京第 1 次印刷

开本:710 毫米×1000 毫米 1/16　印张:14.25

字数:208 千字

ISBN 978－7－01－015494－7　定价:39.00 元

邮购地址 100706　北京市东城区隆福寺街 99 号

人民东方图书销售中心　电话 (010)65250042　65289539

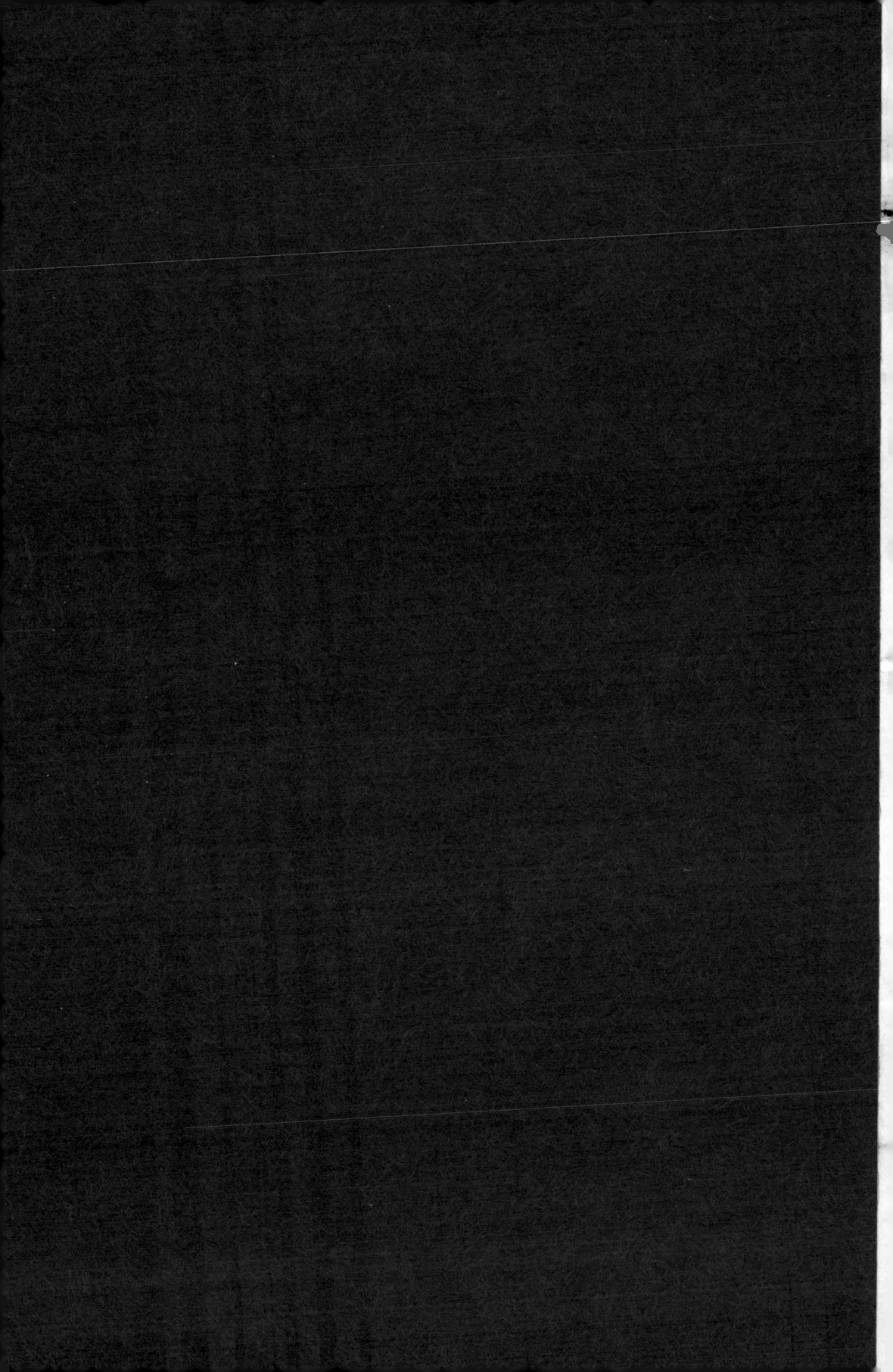